Python・クラウドを用いた
実践 AI 開発

NOAH GIFT 著

清水美樹・大澤文孝 訳

東京化学同人

ⓟ Pearson
Addison-Wesley

本書を，私の家族と，
家族同様いつもそばにいてくれる人々に捧げる．
妻の Leah Gift，母の Shari Gift，息子の Liam Gift，
よき指導者の Joseph Bogen 博士に．

まえがき

　20 年ほど前，パサデナのカリフォルニア工科大学（Caltech）で働いていた私は，いつか毎日 AI に関わる仕事ができるようになることを夢見ていた．2000 年代初頭の段階では，AI の研究はまだ主流ではなかったのである．しかし現在は AI が大きな注目を集めている．本書は長年 AI と SF（サイエンス・フィクション）に執念を燃やしてきた私の人生の集大成といえよう．Caltech で AI の第一人者たちとともに苦労して働けたのは大きな幸運だったと思っている．そのときの経験が本書の執筆へと導いたのは疑いない．

　その一方で，私はただ AI というだけではなく，AI の自動化と実用化にも執念を燃やすようになった．本書はそのテーマも擁している．マネージャーとして，ぞっとするような粗悪なテクノロジーにも負けず，実用化製品を出荷し続けてきた年季と経験のおかげで，実用的な考え方が身についた．実用化できなければ価値がない，自動化できなければ壊れているという考え方である．本書の読者にその考え方が伝われば幸いである．

本書の読者対象

　本書は AI，機械学習，クラウドまたそれらの技術の組合わせに関心のある読者のために書かれている．プログラマーでも，そうでなくても，本書から何か役に立つ知識を得ることができるはずだ．これまで NASA や PayPal，カリフォルニア大学デービス校でのワークショップを通じて，プログラミングの経験があまりない，もしくはまったくないような学生たちとも交流してきたが，彼らの多くは本書で示すようなコードの内容や考え方を理解できた．本書では Python を重点的に用いている．読者がもしこれからプログラミングを始めようとしているならば，Python は最も理想的な言語の一つである．

　また本書では，応用的な内容も多く取り扱っている．たとえば AWS，GCP，Azure などのクラウドコンピューティングプラットフォームの使用，機械学習や AI のプログラミングを実際に行うなどである．Python やクラウド，機械学習などに熟達した技術畑の読者のためにも，すぐに自分の仕事に取入れられる有用な考え方を数多く掲載している．

本 書 の 構 成

本書は第Ⅰ部"実践AIへの一歩",第Ⅱ部"クラウドを用いたAI",第Ⅲ部"ゼロからつくる実用AIアプリケーション"の三部構成である.

第Ⅰ部の第1章～第3章は本書の導入部である.

第1章"本書に必要なPythonの基礎知識"では,本書の目的をざっと眺め,Pythonのチュートリアルを駆け足で行う.これで読者は,本書で後述するPythonプログラムの書き方も十分理解できるようになるはずだ.

第2章"AIとMLのツールチェイン"では,データサイエンスプロジェクトにおけるビルドシステム,コマンドラインやJupyter Notebookの使い方を一通り学べるようにしている.

第3章"スパルタ式AIのライフサイクル"では,実践的な製品化のためのフィードバックループをプロジェクトに組込む.ツールやフレームワークとしてAWS SageMaker,TPU(TensorFlow Processing Unit),Dockerなどを紹介する.

第Ⅱ部の第4章と第5章では,AWSとGoogle Cloudをそれぞれ取上げる.

第4章"Google Cloud Platformを用いたクラウドAI開発"ではGCPプラットフォームに注目し,GCPの特徴である開発者好みの機能をいくつか検討する.具体的にはTPU,Colaboratory,Datalabなどを扱う.

第5章"Amazon Web Servicesを用いたクラウドAI開発"では,AWSのワークフローを探ってみる.具体的にはスポットインスタンス,コードパイプラインなどである.各サービスを高水準からみた概要も論じる.

第Ⅲ部の第6章～第11章では,実用的なAIのアプリケーションと実用例を取上げる.

第6章"NBAに及ぼすソーシャルメディアの影響を予測する"では,分析プロジェクトの作成方法から始めて,いくつかの課題に取組み,Strata Date Conferenceの話題で締めくくる.おもな着眼点は,"このチームにビジネス的な価値があると思わせる要素は何か","チームの勝利は観客動員の原動力となるか","SNS上の活動と年俸は関係があるか"などである.

第7章 "AWS でインテリジェントな Slack ボットを作成する" ではサーバレスのチャットボットを作成する．このボットは複数の Web サイトを巡って情報を集め，要約して，基地である Slack に持ち帰る．

第8章 "GitHub Organization からプロジェクト管理の品質を評価する" では，共有可能な行動データである GitHub メタデータの分析を行う．"行動データ" の山から，価値のある金のような情報を取出すのに，Pandas, Jupyter Notebook，および Click という名のコマンドラインツールを用いる．

第9章 "AWS の EC2 インスタンスを動的に最適化する" では，AWS のシグナルという通知方式をうまく利用して，機械学習を最適な費用で運営できるようにする．

第10章 "不動産データの解析" では，全国または地域の家屋価格の分析に機械学習とマウスで操作可能なグラフ表示方法を用いる．

第11章 "ユーザー生成コンテンツを扱う実用的 AI" では，AI を用いたユーザー生成コンテンツとの関わり方を探る．感情分析，レコメンデーションエンジンなどを扱う．

付録 A "AI アクセラレータ" では AI の計算に特化して設計されたハードウェアのチップについて述べる．Google が開発した TPU がその一例である．

付録 B は "クラスタサイズの決定" であるが，この問題は科学というより芸術的才能を必要とするとさえいえる．とはいえ，決定に至る考え方をよりはっきりさせるための手法がないわけでもない．

サンプルコード

本書を通じて，各章に一つまたは複数をひとまとめにした Jupyter Notebook の付属サンプルを利用できる．これらのノートブックファイルはここ数年の執筆活動，ワークショップ，講義などの中で筆者が作成してきたものである．

本書のコード例の全文は，以下の URL で Jupyter Notebook ファイルの形で入手できる．

https://github.com/noahgift/pragmaticai

多くの例は Makefile を有しており，以下のように使用する．

```
setup:
        python3 -m venv ~/.pragai

install:
        pip install -r requirements.txt

test:
        cd chapter7; py.test --nbval -1ax notebooks/*.ipynb

lint:
        pylint --disable=W, R, C *.py

lint-warnings:
        pylint --disable=R, C *.py
```

　Makefile は，Python でも R でも，同じデータサイエンスプロジェクトを異なる観点から扱う各工程をまとめあげることができる素晴らしい方法である．とりわけ，環境の構築，lint によるソースコードの精査，テストの実行，コードのデプロイなどで役立つ．さらに，virtualenv などを用いて作業環境を独立させておけば，クラスのインポートで混乱が起こるのを避けられる．あるバージョンの Python インタプリタでインストールしたものを他のバージョンの Python で使おうとして見つからないとか，二つのパッケージが競合してプログラムが動かないとかという問題は，驚くほど多くの学生の間で同じように起こっている．

　このような問題はだいたいプロジェクトごとに（virtualenv などをはじめとする）仮想環境を用いれば避けられる．そして，プロジェクトの仮想環境を間違えないことだ．プロジェクトを少し計画的に作成すれば，その後ずっと，つまらない問題を避けられる．Makefile の使用，lint によるコードの精査，Jupyter Notebook のテスト，SaaS のビルドシステム，ユニットテストなどは実践的な操作として優れており，ぜひ繰返して行うべきである．

本書の表記規則

本書では以下のような表記規則を用いている.

1) In [ ] : のような書き方は,IPython ターミナルからの出力の様子を表している.この表記は GitHub から入手できる Jupyter Notebook のサンプルにも共通することが多い.入力が複数行の場合は ...: で示す.Out の表示はウインドウの幅で折り返されるため,改行される位置は実行環境によって異なる.

2) 環境によって ¥ は \ と表される.

3) $ は Unix 系のターミナルでホームユーザーとしてコマンド入力することを示す"プロンプト"である.

謝　辞

Pearson 社から本書を出版する機会を与えてくれた Laura Lewin と，同じ部署の Malobika Chakraborty と Sheri Replin に感謝する．また，技術的な内容を監修してくれた Amazon の Chao-Hsuan Shen（https://www.linkedin.com/in/lucasshen/），Kennedy Behrman（https://www.linkedin.com/in/kennedybehrman/），Guy Ernest（https://www.linkedin.com/in/guyernest/）にも感謝する．彼らは本書を最高の形にまで整えるのに重要な役割を担ってくれた．

　本書を通じて，カリフォルニア工科大学（Caltech）に感謝する．2000 年代はじめ，AI は"冬の時代"にあったにもかかわらず，当時 Caltech に勤務する間に，私の AI に対する関心が形づくられたのだ．AI など時間の浪費であるかのように言う教授もいたが，それでもとにかく研究したいと思ったのを覚えている．そのとき私は自分に目標を設定し，40 代前半になるころには，AI プログラミングで何か相当な仕事をするようになって，複数のプログラミング言語を操れるようになっていることを目指した．そして，そのとおりになったのである．自分に何かができないと指摘されると，むしろやる気が大いに高まるのが常なので，前述の教授には感謝しなければならないと思う．

　ほかに，よい影響を与えてくれた人々のなかには，神経生理学者で，特に意識に関する理論を専門とする Joseph Bogen 博士がいる．博士とはよく夕食を共にし，席上ではニューラルネットワーク，意識の起源，微分積分学，また博士が Christof Koch の研究室で行っている仕事の話などに興じたものである．私が今日に至るまでには博士の影響があった，などという言い方では足りないほどだ．現在，私がニューラルネットワークで仕事をしている理由の一部は，あの時の夕食での会話にあると，誇りをもって言いたいと思う．

　Caltech 時代，それほどの交流はなかったが，大いに驚かされた人々の名もあげておこう．David Baltimore 博士と David Goodstein 博士（どちらも私の上司），Fie-Fei Li 博士，Titus Brown 博士（私を Python に関わらせてくれた）らである．

　今日の私をつくり上げたのは，競技と運動のトレーニングによるところが大き

い．一時は真剣にプロのバスケットボール，トラック競技，果てはフリスビーの選手になることまで考えたものである．カリフォルニア州立工科大学サンルイスオビスポ校で，オリンピックの 10 種競技選手 Sheldon Blockburger と会う機会があり，陸上を教えてもらったことがある．200 m を 27 秒間以内で走るのを 8 本と，300 m を走るインターバルトレーニングを倒れるまでやった．彼が「このトレーニングを続けるだけの厳しさを自分に対してもてる人は 1 ％もいないだろう」と言ったことをよく覚えている．このトレーニングのおかげで，ソフトウェアエンジニアとしても自分に対する厳しさをもつことができ，さまざまな開発をやり遂げてこられたのだと思う．

　私は常に世界レベルの競技者の近くに身を置くようにしている．彼らの意志の強さと前向きな考え方，勝利へのひたむきさに惹きつけられるのだ．数年前にカリフォルニア州サンフランシスコにある Empower ジムで訓練していたとき，ブラジリアン・ジウジツ（柔術，BJJ）をたまたま体験した．Tareq Azim, Yossef Azim, Josh McDonald というジムのコーチ陣のおかげで，格闘者の考え方を身につけることができた．とりわけ Josh McDonald は多種にわたるスポーツの世界レベルの競技者であり，彼からは多大な発想のヒントをもらった．本書を完成できたのも，彼から授かった訓練の賜物といってよい．同じサンフランシスコ湾岸地域のプロの技術者たちには，このジムに行き，これらのコーチ陣から訓練を受けることをぜひお勧めする．

　このジムで最初に格闘家に出会ったのをきっかけに，格闘技界の多くの人々と交流するようになった．たとえば，サンタローザには Dave Terrell が運営している NorCal Fight Alliance という格闘家組織がある．Dave Terrell, Jacob Hardgrove, Collin Hart, Justin Sommer や他の人々と練習した．皆が惜しみなく格闘技に関する知識や考え方を教えてくれた．これまでの私の人生において，240 ポンド級の黒帯を維持していることほど困難だがやりがいのあることはない．毎日毎日，繰返して，死ぬほどの練習が必要だ．この試練に耐えてこられたからこそ，本書を執筆する重圧にも耐えられたのだと思う．このジムで練習できたのは本当に幸運であった．同じ地域のプロの技術者たちにこのジムを強くお勧めする．

　本書を執筆する支えとなった BJJ の関係で最後に感謝を伝えたいのは，マウ

イの Haiku にあるマウイ・ジウジツ校だ．本書を執筆する前の年，私は次に取組む課題についてじっくり考えるため，休暇をとって，同校で Luis Heredia 教授および Joel Bouthey との練習にいそしんだ．二人とも素晴らしい教師で，同校での経験が本書を執筆する決心を固めるのに大きな助けになった．

　Google TensorFlow のプロジェクトマネージャー Zak Stone には，TPU の早期アクセスと GCP の利用のための協力に感謝する．また，AWS の Guy Ernest には，AWS のサービスを利用する際の助言に感謝する．Microsoft の Paul Shealy には，Azure クラウド利用での助言に感謝する．

　ほかに感謝したいのは，カリフォルニア大学デービス校（UC Davis）である．私は同校で 2013 年に MBA を取得したが，これは私の人生に大きな刺激を与えた．同校ではすばらしい教授陣に恵まれた．なかでも David Woodruff 博士は，私に Python で最適化のためのプログラムをつくらせ，Pyomo という名の非常に効果のあるライブラリを書くのを助けてくれた．また，Dickson Louie 教授は偉大な指導者であった．Hemant Bhargava 博士は，私が同校で機械学習を教える機会を与えてくれた．Norm Matloff 博士は機械学習と統計の力がつくように力惜しまず助けてくれた．また私の講座 BAX-452 の学生たちは，本書の動作確認をいくつか行ってくれた．これらの人々と，MSBA（ビジネス科学専攻）の教官 Amy Russell と Shachi Govil に感謝する．また，友人 Mario Izquierdo（https://github.com/marioizquierdo）はすばらしい開発者で，実稼働環境にデプロイするためのプログラミングの考え方を提案してくれた偉大な人物である．彼にも感謝したい．

　おわりに，起業時からの友人 Jerry Castro（https://www.linkedin.com/in/jerry-castro-4bbb631/）と Kennedy Behrman（https://www.linkedin.com/in/kennedybehrman/）にも感謝したい．彼らはこの上なく信頼できる人々で，激務をこなすことができ，したたかでもある．この起業は結局成功しなかったが，本書のかなりの部分は，私が彼らと共に当時の困難にさらされつつ戦っている間に開発したものである．このようなときにこそ人の本質が発揮されるものであり，私が彼らの同僚かつ友人になれたのは名誉なことである．

著 者 紹 介

　Noah Gift は米国カリフォルニア大学デービス校（UC Davis）の大学院経営研究科 MSBA（ビジネス科学専攻）で，講師とコンサルタントを務めている．大学院で機械学習，学生・教官向けに機械学習とクラウドアーキテクチャの講義を担当している．2 冊の成書を含み技術文献 100 報近くを発表し，その内容はクラウド上での機械学習から DevOps にわたる．AWS ソリューションアーキテクト資格保有者，AWS の機械学習における Subject Matter Expert（特定領域の専門家）でもあり，AWS の技術者認定資格の設立にも協力した．UC Davis で MBA，カリフォルニア州立大学（Cal State）ロサンゼルス校でコンピュータ情報システムの修士を取得，カリフォルニア州立工科大学（Cal Poly）サンルイスオビスポ校にて栄養科学の学位を有する．

　実務では Python プログラミングの経験を 20 年近く有し，Python ソフトウェア財団のフェローを務める．大学（Caltech）や，ABC, Sony Imageworks, Disney Feature Animation, Weta Digital, AT&T, Turner Studio, Linden Lab など多様な企業で，CTO をはじめ，ジェネラルマネージャー，顧問 CTO，クラウドアーキテクトなどの役職を務めた．最近の 10 年間では，何百万ドルという収益規模の世界的企業の多くの新製品に責任ある立場で関わっている．現在は機械学習・クラウド構築を扱うスタートアップなどの企業のコンサルタント，Pragmatic AI Labs の創始者として CTO レベルのコンサルティングを行っている．

　著者の詳細については GitHub アカウント（https://github.com/noahgift/）をフォロー，会社 Pragmatic AI Labs（https://paiml.com）への訪問，著者の個人サイト（http://noahgift.com）や Linkedin アカウント（https://www.linkedin.com/in/noahgift/）などで知ることができる．

訳者まえがき

2010 年前半あたりから，AI（人工知能）が“製品”として捉えられるようになってきました．“製品”ならば，AI プログラムを組むだけでなく，いろいろな分野の人が実際に使えるようにするためのソフトウェアの追加やパッケージングが必要です．また，製品の出荷・保守管理の計画を立て，コストを抑えて品質を保ち，利益を上げられるようにすることが求められます．そもそも“AI で何をするための製品をつくるのか”の課題提起から始まることもあります．

本書 Noah Gift 著 “Pragmatic AI: An Introduction to Cloud-Based Machine Learning”はそうした AI 開発の実践上の必要に視点を据え，AI プロジェクトのリーダーや，最近は“AI エンジニア”とよばれる，データサイエンティストと Web プログラマーの間にある広い領域を担当する人の視点から書かれています．たとえば，“AI ソフトウェアとして一体何をつくるのか”という課題には，“自社サービスの API を利用者に提供するシステム”，“プロのスポーツ選手の実力をその成績から，人気を SNS データから，それぞれ解析”，“クラウドサービスの経済的なプランを選択”，“ソフトウェアプロジェクトの進捗度を評価”など，具体的で多くの人にわかりやすい実例が選ばれています．

技術的な話題も実践的です．ソフトウェアプロジェクトのために作成する Python の virtualenv 環境，ビルドとテストを行う Makefile，クラウドにデプロイするためのコマンドラインツール，ライブラリ化のための Python モジュール作成，Web からのデータ収集・前処理・解析および解析結果の表示，フロントエンドの Web アプリなど細々とした手続きが，具体的なコードリスト，IPython シェルやターミナルへの実行例で丁寧に示されています．あまりにも具体的なので，本書を手にされた方が実践されるときにはもしかすると API やエンドポイントなどが変わっているかもしれませんが，基本的なコードは変わらないでしょう．

利用するクラウドサービスは，おもに Amazon Web Services（AWS）と Google Cloud Platform（GCP）で，両者の特徴に合った課題に取組みます．NLP（natural-language processing：自然言語処理）については，Microsoft Azure 上

での作業も解説しています．プロが利用するクラウドサービスを利用するコードについてはすべての方がすぐに実践するわけにもいかないと思いますが，コードを追うだけでも，いざ実践となったときのための備えとなると思います．

　著者 Noah Gift 氏は豊富な職歴を積んでおり，大学の研究や映画の制作技術などで得た貴重な経験を活かして，実践的な開発計画の立て方進め方をユーモラスな表現も交えて提唱しています．謝辞に書かれている IT 技術者としての著者の生き方も魅力的です．AI が現実的でないとされていた 2000 年あたりから AI をキャリアに入れることを思い立ち数年かけてそれを実現したこと，ジウジツやさまざまな競技で心身ともに鍛えていることが開発や著作のプロジェクトを貫徹する力となっていることなど，大いに学ぶところがあると思います．

　日本語版にあたり，文章の翻訳は清水が担当し，翻訳作成時の環境におけるすべてのコードの動作確認，技術用語や解説における翻訳の修正などは共訳者の大澤文孝氏が担当しました．そして，(株)東京化学同人の丸山 潤氏，池尾久美子氏には出版のスケジュール調整と読みやすく適切な日本語表現への修正で多大なお骨折りと熱心な励ましを常にいただきました．本書の出版に関わってくださったすべての方々，そして本書を手にしてくださった読者のみなさんに感謝いたします．

　本書を，面白くてためになる AI プロジェクトの実践ガイドとして大いにご活用いただければ幸いです．

　　2021 年 6 月

　　　　　　　　　　　　　　　訳者を代表して　清　水　美　樹

目　　　次

I. 実 践 AI へ の 一 歩

II. クラウドを用いた AI

Ⅲ. ゼロからつくる実践 AI アプリケーション

I

実践 AI への一歩

1

本書に必要な Python の基礎知識

活動が盛んであっても，成果があるかどうかはまた別だ.

John Wooden

　本書を手にされた読者は，"実践 AI"への関心をおもちのことと思う．昨今の機械学習やディープラーニングの技術に関しては，書籍，講座，オンラインセミナーなど学習手段はいくらでもあるが，手元で作成したプロジェクトを，チーム開発の現場やクラウドなど商用 Web サービスのように高度な技術が適用されている場所でも使えるようにする方法の解説はなかなか見当たらない．本書は，そのためにある．AI（artificial intelligence）プロジェクトの実装における理論と現実問題の溝に橋をかけるのが本書である．

　多くの場合，自作のモデルに学習させようとしても採算が合わない．自作プロジェクトにおける，期間やリソース，技術的な問題が噛み合わないからである．このようにほぼ失敗が確実な道を無理に進めるよりも，他の方法を探した方がよい．たとえば，学習済みの API（application programming interface）を呼ぶ方法がある．あるいは，あえて精度を低くとり，理解しやすく実用化も容易なモデルを作成するのがよいかもしれない．"実践 AI"の技術とは，このようなものである．

　2009 年，Netflix が高額な賞金をかけた機械学習コンペを実施して，話題をよんだことがある．それぞれの利用者の好みに合いそうな映画を予測するための自社のプログラムの精度（正解率とよばれる精度判定法）を 10 ％向上させたチームに 100 万米ドルを贈呈するというものであった．コンペへの応募は活気をきわめ，世の主流となる前のデータサイエンスに注目が集まった．これはあまり知られていないことだが，賞金を獲得したアルゴリズムは開発コストがあまりに高額であったため，実装されなかった（https://www.wired.com/2012/04/netflix-prize-costs/）．代わりに，8.43 ％の改善しかなかったチームのアルゴリズムからいくつかが採用されたのである．これ

は，完全でなくとも，実用性のある手法こそが，AI の多くの課題の目的となるというよい例である．

　本書は，最優秀でなくとも，製品として運用できる手法の提供に注目する．本書では一貫して，この考え方を適用していく．本書の目的は，理想的だが製品にならない方法を論じるよりも，コードを製品にまでつくり上げることである．

1・1　Python の関数入門

　Python は，多くの仕事をこなせる魅力的なプログラミング言語である．もちろん例外なくすべてのことに優れているわけではないが，ほとんどのことには優れている．Python 言語の真の強みは，複雑さを排除した点にある．Python では，さまざまなスタイルでコードを書くことができる．1 行ずつ手続きを記述していくことも，オブジェクト指向を取入れ，メタクラスや多重継承など先進的な手法を駆使した複合的な言語として用いることもできる．

　Python をとりわけデータサイエンスの分野のなかだけで学ぶのなら，この言語のすべてを習得する必要はない．長大なオブジェクト指向プログラミングなどは，Jupyter Notebook に書いていくぶんには，むしろほとんど使わないとさえいってよい．その代わり，関数を積極的に使っていけばよい．こうした理由から，本節でこれから手短に紹介するのは，Microsoft Excel に代わるものとしての Python の使い方ということになる．

　大学院のある学生は，筆者の機械学習コースの受講を始めた時点では，「プログラムが複雑そうで心配だ」と言っていた．しかし，Jupyter Notebook と Python を用いて何カ月か学んだあとは，「データサイエンスを扱うのに，Python はとてもやりやすい」と言うようになった．Excel を使えるなら，ほぼ間違いなく Jupyter Notebook で Python を使えるようになる．このことは指導のなかで実際に見てきた事実である．

　Jupyter Notebook でプログラムを製品にまでもっていけるというわけではない．Jupyter Notebook で作成したプログラムを製品として整えるフレームワークは，Databricks, SageMaker, Datalab など，たくさん出ているが，それでも Jupyter Notebook は，プログラムの実験目的で使われることが多い．

1・1・1　手続き文について

　以後の実行例は，Python 3.6 以降での動作を想定している．Python の最新版は https：//www.python.org/downloads/ からダウンロードできる．手続き文とは，1 行で処理できる文のことである．以下，さまざまな種類の手続き文を例示していく．各

文は，以下の環境で実行できる*1.

- ・Jupyter Notebook
- ・IPython シェル
- ・Python インタプリタ
- ・Python スクリプト

1・1・2 出　力

Python で出力を記述する方法の一つは，非常に簡単である．print という関数は，入力値を受取ってコンソールに送る．

```
In [ ]: print("Hello world")

Hello world
```

1・1・3 変数の作成と使用

変数を作成するには，何らかの値を代入する．以下の例では，"変数に値を代入する文"と"出力する文"とをセミコロンで結合している．ただし，こうしたセミコロンで文をつなげる書き方は Jupyter Notebook では普通だが，実稼働するプログラムやライブラリにおけるコードとしては好ましくない．

```
In [ ]: variable = "armbar"; print(variable)

armbar
```

1・1・4 複数の手続き文

ある課題を直接，手続き文で処理していく方法は，以下に示すとおりである．Jupyter Notebook 向けの方法であり，実稼働するコードではあまり使われない．

```
In [ ]: attack_one = "kimura"
   ...: attack_two = "arm triangle"
   ...: print("In Brazilian jiu-jitsu a common attack is a:",
   ...: attack_one)
   ...: print("Another common attack is a:", attack_two)

In Brazilian jiu-jitsu a common attack is a: kimura
Another common attack is a: arm triangle
```

---

*1 訳注：本章では，IPython シェルの実行例を示している．

1・1・5　数 値 の 加 算

Python は，電卓のような簡単な計算にも使える．Python に慣れる練習として，Microsoft Excel やその他の計算機アプリの代わりに Python を使ってみるのもよい．

```
In [ ]: 1+1
Out[ ]: 2
```

1・1・6　語 句 の 加 算

文字列の結合にも，加算を用いることができる．

```
In [ ]: "arm" + "bar"
Out[ ]: 'armbar'
```

1・1・7　複 雑 な 文

構造をもったデータを用いて，複雑な文を作成できる．以下の例では，リストというデータ型の変数 belts を用いている*2.

```
In [ ]: belts = ["white", "blue", "purple", "brown", "black"]
   ...: for belt in belts:
   ...:     if "black" in belt:
   ...:         print("The belt I want to earn is:", belt)
   ...:     else:
   ...:         print("This is not the belt I want to end up ¥
   ...: with:", belt)
   ...:
This is not the belt I want to end up with: white
This is not the belt I want to end up with: blue
This is not the belt I want to end up with: purple
This is not the belt I want to end up with: brown
The belt I want to earn is: black
```

1・1・8　文字列とその整形

文字列とは文字（キャラクタ）を決まった順番に並べたもので，プログラム中で整形することが多い．ほとんどの Python プログラムでは，文字列を扱う．なぜならプログラムの利用者に，物事を伝える必要があるためである．とはいえ，以下の考え方

---

*2 訳注: 環境によって，¥ は \ と表示される．

を理解しておけば十分である.

・文字列は，単引用符，二重引用符，または三つの二重引用符で囲む.
・文字列は，整形できる.
・文字列は，Unicodeをはじめとしたいくつかの文字コードの形式でエンコードでき，それが問題を複雑にすることがある.
・文字列には，その文字列に対して操作できるメソッドがたくさんある．エディタや IPython シェル上では，タブキーによる補完によって，そのような文字列が備えるメソッドを一覧できる.

```
In [ ]: basic_string = ""

In [ ]: basic_string.
        capitalize()    isalpha         ljust           split
        casefold        isascii         lower           splitlines
        center          isdecimal       lstrip          startswith
        count           isdigit         maketrans       strip
        encode          isidentifier    partition       swapcase
        endswith        islower         replace         title
        expandtabs      isnumeric       rfind           translate
        find            isprintable     rindex          upper
        format          isspace         rjust           zfill
        format_map      istitle         rpartition
        index           isupper         rsplit
        isalnum         join            rstrip
```

a. 基本的な文字列　　最も基本的な文字列は，語句を引用符で囲んで変数に代入した形である．引用符には，単引用符('), 二重引用符("), 三つの二重引用符(""")を使える.

```
In [ ]: basic_string = "Brazilian jiu-jitsu"
```

b. 文字列の分割　　スペースなどの文字で一つの文字列を分割し，リストに変換する.

```
In [ ]: # 空白文字で分割 (デフォルト)
   ...: basic_string.split()
Out[ ]: ['Brazilian', 'jiu-jitsu']
```

```
In [ ]: # ハイフンで分割
   ...: string_with_hyphen = "Brazilian-jiu-jitsu"
   ...: string_with_hyphen.split("-")
Out[ ]: ['Brazilian', 'jiu','jitsu']
```

c. 文字列の大文字化   Python には，文字列を変換する便利なメソッドが多数備わっている．以下のメソッドでは，文字列中の文字をすべて大文字に変換する．

```
In [ ]: basic_string.upper()
Out[ ]: 'BRAZILIAN JIU-JITSU'
```

d. 文字列の切取り（スライス）   文字列の長さを調べたり，一部を切り取ったり（スライスしたり）できる．

```
In [ ]: # 最初の2文字を得る
   ...: basic_string[:2]
Out[ ]: 'Br'
```

```
In [ ]: # 文字列の長さを調べる
   ...: len(basic_string)
Out[ ]: 19
```

e. 文字列の結合   文字列を結合するには，二つの文字列を加算するか，文字列を代入した変数にさらに文字列を加えていく方法がある．こうした方法は Jupyter Notebook 上で経過を見ながらコードを書いていくのに適しているが，製品としてのコードでは，後述の“f 文字列（f-strings，フォーマット済み文字列リテラル）”を使う方が動作が速い．

```
In [ ]: basic_string + " is my favorite Martial Art"
Out[ ]: 'Brazilian jiu-jitsu is my favorite Martial Art'
```

f. 文字列の複雑な整形法   Python 3 の最近のバージョン（Python 3.6 以降）では，文字列の整形に最適な方法として，**f 文字列**が使える[*3]．

```
In [ ]: f'I love practicing my favorite Martial Art,¥
   ...: {basic_string}'
Out[ ]: 'I love practicing my favorite Martial Art, Brazilian ji
u-jitsu'
```

[*3] 訳注: Out の表示はウィンドウの幅で折り返されるため，改行される位置は実行環境によって異なる．

g. 文字列を三つの二重引用符で囲む　　コード中のテキストの断片を，そのまま変数に設定したいことがある．そのような場合，Python では，テキスト全体を三つの二重引用符で囲むとよい．

```
In [ ]: f"""
   ...: This phrase is multiple sentences long.
   ...: The phrase can be formatted like simpler sentences,
   ...: for example, I can still talk about my favorite Martial
   ...: Art {basic_string}
   ...: """
Out[ ]: '\nThis phrase is multiple sentences long.\nThe phrase
can be formatted like simpler sentences,\nfor example, I can s
till talk about my favorite Martial Art Brazilian jiu-jitsu\n'
```

h. 置換によって改行記号を除去する　　上記の長文には，改行記号 **\n** が含まれている．これは replace という置換のメソッドで取除ける．

```
In [ ]: f"""
   ...: This phrase is multiple sentences long.
   ...: The phrase can be formatted like simpler sentences,
   ...: for example, I can still talk about my favorite Martial
   ...: Art {basic_string}
   ...: """.replace("\n", "")
Out[ ]: 'This phrase is multiple sentences long.The phrase can
be formatted like simpler sentences,for example, I can still t
alk about my favorite Martial Art Brazilian jiu-jitsu'
```

i. 数値と演算　　Python には電卓と同じ機能が備わっており，他のライブラリを追加しなくても，単純な演算も複雑な演算も多種行える．

1・1・9　加算と減算

Python では，f 文字列による整形を使って，加減算の結果も文字列中に差し込める．

```
In [ ]: steps = (1+1)-1
   ...: print(f"Two Steps Forward: One Step Back = {steps}")

Two Steps Forward: One Step Back = 1
```

1・1・10　小数を用いた乗算

Python はもちろん，小数にも対応している．直接，文字列中にも差し込める．

```
In [ ]:
   ...: body_fat_percentage = 0.10
   ...: weight = 200
   ...: fat_total = body_fat_percentage * weight
   ...: print(f"I weight 200lbs, and {fat_total}lbs of that is fat")

I weight 200lbs, and 20.0lbs of that is fat
```

1・1・11 べ き 乗

math ライブラリを用いて，べき乗を直接計算できる．以下は，2 の 3 乗の計算である．

```
In [ ]: import math
   ...: math.pow(2,3)
Out[ ]: 8.0
```

べき乗は，演算子 ** を使って以下のようにも書ける．

```
In [ ]: 2**3
Out[ ]: 8
```

1・1・12 異なる数値型への変換

Python において数値を表す"型"は多様にあるので注意する．最もよく使われるのは，以下の 2 種類である．
・整数型（int）
・小数型（float）

```
In [ ]: number = 100
   ...: num_type = type(number).__name__
   ...: print(f"{number} is type [{num_type}]")

100 is type [int]
```

```
In [ ]: number = float(100)
   ...: num_type = type(number).__name__
   ...: print(f"{number} is type [{num_type}]")

100.0 is type [float]
```

1・1・13 数値を丸める

小数点以下の桁数が多い小数では, 数値を丸めて, たとえば小数第2位までの形で表現できる.

```
In [ ]: too_many_decimals = 1.912345897
   ...: round(too_many_decimals, 2)
Out[ ]: 1.91
```

1・1・14 データ構造

Pythonには, 構造をもつデータ型もいくつかある. よく使われるおもなデータ構造は以下の2種類である.
・リスト型
・辞書型 (ディクショナリ型)

リスト型と辞書型は, Pythonでとてもよく使われるが, ほかにもタプル型や集合型 (set型), Counterクラスなどのデータ型も, しばしば使われる.

1・1・15 辞 書 型

辞書というものは, さまざまな問題の解決に役立つが, Pythonにおける辞書型もしかりである. 以下の例では, ブラジル柔術の攻め技の一覧を辞書として格納している. キーは攻め技の名前, 値は技をかける対象であり, "上半身 (upper_body)" または "下半身 (lower_body)" のいずれかである.

```
In [ ]: submissions = {"armbar": "upper_body",
   ...:                "arm_triangle": "upper_body",
   ...:                "heel_hook": "lower_body",
   ...:                "knee_bar": "lower_body"}
```

辞書のおもな使い方は, itemsというメソッドを用いて, 辞書の要素を繰返し処理することである. 以下の例は, 各要素のキーと値を出力する.

```
In [ ]: for submission, body_part in submissions.items():
   ...:         print(f"The {submission} is an attack on the ¥
   ...: {body_part}")
   ...:
The armbar is an attack on the upper_body
The arm_triangle is an attack on the upper_body
The heel_hook is an attack on the lower_body
The knee_bar is an attack on the lower_body
```

辞書には if 文を使ってフィルタをかけることもできる. 以下の例では，上半身への関節技（upper_body）のみを表示する.

```
In [ ]: print(f"These are upper_body submission attacks ¥
   ...: in Brazilian jiu-jitsu:")
   ...: for submission, body_part in submissions.items():
   ...:     if body_part == "upper_body":
   ...:         print(submission)
   ...:
These are upper_body submission attacks in Brazilian jiu-jitsu:
armbar
arm_triangle
```

辞書から，キーのみ，もしくは値のみを抽出することもできる.

```
In [ ]: print(f"These are keys: {submissions.keys()}")
   ...: print(f"These are values: {submissions.values()}")

These are keys: dict_keys(['armbar', 'arm_triangle',
'heel_hook', 'knee_bar'])
These are values: dict_values(['upper_body', 'upper_body',
'lower_body', 'lower_body'])
```

1・1・16　リ　ス　ト

リストは Python においてよく使われるもので，順序のあるデータの集合体である.
リストの要素として辞書を含むことも，辞書の要素としてリストを含むこともできる.

```
In [ ]: list_of_bjj_positions = ["mount", "full-guard",
                                 "half-guard", "turtle",
                                 "side-control", "rear-mount",
                                 "knee-on-belly", "north-south",
                                 "open-guard"]

In [ ]: for position in list_of_bjj_positions:
   ...:     if "guard" in position:
   ...:         print(position)
   ...:
full-guard
half-guard
open-guard
```

スライシングという方法を用いて要素を抽出する際にも，リストが使われる.

```
In [ ]: print(f'First position: {list_of_bjj_positions[:1]}')
   ...: print(f'Last position: {list_of_bjj_positions[-1:]}')
   ...: print(f'First three positions: ¥
   ...: {list_of_bjj_positions[0:3]}')

First position: ['mount']
Last position: ['open-guard']
First three positions: ['mount', 'full-guard', 'half-guard']
```

1・1・17 関　　数

　関数は Python を用いたデータサイエンスプログラミングの基本構成要素であるが，ほかの用途でも，論理的でテスト可能なプログラムを作成したいのであれば有用である．Python プログラミングの手法として，“関数指向”と“オブジェクト指向”のどちらが優れているのかが長年議論の的になっているが，本項では，その話題は扱わない．代わりに，Python で関数の基本を理解しておくと，どれだけ役に立つかを示しておく．

　a. 関数の書き方　　Python において関数の書き方は，最も身につけなければならない事項である．関数の基本を習得すれば，Python をほぼ完全に使いこなせるようになる．

　b. 簡単な関数　　最も簡単な関数は，値を一つだけ返す．

```
In [ ]: def favorite_martial_art():
   ...:     return "bjj"
   ...:

In [ ]: favorite_martial_art()
Out[ ]: "bjj"
```

　c. 関数の解説文　　関数定義の中に，docstring（ドキュメンテーション文字列）の形式で解説文を書いておくのはよい考えである．Jupyter Notebook や IPython では，関数名の後ろに？という文字をつければ，docstring を参照できる．以下に，その一例を示す[4]．

---

　[4] 訳注：以下のような関数 favorite_martial_art_with_docstring が定義されていることを前提としている．

```
def favorite_martial_art_with_docstring():
    """ この関数は，私のお気に入りの武術の名前を返す """
    return "bjj"
```

```
In [ ]: favorite_martial_art_with_docstring?
Signature: favorite_martial_art_with_docstring()
Docstring: この関数は，私のお気に入りの武術の名前を返す
File :    ~/src/functional_intro_to_python/
Type:     function
```

関数の解説を表示するには，関数の __doc__ を参照する．

```
In [ ]: favorite_martial_art_with_docstring.__doc__
Out[ ]: 'この関数は，私のお気に入りの武術の名前を返す'
```

d．関数の引数：位置引数とキーワード引数　　引数をとる関数は，非常に便利である．以下の例では，引数 times に値を渡すと，関数の中で処理される．この関数の引数は**位置引数**（positional argument）であり，"キーワード引数"ではない（このすぐあとで説明する）．位置引数では，定義してある順番に引数を渡して処理させる．

```
In [ ]: def practice(times):
   ...:     print(f"I like to practice {times} times a day")
   ...:

In [ ]: practice(2)
I like to practice 2 times a day

In [ ]: practice(3)
I like to practice 3 times a day
```

1) 位置引数：定義した順番に受取る

関数における位置引数は，定義された順番に値を受取る．そのため記述しやすいが，間違いも冒しやすい．

```
In [ ]: def practice(times, technique, duration):
   ...:     print(f"I like to practice {technique}, ¥
   ...: {times} times a day, for {duration} minutes")
   ...:

In [ ]: practice(3, "leg locks", 45)
I like to practice leg locks, 3 times a day, for 45 minutes
```

2) キーワード引数：キーと値の形式で受取る．既定値設定も可能

キーワード引数の便利な性質として，**既定値**（**default value**）を設定しておけるという点があげられる．既定値と異なる値を渡したいときにだけ，値を明示的に渡せばよい．

```
In [ ]: def practice(times=2, technique="kimura", duration=60):
   ...:     print(f"I like to practice {technique}, ¥
   ...: {times} times a day, for {duration} minutes")
   ...:

In [ ]: practice()
I like to practice kimura, 2 times a day, for 60 minutes

In [ ]: practice(duration=90)
I like to practice kimura, 2 times a day, for 90 minutes
```

3) **kwargs と *args

kwargs と *args は，ともに関数に対して可変長引数**を許す記法であるが，コードが理解しにくくなるのでやたらと使うべきではない．適切なときに使えば，とても強力な機能となる．

```
In [ ]: def attack_techniques(**kwargs):
   ...:     """ これは任意の数のキーワードを受付ける """
   ...:
   ...:     for name, attack in kwargs.items():
   ...:         print(f"This is an attack I would like to ¥
   ...: practice: {attack}")
   ...:

In [ ]: attack_techniques(arm_attack="kimura",
   ...:                   leg_attack="straight_ankle_lock",
   ...:                   neck_attack="arm_triangle")

This is an attack I would like to practice: kimura
This is an attack I would like to practice: straight_ankle_lock
This is an attack I would like to practice: arm_triangle
```

4) 関数に辞書のキーワードを渡す

**kwargs という記法は，関数に対して引数をまとめて渡すときにも用いることができる．

```
In [ ]: attacks = {"arm_attack":"kimura",
   ...:            "leg_attack":"straight_ankle_lock",
   ...:            "neck_attack":"arm_triangle"}

In [ ]: attack_techniques(**attacks)
```

```
This is an attack I would like to practice: kimura
This is an attack I would like to practice: straight_ankle_lock
This is an attack I would like to practice: arm_triangle
```

5) 関数を使いこなす

　オブジェクト指向プログラミングを好む人は多いが，オブジェクト指向だけが
Python ではない．並列処理やデータサイエンスでは，むしろ関数型プログラミングが
適している．以下に示す例では，関数 attack_location を他の関数 multiple_
attacks に渡して，この中で用いることができる．

```
In [ ]: def attack_location(technique):
   ...:     """ 攻撃場所を返す """
   ...:
   ...:     attacks = {"kimura": "arm_attack",
   ...:                "straight_ankle_lock":"leg_attack",
   ...:                "arm_triangle":"neck_attack"}
   ...:     if technique in attacks:
   ...:         return attacks[technique]
   ...:     return "Unknown"
   ...:

In [ ]: attack_location("kimura")
Out[ ]: 'arm_attack'

In [ ]: attack_location("bear hug")
Out[ ]: 'Unknown'

In [ ]: def multiple_attacks(attack_location_function):
   ...:     """ 複数の攻撃の種類を受取り，その攻撃場所を返す """
   ...:
   ...:     new_attacks_list = ["rear_naked_choke",
   ...:         "americana", "kimura"]
   ...:     for attack in new_attacks_list:
   ...:         attack_location = ¥
   ...:             attack_location_function(attack)
   ...:         print(f"The location of attack {attack} ¥
   ...: is {attack_location}")
   ...:

In [ ]: multiple_attacks(attack_location)
The location of attack rear_naked_choke is Unknown
```

```
The location of attack americana is UnknownThe location of
attack kimura is arm_attack
```

6) クロージャと関数のカリー化

クロージャ（closure）は関数の一種で，関数の内部で別の関数を定義する．Python
でよく知られているクロージャの使用法は，状態の追跡である．以下の例では，外側
の関数 attack_counter が攻撃の回数を保持している．内側の関数 attack_
filter は Python 3 で使える nonlocal というキーワードを用いて，外側の関数の
変数の値を変更している．

この手法を**関数のカリー化**（currying）とよぶ．カリー化によって普通の関数が特
殊な関数になる．以下に示すように，この形式の関数は簡単なコンピュータゲームの
基本にもなるだろうし，大会で対戦の統計を取るのにも使えるだろう．

```
In [ ]: def attack_counter():
   ...:     """ 体のどの部分に攻撃を受けたかカウントする """
   ...:     lower_body_counter = 0
   ...:     upper_body_counter = 0
   ...:     def attack_filter(attack):
   ...:         nonlocal lower_body_counter
   ...:         nonlocal upper_body_counter
   ...:         attacks = {"kimura": "upper_body",
   ...:             "straight_ankle_lock":"lower_body",
   ...:             "arm_triangle":"upper_body",
   ...:             "keylock": "upper_body",
   ...:             "knee_bar": "lower_body"}
   ...:         if attack in attacks:
   ...:             if attacks[attack] == "upper_body":
   ...:                 upper_body_counter +=1
   ...:             if attacks[attack] == "lower_body":
   ...:                 lower_body_counter +=1
   ...:         print(f"Upper Body Attacks {upper_body_counter}, ¥
   ...: Lower Body Attacks {lower_body_counter}")
   ...:     return attack_filter
   ...:

In [ ]: fight = attack_counter()

In [ ]: fight("kimura")
Upper Body Attacks 1, Lower Body Attacks 0
```

```
In [ ]: fight("knee_bar")
Upper Body Attacks 1, Lower Body Attacks 1

In [ ]: fight("keylock")
Upper Body Attacks 2, Lower Body Attacks 1
```

7) 値を一時的に生成する関数（ジェネレータ）

プログラミングの便利な仕組みとして，**遅延評価**（**lazy evaluation**）とよばれる機構がある．その機構の一つが，**ジェネレータ**（generator）である．ジェネレータは，それが使われるときに，その都度，値を生成する．

以下の例において関数は，ランダムな攻め技を順に，無限に返し続けるように書いてある．しかし値は無限に生み出されるものの，関数が呼び出されたときにしか，値が返されない．これが遅延評価の効果である．

```
In [ ]: def lazy_return_random_attacks():
   ...:     """ 毎回，攻撃技を生み出す """
   ...:     import random
   ...:     attacks = {"kimura": "upper_body",
   ...:                "straight_ankle_lock":"lower_body",
   ...:                "arm_triangle":"upper_body",
   ...:                "keylock": "upper_body",
   ...:                "knee_bar": "lower_body"}
   ...:     while True:
   ...:         random_attack = random.choices(
   ...:             list(attacks.keys()))
   ...:         yield random_attack
   ...:

In [ ]: attack = lazy_return_random_attacks()

In [ ]: next(attack)
Out[ ]: ['straight_ankle_lock']

In [ ]: for _ in range(10):
   ...:     print(next(attack))
   ...:

['keylock']
['arm_triangle']
['arm_triangle']
```

```
['arm_triangle']
['knee_bar']
['arm_triangle']
['knee_bar']
['kimura']
['arm_triangle']
['kimura']
```

8) デコレータ: 他の関数をラップする（包む）関数

Python で有用な他のテクニックとして，**デコレータ（decorator）** という記法がある．デコレータは，ある関数を他の関数で包むものである．以下の例においてデコレータは，各関数を呼び出す際，ランダムな時間スリープする．上記の"無限に攻め技を生み出すジェネレータ"と組合わせて用いると，ランダムな攻め技がランダムなスリープ時間とともに生成されるようになる．

```
In [ ]: def randomized_speed_attack_decorator(function):
   ...:     """ ランダムな速さで攻撃する """
   ...:
   ...:     import time
   ...:     import random
   ...:
   ...:     def wrapper_func(*args, **kwargs):
   ...:         sleep_time = random.randint(0,3)
   ...:         print(f"Attacking after {sleep_time} seconds")
   ...:         time.sleep(sleep_time)
   ...:         return function(*args, **kwargs)
   ...:     return wrapper_func
   ...:


In [ ]: @randomized_speed_attack_decorator
   ...: def lazy_return_random_attacks():
   ...:     """ 毎回，攻撃技を生み出す """
   ...:     import random
   ...:     attacks = {"kimura": "upper_body",
   ...:                "straight_ankle_lock":"lower_body",
   ...:                "arm_triangle":"upper_body",
   ...:                "keylock": "upper_body",
   ...:                "knee_bar": "lower_body"}
   ...:     while True:
   ...:         random_attack = random.choices(
   ...:             list(attacks.keys()))
```

```
    ...:            yield random_attack
    ...:

In [ ]: for _ in range(10):
    ...:          print(next(lazy_return_random_attacks()))
Attacking after 1 seconds
['knee_bar']
Attacking after 0 seconds
['arm_triangle']
Attacking after 2 seconds
['knee_bar']
```

9) Pandas の apply 関数を用いる

　関数の実践例の最後として，これまで学んだことを Pandas の DataFrame オブジェクトに対して応用する．Pandas の最も基本的な考え方は，列に対して関数を "apply" し，その列のすべてのセルの値について処理を繰返すことである．以下の例では，すべての数値が丸められ，一つの値にまとめられる．

```
In [ ]: import pandas as pd
    ...: iris = pd.read_csv('https://raw.githubusercontent.com/¥
    ...: mwaskom/seaborn-data/master/iris.csv')
    ...: iris.head()
Out[ ]:
   sepal_length  sepal_width  petal_length  petal_width  species
0           5.1          3.5           1.4          0.2  setosa
1           4.9          3.0           1.4          0.2  setosa
2           4.7          3.2           1.3          0.2  setosa
3           4.6          3.1           1.5          0.2  setosa
4           5.0          3.6           1.4          0.2  setosa

In [ ]: iris['rounded_sepal_length'] =¥
          iris[['sepal_length']].apply(pd.Series.round)
    ...: iris.head()
Out[ ]:
   sepal_length  sepal_width  petal_length  petal_width  species  ¥
0           5.1          3.5           1.4          0.2  setosa
1           4.9          3.0           1.4          0.2  setosa
2           4.7          3.2           1.3          0.2  setosa
3           4.6          3.1           1.5          0.2  setosa
4           5.0          3.6           1.4          0.2  setosa
```

```
    rounded_sepal_length
0                    5.0
1                    5.0
2                    5.0
3                    5.0
4                    5.0
```

　上記の例では，apply した関数（pd.Series.round）は，はじめから備わっている組込み関数だが，自分で好きな関数を書いて使うこともできる．次の例は，列のすべてのセルの値を 100 倍するものである．apply を使わない場合，データを変換して書き戻すループを自分で作成しなければならない．Pandas では，ただ自分で関数を書いて apply に渡せばよいので，直接的で簡単である．

```
In [ ]: def multiply_by_100(x):
   ...:     """ 100 倍する """
   ...:     return x*100
   ...: iris['100x_sepal_length']=¥
   ...: iris[['sepal_length']].apply(multiply_by_100)
   ...: iris.head()
Out[ ]:
   sepal_length  sepal_width  petal_length  petal_width  species  ¥
0           5.1          3.5           1.4          0.2   setosa
1           4.9          3.0           1.4          0.2   setosa
2           4.7          3.2           1.3          0.2   setosa
3           4.6          3.1           1.5          0.2   setosa
4           5.0          3.6           1.4          0.2   setosa

   rounded_sepal_length  100x_sepal_length
0                   5.0              510.0
1                   5.0              490.0
2                   5.0              470.0
3                   5.0              460.0
4                   5.0              500.0
```

1・2　Python における制御構造

　本節では，Python でよく知られている制御構造を示す．Python において，一般に最もよく用いられる制御構造は，for ループである．ただし Pandas においては，for ループはあまり使われない．Python で常識的に使われているにもかかわらず，Pandas であまり使われていないものは，以下に示すようにほかにもある．

- for ループ
- while ループ
- if/else
- try/except
- ジェネレータ表現
- リスト内包表記
- パターンマッチング

どんなプログラムでも，処理の流れを何らかの形で制御しなければならない．本節ではその手法をいくつか示す．

1・2・1　for ループ

for ループは，Python において最も基本的な制御構造の一つである．よく使われる書き方の一つは，関数 range を用いて値の一定範囲を作成し，これらの値に対して繰返す方法である．

```
In [ ]: res=range(3)
   ...: print(list(res))
[0, 1, 2]
```

```
In [ ]: for i in range(3):
   ...:         print(i)
   ...:
0
1
2
```

a. リストに対するループ　　リストに対して処理を繰返すことも多い．

```
In [ ]: martial_arts=["Sambo", "Muay Thai", "BJJ"]
   ...: for martial_art in martial_arts:
   ...:     print(f"{martial_art} has influenced modern mixed ¥
   ...: martial arts")
   ...:
Sambo has influenced modern mixed martial arts
Muay Thai has influenced modern mixed martial arts
BJJ has influenced modern mixed martial arts
```

1・2・2　while ループ

while ループは，ある条件が満たされるまで繰返したり，無限ループを構成した

りする際によく用いられる．以下の例では，2種類の攻め技のうち1種類だけに絞り
込むのに，while ループを用いている．

```
In [ ]: def attacks():
   ...:         list_of_attacks =["lower_body", "lower_body",
   ...:                          "upper_body"]
   ...:         print(f"There are a total of {len(list_of_attacks)}¥
   ...: attacks coming!")
   ...:
   ...:         for attack in list_of_attacks:
   ...:             yield attack
   ...:
   ...: attack=attacks()
   ...:
   ...: count=0
   ...: while next(attack) =="lower_body":
   ...:     count +=1
   ...:     print(f"crossing legs to prevent attack#{count}")
   ...: else:
   ...:     count +=1
   ...:     print(f"This is not a lower body attack, ¥
   ...: I will cross my arms for #{count}")
   ...:
There are a total of 3 attacks coming!
crossing legs to prevent attack#1
crossing legs to prevent attack#2
This is not a lower body attack, I will cross my arms for #3
```

1・2・3　if/else

if/else 文は，判断の分岐として，一般に使われる方法である．以下の例では
if/elif を用いて，変数の値がどの条件に一致するかを調べている．どの条件にも
一致しなければ，最後に置かれた else 文が実行される．

```
In [ ]: def recommended_attack(position):
   ...:         """ 場所に応じた，お勧めの攻め技を返す """
   ...:         if position == "full_guard":
   ...:             print(f"Try an armbar attack")
   ...:         elif position=="half_guard":
   ...:             print(f"Try a kimura attack")
```

```
   ...:        elif position=="full_mount":
   ...:            print(f"Try an arm triangle")
   ...:        else:
   ...:            print(f"You're on your own. there is no ¥
   ...: suggestion for an attack")
   ...:

In [ ]: recommended_attack("full_guard")
Try an armbar attack

In [ ]: recommended_attack("z_guard")
You're on your own. there is no suggestion for an attack
```

a. ジェネレータ表現　　ジェネレータ表現は yield の考え方に基づくもので，順次実行される処理の実際の計算を遅らせることができる．ジェネレータ表現の利点は，実際に処理が実行されるまでは何も計算されず，メモリにも読み込まれないことである．だからこそ以下の例では，ランダムに攻め技を生成する処理を無限に繰返す記述を，暴走させずに操作できる．

下記のジェネレータパイプラインでは，まず，"arm_triangle"のような小文字の攻め技を"ARM_TRIANGLE"のように変換する，そしてさらに，"ARM TRIANGLE"のようにアンダースコアを除去する．

```
In [ ]: def lazy_return_random_attacks():
   ...:     """毎回，攻撃技を生み出す"""
   ...:     import random
   ...:     attacks={"kimura": "upper_body",
   ...:             "straight_ankle_lock": "lower_body",
   ...:             "arm_triangle": "upper_body",
   ...:             "keylock": "upper_body",
   ...:             "knee_bar": "lower_body"}
   ...:     while True:
   ...:         random_attack=random.choices(
   ...:             list(attacks. keys()))
   ...:         yield random_attack
   ...: # すべての攻撃名を大文字にする
   ...: upper_case_attacks = ¥
   ...:     (attack.pop().upper() for attack in ¥
   ...:     lazy_return_random_attacks())
   ...:
```

```
In [ ]: next(upper_case_attacks)
Out[ ]: 'ARM TRIANGLE'

In [ ]: # ジェネレータパイプライン：
   ...: # ある処理から次の処理へつなげることができる
   ...: # すべての技名を大文字に
   ...: upper_case_attacks=¥
   ...:         (attack.pop().upper() for attack in ¥
   ...:         lazy_return_random_attacks())
   ...: # アンダースコアを除去
   ...: remove_underscore=¥
   ...:         (attack.split("_")  for attack in ¥
   ...:         upper_case_attacks)
   ...: # 新しい語句を作成
   ...: new_attack_phrase=¥
   ...:         ((" ").join(phrase) for phrase in ¥
   ...:         remove_underscore)

In [ ]: next(new_attack_phrase)
Out[ ]: 'STRAIGHT_ANKLE_LOCK'

In [ ]: for number in range(10):
   ...:     print(next(new_attack_phrase))
   ...:

KIMURA
KEYLOCK
STRAIGHT ANKLE LOCK
```

b. リストの内包表記　　リストの**内包表記**は，ジェネレータ表現と文法的に似ているが，処理を実行した結果がメモリに保存されるという点が，大きく異なる．この表記は，最適化された C 言語コードに相当し，古典的なループに比べて，かなりの動作改善になりうる．

```
In [ ]: martial_arts=["Sambo", "Muay Thai", "BJJ"]
   ...: new_phrases=[f"Mixed Martial Arts in influenced by ¥
   ...: {martial_art}"  for martial_art in martial_arts]

In [ ]: print(new_phrases)

['Mixed Martial Arts in influenced by Sambo', ¥
```

```
'Mixed Martial Arts in influenced by Muay Thai', ¥
'Mixed Martial Arts in influenced by BJJ']
```

1・2・4 やや高度な話題

こうした基礎的な話題からは離れるが，ただ"コードを書くこと"だけではなく，"持続可能なコードを書くこと"に留意するべきである．そのためには自分のコードをライブラリにしておくか，他の人がすでに書いてくれたライブラリをインストールして用いる．いずれにしろ，コードを複雑にしないことである．

a. Python でライブラリを書く　Python でプログラムを書いていれば，すぐにライブラリを書きたくなってくるはずである．基本的な方法は，以下のとおりである．リポジトリとして funclib というフォルダと，その中に __init__.py という名前のファイルを作成する．ライブラリを作成するには，このフォルダの中に，関数を記述したモジュールを入れなければならない．

①ファイルを作成する．

```
touch funclib/funcmod.py
```

②このファイルに以下の関数を書く．

```
""" これは単純なモジュールである """
def list_of_belts_in_bjj():
    """ ブラジリアン柔術における段帯の一覧を戻す """

    belts=["white", "blue", "purple", "brown", "black"]
    return belts
```

b. ライブラリのインポート　Jupyter Notebook においては，利用するライブラリが自分のフォルダと同じ場所にある場合，`sys.path.append("..")`（"`..`"は親フォルダの意味）で，インポートできる．モジュールは，"フォルダ/ファイル名/関数名"の名前空間にインポートされる．

```
In [ ]: import sys; sys.path.append("..")
      : from funclib import funcmod

In [ ]: print(funcmod.list_of_belts_in_bjj())
Out[ ]: ['white', 'blue', 'purple', 'brown', 'black']
```

c. `pip install` コマンドによる外部ライブラリのインストール　ほかの人のライブラリをインストールするには，`pip install` コマンドを使える場合が多い．

ただし，conda（https：//docs.conda.io/）も pip と併用，または pip をやめて conda
のみを用いることができる．conda は virtualenv に代わる環境なので，その中で pip
コマンドを使うこともできるし，直接パッケージをインストールする conda コマン
ドもある．

pandas パッケージをインストールするには，以下のコマンドを用いる．

```
pip install pandas
```

もしくは requirement.txt ファイルを用いてインストールすることもできる

```
> cat requirements.txt
pylint
pytest
pytest-cov
click
jupyter
nbval

> pip install -r requirements.txt
```

以下は Jupyter Notebook において，小さなライブラリを用いる例である．微妙な
話であるが，ぜひとも伝えておきたい．Jupyter Notebook では，手続き型のコードを
巨大な蜘蛛の巣のように張り巡らしていくこともできようが，ライブラリをつくって
テストし，それをインポートすれば話は非常に簡単になる．

```
""" これは単純なモジュールである """
import pandas as pd

def list_of_belts_in_bjj():
    """ ブラジリアン柔術における段帯の一覧を戻す """

    belts=["white", "blue", "purple", "brown", "black"]
    return belts

def count_belts():
    """ Pandas を用いて帯の数を数える """
    belts= list_of_belts_in_bjj()
    df= pd.DataFrame(belts)
    res=df.count()
    count=res.values.tolist()[0]
    return count
```

```
In [ ]: from funclib.funcmod import count_belts

In [ ]: print(count_belts())

5
```

d. クラス　　クラスを用いてデータをやりとりすることは，Jupyter Notebook でも繰返し行える．クラスの定義方法で最も簡単なのは，以下に示すようにクラス名だけを定義することである．

```
class Competitor: pass
```

このようなクラスであっても，複数のオブジェクトを作成できる．

```
In [ ]: class Competitor: pass

In [ ]: conor= Competitor()
   ...: conor.name="Conor McGregor"
   ...: conor.age=29
   ...: conor.weight=155

In [ ]: nate=Competitor()
   ...: nate.name="Nate Diaz"
   ...: nate.age=30
   ...: nate.weight=170

In [ ]: def print_competitor_age(object):
   ...:     """ 出場選手の年齢を表示する """
   ...:
   ...:     print(f"{object.name} is {object.age} years old")

In [ ]: print_competitor_age(nate)
Nate Diaz is 30 years old

In [ ]: print_competitor_age(conor)
Conor McGregor is 29 years old
```

e. クラスと関数との違い　　クラスと関数の主要な違いは，次のとおりである．

- ・関数の方が，はるかにわかりやすい
- ・(一般的に) 関数は，その関数内でのみ状態をもつが，クラスは関数の外でも状態を保つ
- ・クラスはより高度なレベルの抽象化ができるが，それに伴い複雑にもなる.

1・3　ま　と　め

　本章では，本書に必要な Python における関数の使い方を手短に説明し，機械学習アプリケーション開発にどう適用できるかを示した．以降の各章では，クラウド上で機械学習を構築するナットとボルトのような役割をする事項を詳細に説明していく．

　機械学習の核心となる事項は，いくつかの大きなカテゴリに分けられる．"教師あり学習（supervised machine learning）"の手法は，正しい答えがすでに知られているときに用いられる．たとえば過去の実績から家屋の値段を予測するような場合である．"教師なし学習（unsupervised machine learning）"は正しい答えがわからないときの手法で，最もよく知られている例は，クラスタリングアルゴリズムである．

　教師あり学習の場合，データはすでにラベルづけされており，その目的は，結果の正しい予測である．実践 AI の見地では，教師あり学習に他の手法を組合わせると，性能と採算性の向上が期待される．そのような試みの一つが"転移学習"で，ごく少数のデータセットで学習させたモデルに工夫を加えて，未知の問題の予測に使えるようにする．また，"能動学習"では，手作業でのタグづけに費用がかかるとき，結果の向上が見込めるデータだけを抽出してタグづけを依頼する．

　対して教師なし学習では，ラベルをつけない．その目的は，データの隠れた構造を明らかにすることである．"教師あり/なし"に加えて，第三の機械学習の手法として"強化学習（reinforcement learning）"がある．これはあまりよく使われていないので，本書でも詳細には取上げない[*5]．強化学習では，昔の raw ピクセル形式の Atari ゲームや碁での勝ち方の学習と似たようなことをする．

　機械学習のなかでもディープラーニング（deep learning）では，クラウドサービスを通じて GPU（グラフィック演算ユニット）を用いて計算することが多い．ディープラーニングは，画像認識のような分類問題をはじめ，ほかにもさまざまな問題解決に用いられる．ディープラーニングのためのチップの開発に取組んでいる企業は十数社もあり，機械学習のなかでいかに重要視されているかがうかがわれる．

　教師あり学習はさらに，"回帰（regression）"と"分類（classification）"の2種類に分けられる．回帰ベースの教師あり学習では，連続値を予測する．分類ベースの教師あり学習は，過去の知見に基づいてデータをラベルづけするものである．

　本章の最後に，"AI とは何か"と問えば，それは"自動化"と"認識の模倣"であるといえば十分説明できるであろう．Google, Amazon, Microsoft, IBM のような IT 大企業が，自社で作成した AI ソリューションを"API"の形で商品化している．これらの API を私たちの AI プロジェクトに取入れていく方法をこれから詳細に解説していく．

　[*5] 訳注: 実は，強化学習は先進的な AI の機能研究では最も注目されている手法の一つであるが，筆者は"大規模製品としてはまだ使われていない"という意味で述べているのであろう．

2

AI と ML のツールチェイン

大切なのは試合なのに，練習の話ばかり続けようというのか.

Allen Iverson

　AI と機械学習（machine learning，随時 ML と略記）のための記事，動画，授業，またこれに関する学位の種類も日に日に増えてきている．ただし AI や ML のソフトウェア製品を作成していくための "ツールチェイン"（製品を作るのに用いるソフトウェア一式のこと）とよばれるソフトウェアの情報はまだ多くない．機械学習製品の生産を担当するデータサイエンティストならもっているべき基本的なスキルは何だろうか？　信用に足る自動予測システムを開発するために企業が構築すべき基本的プロセスは何だろうか？

　データサイエンスで目的を果たすためのツールチェインは，分野によっては猛烈に複雑となったり，逆に簡略化されていったりしている．簡略化された例としては，Jupyter Notebook が，クラウドコンピューティングや SaaS によるビルドシステムの複雑さを思い切って廃した開発ツールだといえる．DevOps ではデータの安全性や信頼性も考慮しなければならない．2017 年には Equifax 不正アクセス事件があった．また，2018 年の Facebook/Cambridge Analytica の問題では，米国人の大量の情報が流出した．このような事件は，現代においてデータの安全性が緊急の課題の一つであることを明示している．本章では，これらの問題を広く取上げ，信頼性と安全性の高い機械学習システムのプロセスを開発するためによいと思われる事項を示す．

2・1　Python におけるデータサイエンスのためのエコシステム：
　　　　IPython, Pandas, NumPy, Jupyter Notebook, Sklearn

　Python のエコシステムでは，それぞれのツールがどのように組合わさってきたかという過程が独特である．筆者が初めて Python という言語について聞いたときのこ

とを思い出す．それは 2000 年のことで，カリフォルニア工科大学の職員だった．当時 Python はほとんど知られていなかったが，コンピュータサイエンスの基礎を教えるのに大変よい言語であるという考えが，教官の間に根を下ろしつつあった．

というのは，コンピュータサイエンスを C や Java で教えようとすると，for ループのような基本的な学びに入る前に，その準備として他のさまざまなことで頭を悩ませなければならないという問題があったからである．それから 20 年後の今，Python は世界中でコンピュータサイエンス教育の標準言語となりつつある．

DevOps，クラウドの構築，そしてもちろんデータサイエンス，という三つの分野で，Python が大きな飛躍を遂げたのも当然といえる．これらの分野には筆者も熱心に取組んでいるところである．これらの分野は当然互いに関係していると考えている．Python が図らずもこのように進化を遂げたことで，たとえば一企業のコンピュータの機能を末端から頂点まで一括して，たった一つのプログラミング言語で面倒をみることができる．これは痛快である．しかも AWS Lambda のようなサービスを使えば，きわめて迅速に大規模な作業ができる．

Jupyter Notebook も面白い代物である．筆者が 10 年ほど前，共著者として執筆した本では，本書と同じようなサンプルコードを書いたが，その大多数には IPython を用いた．それ以後もほぼ欠かさず IPython を用いていたが，これが Jupyter Notebook に取って代わられたときもすんなりと使うことができた．Python では，さまざまなことがよい方向に起こっているといえる．

しかしのちに筆者の扱う分野が分析寄りになったので，R を用いた時期が何年かあり，そこで，R にも Python とはまた非常に異なった面白さがあることを知った．R では，たとえばデータフレーム，プロット作成，高度な統計関数が言語の中に埋め込まれている．そして，徹底して関数のみを使う関数プログラミングが採用されている．

R と比べると Python は，クラウドへの統合やライブラリなどの点で，とてつもなく実用向けであるが，純粋のデータサイエンスとしてはやや使いにくいところがある．たとえば Python そのものではまったく普通に使う for ループを Pandas で用いることは決してないだろう．同じように，Pandas, scikit-learn, NumPy のコードの中に普通の Python コードを混入させると，様式がチグハグに見えることがあるが，Python ユーザーであれば困ることはないだろう．

2・2 R, RStudio, Shiny, ggplot

本書の読者は Python しか使わないかもしれないが，それでも **R** とそのツールを少し知っておくと役に立つだろう．R のエコシステムには特記すべき特徴がある．R はミラーサイト https://cran.r-project.org/mirrors.html からダウンロードできる．

R の主要な統合開発環境（IDE）は，**RStudio**（https://www.rstudio.com/）である．RStudio には，Shiny（http://shiny.rstudio.com/）アプリケーション作成や R の Markdown ドキュメント（https://rmarkdown.rstudio.com/）など，非常に有用な機能がある．R を始めようというのなら，一度は RStudio を使ってみるべきである．

Shiny は常に改良が続けられている技術であり，対話的なデータ分析をするなら使ってみる価値はある．Shiny では，対話的な処理のための Web アプリケーションを R のコードだけで作成できる．これは実製品にまでもっていける品質のものである．多数のサンプルを一覧でき，開発のヒントになるだろう（https://rmarkdown.rstudio.com/gallery）．

ほかにも，たとえば最先端の統計ライブラリを競って作成していく分野では，R に強みがある．R はニュージーランドのオークランドで統計学者たちによって開発され，彼らの間でなおも改良が続けられている．この先端性だけでも R を使えるようにしておく意義がある．

さらに，グラフ作成ライブラリ **ggplot** は便利で完成度も高い．そこで，Python プロジェクトから CSV ファイルとしてコードをエクスポートし，それを RStudio にインポートすることで，R と ggplot で美しいビジュアル化を実現するのは，筆者がよく用いる方法である．この方法については，第 6 章 "NBA に及ぼすソーシャルメディアの影響を予測する" で詳しく説明する．

2・3　表計算シート: Excel と Google Sheets

最近，**Excel** は批判を受けることも多い．しかし万能のソリューションではないにしろ，Excel と **Google Sheets** は非常に有用である．とりわけ Excel をデータの整形とクリーニングに用いると効果絶大である．データサイエンスの問題を早くプロトタイプにもっていくのに必要なこれらの作業を Excel で行うわけである．

同じように Google Sheets も実際の問題に対応できる素晴らしい技術である．第 4 章 "Google Cloud Platform を用いたクラウド AI 開発" では，Google Sheets のオブジェクトを作成するプログラムコードを書く簡単な例を示す．表計算シートそのものは時代遅れの技術かもしれないが，実際の製品を作成するのには非常に役に立つ．

2・4　AWS を用いたクラウド AI 開発

Amazon Web Services（**AWS**）は，クラウド界の巨人である．Amazon は 13〜14 の項目からなるリーダーシップの原則を掲げ，社員が自分の属している組織をどう捉えればよいか示している．その最後にあげられているのが "Deliver Results（成果を顧客に届ける）" である（https://www.amazon.jobs/principles）．Amazon のクラ

ウドプラットフォームは 2006 年に開始されてから，まさにそのとおりのことをし続けてきている．料金はより安く，今までのサービスの品質はよりよく，そして新しいサービスが次々と加わっている．

近年 AWS は，ビッグデータ，AI，ML の分野において，大きな進歩を遂げている．また，AWS Lambda のような**サーバレス技術**へ向かう動きがみられる．多くの新技術とともに，古くから培われてきた技術の最初のバージョンの多くの要素が，次の周回では，切り捨てていかれる．AWS の最初のクラウドは仮想マシンやリレーショナルデータベースなど，データセンター由来のものだが，その次の周回となるサーバレス技術は純粋にクラウド由来の技術である．サーバレス技術では OS やそのほかの細かい機能は抽象化されて見えなくなっており，残るは課題を処理するためのコードを書くことのみである．

コードを書くだけという無駄なく迅速な方法は，クラウド上で開発する ML や AI アプリケーションに自然と馴染む．本章ではクラウド AI アプリケーションの構築に関するこのような新しい技術を数多く紹介する．

2・5 AWS 上での DevOps

多くのデータサイエンティストや開発者が，**DevOps**[*1] は自分の仕事ではないと考えているようだ．しかし DevOps は仕事ではなく，考え方である．AI の最も洗練された形は，人間の難しい作業を車の運転のように行うことであるが，DevOps の考え方はここに端を発している．ML エンジニアであれば，ソフトウェアを製品にまでもっていくために効率の優れたフィードバックループをつくろうと思うだろう．

クラウド，とりわけ AWS クラウドによって，かつてない規模での高効率化と自動化が可能になっている．DevOps の比重が大きいソリューションのうち，AWS 上で利用できるものとしては，スポットインスタンス，OpsWorks，Elastic Beanstalk，Lambda，CodeStar，CodeCommit，CodeBuild，CodePipeline，CodeDeploy がある．本章ではこれらすべてのサービスについて，ML エンジニアからの観点も含めた利用例を示す．

2・5・1 継続的デリバリー

継続的デリバリーとは，ソフトウェアがいつでも配布可能な環境をいう．考え方は工場での組立てラインに倣う．Pearson Education と Stelligent によってつくられた偉

[*1] 訳注：DevOps とは Development（開発）と Operations（運用）の合成語で，開発者が運用も考慮に入れたプログラムの開発計画を立てたり，運用者もプログラミングの知識を運用に役立てたりと，両者が連携して最良の成果を目指すソフトウェア開発手法である．

大なオンライン資料"DevOps Essentials on AWS"（http://www.devopsessentialsaws.com/）では，継続的デリバリーのほとんどの内容が解説されている．この資料でAWS の DevOps の概要もよく知ることができる．

2・5・2　AWS 向けのソフトウェア開発環境の作成

　AWS で作業する際，基本的な開発環境を具体的にどのようにセットアップするかについては，案外意識されていない．多くの ML 開発者にとっては Python の動作する環境が重要であるから，これを前提とすべきであろう．それには Makefile の記述，仮想環境のための bash や zsh に対するショートカットの記述，AWS プロファイルの自動調達*2 などの作業がある．

　Makefile について手短に示しておこう．Makefile の最初の登場は 1976 年．ベル研究所にて，アプリケーションのビルドのために，依存関係のあるライブラリを網羅していくユーティリティとして使われていた．Makefile の内容は複雑になることが多いが，多くの ML プロジェクトでは非常に役に立つ．その一つめの理由は，Makefileが Unix や Linux 上なら必ず，追加ソフトウェアなしに動くこと．もう一つの理由は，標準の方法なので，原則的にはプロジェクトのほかの誰でも読解できることである．

　仮想環境は，筆者が映画産業で仕事をしていたときに非常によく使った．映画は初期のビッグデータ産業と考えられるだろう．すでに 2000 年代後半の段階で，勤めていた映画スタジオではペタバイト級のファイルサーバが使われており，その膨大なディレクトリツリーを把握するには，プロジェクトごとに環境変数を設定するしかなかった．

　Weta Digital 社で映画"アバター"のために Python プログラミングの仕事をしていたとき，ファイルサーバがどれも限界にまで大きくなり，サーバ同士で巨大なデータコピーの同期を取る必要に迫られたことがある．筆者はそれらのファイルサーバで動く Python プログラムの修正も手伝っていた．ご存知のように Python のインポートシステムでは，やたらとインポートを探そうとするため，スクリプトがライブラリパスから何百何千とファイルを探してしまい，起動に 30 秒近くもかかることも少なくなかった．この問題をまず Linux の strace を用いて発見した．そこで Python インタプリタを修正して，Python パスを無視するようにした．

　筆者が映画会社でしていたようなことを，今は Python の virtualenv と，Anacondaの conda の両環境で行っている．プロジェクトごとに独立した環境変数を作成するのである．そうすることで作業中のプロジェクトを切替え，ライブラリのバージョン

---

*2 訳注：調達（sourcing）とはコマンドやスクリプトで認証情報を要求先に読み取らせることだが，AWS の日本語ドキュメントに倣ってここでは"調達"とした．

衝突を避けることができる．

リスト2・1は，基本的な Makefile の最初の記述例である．

リスト2・1 Python AWS プロジェクトにおける基本的な Makefile

```
setup:
    python3 -m venv ~/.pragai-aws
install:
    pip install -r requirements.txt
```

Makefile はプロジェクトをビルドするための参照場所として，置かれた場所が違っても同様に利用できる．ローカルでも，ビルドサーバでも，docker コンテナでも，実製品においても同様である．そのため最も実用的といえる．新規の git リポジトリにおいて，この Makefile を用いるには，以下のように入力する[3]．

```
~/.pragai-aws $ make setup
python3 -m venv ~/.pragai-aws
```

上記の make コマンドでは，Python の新しい virtualenv 環境を ~/.pragmai-aws という場所に作成する．本書の他の場所でも説明するが，cd コマンドでそのディレクトリに移動し，source でその環境を適用する**エイリアス**をつくるのは，賢い方法である．zsh や bash を用いるのであれば，.zshrc や .bashrc を編集し，この git チェックアウトリポジトリへのエイリアスを以下のように追加する．

```
alias pawstop="cd ~/.pragai-aws &&¥
        source ~/.pragai-aws/bin/activate"
```

そうすれば，目的の環境に切替えるのに，このエイリアスを入力するだけで済む．

```
~/.pragai-aws $ pawstop
(.pragai-aws) ~/.pragai-aws $
```

このようなことができるカラクリは，**activate スクリプト**（bin/activate）にある．詳しくはのちに説明するが，プロジェクトには PYTHONPATH と AWS_PROFILE という環境変数があり，activate スクリプトでは，これらの制御も担当する．AWS における Python プロジェクトのセットアップの次の手順として，AWS のアカウントとそのアカウントでのユーザーをまだ作成していなければ作成する．**IAM**（Identity and Access Management）ユーザーのアカウントの作成方法については，http://docs.aws.amazon.com/IAM/latest/UserGuide/id_users_create.html にわかりやすく説

---

[3] 訳注：$ は Unix 系のターミナルでホームユーザーとしてコマンド入力することを示す"プロンプト"である（以降の章も同様）．

明されている.

　（AWS の公式ドキュメントの指示に従って）アカウントのセットアップが済んだら，次に **名前つきプロファイル**を作成する．これについては AWS の公式資料 http://docs.aws.amazon.com/cli/latest/userguide/cli-multiple-profiles.html を参照してほしい．プロファイルを作成するのは，プロジェクトを操作するユーザーやロール（role：役割）を区別するためである．これについては，資料 http://docs.aws.amazon.com/cli/latest/userguide/cli-roles.html を参照してほしい．

　AWS CLI のツールと Boto3（Boto3 は，2021 年時点における Boto の最新版）をインストールするには，**requirements.txt** ファイルに，その両方を記述[*4] してから，make install を実行する．

```
~/.pragai-aws $ make install
pip install -r requirements.txt
```

　こうしてインストールされた aws コマンドを使うには，新しいユーザーに対する構成をしなければならない[*5,*6].

```
~/.pragai-aws $ aws configure --profile pragai
AWS Access Key ID [****************XQDA]:
AWS Secret Access Key [****************nmkH]:
Default region name [us-west-2]:
Default output format [json]:
```

　こうすることで，aws コマンドを，オプション --profile つきで使えるようになる．ここで簡単な動作確認として，AWS で提供されている ML データセットの内容を一覧表示してみよう．たとえば Global Database of Events, Language and Tone Project（GDELT；https://aws.amazon.com/public-datasets/gdelt/）を選んでみる[*7].

---

*4 訳注：p.40 にある awscli と boto3 のことである．

*5 訳注：この操作は，AWS に接続するための認証情報をプロファイルに結びつける操作である．--profile pragai というオプションを指定しているため，ここで設定した認証情報は，pragai という名前のプロファイルに保存される．

*6 訳注："AWS Access Key ID" と "AWS Secret Access Key" には，AWS マネジメントコンソールから IAM ユーザーに対して発行したアクセスキーとシークレットアクセスキーを入力する．region name にはリージョン名（AWS リソースが提供されている国）を指定する．日本では "ap-northeast-1（東京リージョン）" を指定することが多いが，本書では既定の "us-west-2（米国西部，オレゴン）" を使っているため，us-west-2 を指定するとよい．Default output format は aws コマンドの出力形式を指定するものである．そのまま［Enter］キーを押せばよい．

*7 訳注：このコマンドでは，AWS に接続する際のユーザーやロールの認証情報を渡していないので失敗し，fatal error が発生している．

```
~/.pragai-aws $ aws s3 cp¥
                s3://gdelt-open-data/events/1979.csv .
fatal error: Unable to locate credentials
```

--profile オプションで，先ほど設定したプロファイル[8] を選べば，（そのプロファイルの認証情報が使われるため）このコマンドでファイルを **S3** からダウンロードできる．つまり，つねに --profile フラグの指定を忘れないようにすればよいのだが，AWS コマンドラインは頻繁に使うので，面倒に感じるだろう．

```
~/.pragai-aws $ aws --profile pragai s3 cp¥
                s3://gdelt-open-data/events/1979.csv .
download: s3://gdelt-open-data/events/1979.csv to ./1979.csv
~/.pragai-aws $ du -sh 1979.csv
110M 1979.csv
```

そこで環境変数 AWS_PROFILE を，virtualenv 環境の activate スクリプトに記述すればよい．

```
~/.pragai-aws $ vim ~/.pragai-aws/bin/activate
# AWS のプロファイルをエクスポート
AWS_PROFILE="pragai"
export AWS_PROFILE
```

そうすれば，virtualenv 環境を使う際，正しい AWS プロファイルが自動的に用いられるようになる．

```
~/.pragai-aws $ echo $AWS_PROFILE
pragai
~/.pragai-aws $ aws s3 cp¥
          s3://gdelt-open-data/events/1979.csv .
download: s3://gdelt-open-data/events/1979.csv to ./1979.csv
```

a. Python AWS プロジェクトの設定　　virtualenv 環境と AWS の認証情報がセットアップできたら，次に設定するのは Python のコードである．プロジェクトの構成が適切であれば，これから始める開発を効率的・生産的に続けていくことができる．以下は基本的な Python/AWS プロジェクト構成の作成例である．

```
~/.pragai-aws $ touch paws/s3.py
~/.pragai-aws $ mkdir tests
```

---

[8] 訳注: 先ほどは pragai という名前のプロファイルを作成したので --profile pragai を指定している．

```
~/.pragai-aws $ mkdir paws
~/.pragai-aws $ touch paws/__init__.py
~/.pragai-aws $ touch tests/test_s3.py
```

このフォルダとファイルの配置を用いて，簡単な S3 モジュールを書いていこう．その例をリスト 2・2 に示す．Boto3 ライブラリを用いて，S3 からファイルを 1 件ダウンロードする関数を作成する．ここではロギングライブラリ（logger）もインポートしている．

リスト 2・2 S3 モジュール

```python
""" PAWS ライブラリの S3 メソッド """

import boto3
from sensible.loginit import logger

log = logger("Paws")

def boto_s3_resource():
    """ Boto3 S3 リソースを作成する """

    return boto3.resource("s3")

def download(bucket, key, filename, resource=None):
    """ S3 からファイルをダウンロードする """

    if resource is None:
        resource = boto_s3_resource()
    log_msg = "Attempting download: ¥
{bucket}, {key}, {filename}".¥
        format(bucket=bucket, key=key, filename=filename)
    log.info(log_msg)
    resource.meta.client.download_file(bucket, key, filename)
    return filename
```

こうして新規作成したライブラリを IPython コマンドラインから利用するには，次に示すコードを入力し，名前空間 "paws" を作成する．

```python
In [ ]: from paws.s3 import download

In [ ]: download(bucket="gdelt-open-data",¥
        key="events/1979.csv", filename="1979.csv")
```

```
2017-09-02 11:28:57,532 - Paws - INFO - Attempting download:
        gdelt-open-data, events/1979.csv, 1979.csv
```

このライブラリを使えるようになったら，activate スクリプトに環境変数
PYTHONPATH を作成し，このライブラリの場所を示す．

```
# PYTHONPATH をエクスポート
PYTHONPATH="paws"
export PYTHONPATH
```

先に作成しておいたエイリアス "pawstop"（p.35 参照）を用いて，virtualenv 環境
を再び呼び出す．

```
~/.pragai-aws $ pawstop
~/.pragai-aws $ echo $PYTHONPATH
paws
```

次にユニットテストをしてみよう．**pytest** と AWS 向けのテストライブラリ **moto**
（https://github.com/spulec/moto）が使える．前者はテストフレームワーク，後者
は AWS の動作を模倣するライブラリである．コード例をリスト 2・3 に示す．pytest
の**フィクスチャ**を用いて一時的にリソースを作成したのち，moto を用いて Boto の動
作を模倣するためのオブジェクトを作成する．リソースが適切に作成されたら，テス
ト関数 test_download で，**アサーション**（コード中に記述する実行テストの一種）
する．関数 download を実際にテストするには，リソースオブジェクトを渡さなけ
ればならない．これは，テストを書くことでコードの脆さが少なくなることを示す非
常によい例である*9．

リスト 2・3 S3 モジュールをテストする

```
import pytest
import boto3
from moto import mock_s3
from paws.s3 import download


@pytest.yield_fixture(scope="session")
def mock_boto():
    """ モックオブジェクトをセットアップする """
```

*9 訳注：フィクスチャとは，目的のテストが行えるようにするための条件を整える関数であ
る．たとえばこのテストのように AWS S3 ではデータを "バケット" というオブジェクトにして
保存するので，一時的なバケットオブジェクトを作成する必要がある．このバケットが今回のリ
ソースであり，これを作成する関数が今回のフィクスチャである．

```
    mock_s3().start()
    output_str = 'Something'
    resource = boto3.resource('s3')
    resource.create_bucket(Bucket="gdelt-open-data")
    resource.Bucket("gdelt-open-data").¥
        put_object(Key="events/1979.csv",
                    Body=output_str)
    yield resource
    mock_s3().stop()

def test_download(mock_boto):
    """ S3 ダウンロードをテストする関数 """

    resource = mock_boto
    res = download(resource=resource, bucket="gdelt-open-data",
                key="events/1979.csv",filename="1979.csv")
    assert res == "1979.csv"
```

　プロジェクトのテストに必要なライブラリをインストールするためには，requirements.txt ファイルに以下のように記述する．

```
awscli
boto3
moto
pytest
pylint
sensible
jupyter
pytest-cov
pandas
```

　パッケージをインストールするには，make install コマンドを実行する．さらにテストの実行のために，Makefile を以下のように変更する．

```
setup:
    python3 -m venv ~/.pragia-aws
install:
    pip install -r requirements.txt

test:
    PYTHONPATH=. && pytest -vv --cov=paws tests/*.py
```

```
lint:
    pylint --disable=R,C paws
```

これでテストを実行すると，**カバレッジ**（コードの各行が正しく実行された比率）は以下のようになる．

```
~/.pragai-aws $ make test
PYTHONPATH=. && pytest -vv --cov=paws tests/*.py
==================================================
test session starts ============================
platform darwin -- Python 3.6.2, pytest-3.2.1,
/Users/noahgift/.pragia-aws/bin/python3
cachedir: .cache
rootdir: /Users/noahgift/src/pragai-aws, inifile:
plugins: cov-2.5.1
collected 1 item
tests/test_s3.py::test_download PASSED
---------- coverage: platform darwin, python 3.6.2-final-0
Name                     Stmts   Miss  Cover
------------------------------------------
paws/__init__.py             0      0   100%
paws/s3.py                  12      2    83%
------------------------------------------
TOTAL                       12      2    83%
```

Pylint の設定法はたくさんあるが，継続的デリバリーのプロジェクトに関しては，警告とエラーだけを表示すればよいと筆者は考えている．具体的には pylint --disable=R,C paws と設定する．このようにして lint を実行すると，以下のように動作する．

```
~/.pragai-aws $ make lint
pylint --disable=R,C paws
No config file found, using default configuration


----------------------------------------------------------------
Your code has been rated at 10.00/10 (previous run: 10.00/10, +0.00)
```

最後に，便利な方法として，（Makefile に対して）

```
 all: install, lint, test
```

という行を記述しておくと，make all コマンドによって，これら三つの処理を続

けて実行できるようになる.

2・5・3　Jupyter Notebook との統合

プロジェクトのレイアウトと連動する Jupyter Notebook を作成し, そのノートブックを自動でテストできるようにすると, プロジェクト開発の大きな力となる. その方法を以下に示す.

①　ノートブックファイルを "notebooks" フォルダに作成し, "data" というフォルダをチェックアウトルートに作成する.

```
mkdir -p notebooks
```

②　jupyter notebook コマンドを実行する.

```
jupyter notebook
```

これで新しいノートブックファイルが, paws.ipynb という名前で作成される.

このノートブックの中で, 前述のライブラリを用いて CSV ファイルをダウンロードし, Pandas で簡単な処理を行ってみる. 書き方は, まずルートに path を追加し, Pandas をインポートする.

```
In [ ]: # path にルートチェックアウトを加える
   ...: import sys
   ...: sys.path.append("..")
   ...: import pandas as pd
```

すでに作成済みのライブラリが読み込まれ, CSV ファイルがダウンロードされる.

```
In [ ]: from paws.s3 import (boto_s3_resource, download)

In [ ]: resource = boto_s3_resource()

In [ ]: csv_file = download(resource=resource,
   ...:                     bucket="gdelt-open-data",
   ...:                     key="events/1979.csv",
   ...:                     filename="1979.csv")

2017-09-03 11:57:35,162 - Paws - INFO - Attempting
events/1979.csv, 1979.csv
```

データは不規則な形状をしているので, データフレームに合わせるための細工として names=range(5) を行う. また, ファイルが 100 MB もあり, テストデータセッ

トとして Git リポジトリに置くには大きすぎるので，一部を残して切り落として上書き保存する．

```
In [ ]: # ファイルを読み込み，サイズを落として保存
   ...: df = pd.read_csv(csv_file, names=range(5))
   ...: df = df.head(100)
   ...: df.to_csv(csv_file)
```

これを読み込み直し，表示する．

```
In [ ]: df = pd.read_csv("1979.csv", names=range(5))
   ...: df.head()
Out[ ]:
  Unnamed: 0
0        NaN
1        NaN
2        0.0    0¥t19790101¥t197901¥t1979¥t1979.0027¥t¥t¥t¥t¥t...
3        1.0    1¥t19790101¥t197901¥t1979¥t1979.0027¥t¥t¥t¥t¥t...
4        2.0    2¥t19790101¥t197901¥t1979¥t1979.0027¥t¥t¥t¥t¥t...

        3    4
0       3    4
1       3    4
2     NaN  NaN
3     NaN  NaN
4     NaN  NaN

In [ ]: df.describe()
Out[ ]:
       Unnamed: 0
count   98.000000
mean    48.500000
std     28.434134
min      0.000000
25%     24.250000
50%     48.500000
75%     72.750000
max     97.000000
```

この基本的なセットアップによって，ノートブックを Makefile を用いたビルドシステムに統合することもできる．それには pytest プラグインである **nbval** を用いるので，requirements.txt ファイルに記述しておく．まず以下に示す行をコメントアウトしておく（実行のたびに S3 ファイルがダウンロードされないようにすること

で，ノートブックを保存して，閉じることができる).

```
# csv_file = download(resource=resource,
#                             bucket="gdelt-open-data",
#                             key="events/1979.csv",
#                             filename="1979.csv")
# ファイルを読み込み，サイズを落として保存
# df = pd.read_csv(csv_file, names=range(5))
# df = df.head(100)
# df.to_csv(csv_file)
```

Makefile には以下の行を追加して，ノートブックをテストできるようにする.

```
test:
    PYTHONPATH=. && pytest -vv --cov=paws tests/*.py
    PYTHONPATH=. && py.test --nbval-lax notebooks/*.ipynb
```

ノートブックのテストを実行した結果は，以下のように出力される.

```
PYTHONPATH=. && py.test --nbval-lax notebooks/*.ipynb
============================================================
test session starts
============================================================
platform darwin -- Python 3.6.2, pytest-3.2.1, py-1.4.34
rootdir: /Users/noahgift/src/pragai-aws, inifile:
plugins: cov-2.5.1, nbval-0.7
collected 8 items

notebooks/paws.ipynb ........

========================================================
warnings summary ======================================
notebooks/paws.ipynb::Cell 0
   /Users/noahgift/.pragia-aws/lib/python3.6/sitepackages/
jupyter_client/connect.py:157: RuntimeWarning:
'/var/folders/vl/sskrtrf17nz4nww5zr1b64980000gn/T':
'/var/folders/vl/sskrtrf17nz4nww5zr1b64980000gn/T'
    RuntimeWarning,

-- Docs: http://doc.pytest.org/en/latest/warnings.html
========================================================
8 passed, 1 warnings in 4.08 seconds
========================================================
```

このように作成した構成では，プロジェクトにノートブックを追加したとき，これを反復可能，テスト可能，そしてプロジェクトに作成された共通のライブラリをノートブックから参照可能である．また，この構成は，継続的デリバリーの環境でも用いることができる．これについては §2・2・5 で説明する．この構成はプロジェクトのビルド時に Jupyter Notebook のファイルもテストするので，ML プロジェクトとの統合をテストするという目的にも役立っている．

2・5・4　コマンドラインツールとの統合

伝統的なソフトウェア工学のプロジェクトにしろ ML プロジェクトにしろ，**コマンドラインツール**が付加されることが多い．対話的に処理を進めていくのであれば，コマンドラインツールを使いたくなってくるだろう．クラウド上の，たとえば SQS ベースのアプリケーションであれば，コマンドラインのプロトタイプを作成する方が IDE のような伝統的手法のみに頼るよりずっと手早いことがある．コマンドラインツールのビルドを始めるには，**Click ライブラリ**の記述を加えるよう，requirements.txt ファイルの内容を更新してから，make install を実行する．

```
~/.pragai-aws $ tail -n 2 requirements.txt
click
```

次にコマンドラインスクリプトをルートに作成する．

```
~/.pragai-aws $ touch pcli.py
```

スクリプトにおいて，Jupyter Notebook で行うような処理一式を行わせることができる．しかもスクリプトはもっと柔軟で，コマンドラインから関数に引数を渡すことができる．リスト 2・4 は，これまでに作成した Python ライブラリのラッパー（複雑な機能を内包するものの意味）となるコマンドを，click フレームワークを用いて作成するものである．

リスト 2・4　コマンドラインツール pcli

```
#!/usr/bin/env python

""" PAWS ライブラリを動かすコマンドラインツール """
import sys

import click
import paws
```

```
from paws import s3

@click.version_option(paws.__version__)
@click.group()
def cli():
    """PAWS Tool"""

@cli.command("download")
@click.option("--bucket", help="Name of S3 Bucket")
@click.option("--key", help="Name of S3 Key")
@click.option("--filename", help="Name of file")
def download(bucket, key, filename):
    """Downloads an S3 file
    ./paws-cli.py download --bucket gdelt-open-data --key ¥
events/1979.csv --filename 1979.csv
    """

    if not bucket and not key and not filename:
        click.echo("--bucket and --key and --filename are required")
        sys.exit(1)
    click.echo(
        "Downloading s3 file with: bucket- ¥
{bucket},key{key},filename{filename}".¥
        format(bucket=bucket, key=key, filename=filename))
    res = s3.download(bucket, key,filename)
    click.echo(res)

if __name__ == "__main__":
    cli()
```

このスクリプトを実行可能にするために，Python の**シェバン行**（#! で始まる行）
をスクリプトの最初の行に追加している．

```
#!/usr/bin/env python
```

また，以下のように実行可能権限を与える必要がある．

```
~/.pragai-aws $ chmod +x pcli.py
```

最後の細工として，ライブラリの __init__.py の中に __version__ という変
数を作成し，バージョン番号を文字列型で与えておく．これでスクリプトやコマンド
ラインツールから，バージョン番号を参照できるようになる．

このスクリプトでヘルプを表示するには，以下のコマンドで実行する．

```
~/.pragai-aws $ ./pcli.py --help
Usage: paws-cli.py [OPTIONS] COMMAND [ARGS]...

  PAWS Tool

Options:
  --version Show the version and exit.
  --help    Show this message and exit.

Commands:
  download Downloads an S3 file ./pcli.py --bucket...
```

このスクリプトを使ってダウンロードするためのコマンドと出力は以下のとおりである．

```
~/.pragai-aws $ ./pcli.py download –bucket¥
         gdelt-open-data --key events/1979.csv ¥
         --filename 1979.csv

Downloading s3 file with: bucket-gdelt-open-data,
keyevents/1979.csv,filename1979.csv
2017-09-03 14:55:39,627 - Paws - INFO - Attempting download:
 gdelt-open-data, events/1979.csv, 1979.csv
1979.csv
```

ML プロジェクトに威力あるコマンドラインツールを追加するため，最初になすべきことはこれで全部である．最後の仕上げとして，これを以下に掲げるテスト構成と統合する．幸い Click はテストへの対応も優れている（http://click.pocoo.org/5/testing/）．新しいファイルを作成するには，次のコマンドを実行する．

```
touch tests/test_paws_cli.py
```

リスト 2・5 は，コマンドラインツールを通じて変数 __version__ の受渡しを検証するテストコードである．

リスト 2・5　pcli の Click コマンドラインテスト (test_paws_cli.py)

```
import pytest
import click
from click.testing import CliRunner
```

```
from pcli import cli
from paws import __version__

@pytest.fixture
def runner():
    cli_runner = CliRunner()
    yield cli_runner


def test_cli(runner):
    result = runner.invoke(cli, ['--version'])
    assert __version__ in result.output
```

　Makefile を変更して，こうして作成されたコマンドラインツールについてもカバレッジを報告できるようにする．これは make コマンド make test の出力として，下記に示すとおりである．--cov=pcli を追加するだけで，すべてが機能し，コードカバレッジが計算される．

```
~/.pragai-aws $ make test
PYTHONPATH=. && pytest -vv --cov=paws --cov=pcli tests/*.py
===============================================================
test session starts
===============================================================
platform darwin -- Python 3.6.2, pytest-3.2.1, py-1.4.34,
/Users/noahgift/.pragia-aws/bin/python3
cachedir: .cache
rootdir: /Users/noahgift/src/pragai-aws, inifile:
plugins: cov-2.5.1, nbval-0.7
collected 2 items

tests/test_paws_cli.py::test_cli PASSED
tests/test_s3.py::test_download PASSED

---------- coverage: platform darwin, python 3.6.2-final-0
Name               Stmts    Miss    Cover
----------------------------------------------
paws/__init__.py       1       0    100%
paws/s3.py            12       2     83%
pcli.py               19       7     63%
----------------------------------------------
TOTAL                 32       9     72%
```

2・5・5 AWS CodePipeline との統合

今作成中のプロジェクトには，AWS プロジェクトで動かすための機能を充実させようとしているわけだが，ここまででその枠組みを動作させることができ，テスト，ビルドもできた．次にやりたいのは，AWS CodePipeline ツールチェインとの統合である．**AWS CodePipeline** は，継続的デリバリーのためにスイスアーミーナイフのように機能をそろえた万能なツール群であり，さまざまな異なる使用法に合わせて拡張していくことができる．以下の例では，GitHub の内容の変更を呼び起こす基礎的なビルドサーバを設定する．まず，touch buildspec.yml を実行することで，新規ファイルを作成する．生成されたファイルに対して，リスト 2・6 に示すように，ローカルで実行させるのと同じ make コマンドを列記する．

このビルドを実現するには，新規 CodePipeline を作成する．作業は**AWS コンソール**（https://console.aws.amazon.com/）にログインして操作する．buildspec.yml では，CodeBuild が docker コンテナを用いるが，その際，**Moto ライブラリ**が Python Boto の命令を自動で行うための"偽の"認証情報を作成するようにしてある．

リスト 2・6　buildspec.yml

```
version: 0.2

phases:
  install:
    commands:
      - echo "Upgrade Pip and install packages"
      - pip install --upgrade pip
      - make install
            # AWS ディレクトリを作成
      - mkdir -p ~/.aws/
      # 偽の認証情報ファイルを作成する
      - echo "[default]¥naws_access_key_id = ¥
        FakeKey¥naws_secret_access_key = ¥
        FakeKey¥naws_session_token = FakeKey" >¥
        ~/.aws/credentials

  build:
    commands:
      - echo "Run lint and test"
      - make lint
      - PYTHONPATH=".";make test
```

```
post_build:
  commands:
    - echo Build completed-on 'date'
```

　AWS CodePipeline コンソールから，以下のようにビルドを設定していく．まず，
図 2・1 のようにパイプライン名 paws を作成する．

図 2・1　CodePipeline 名を作成する

　図 2・2 では，内容をプルするソースとして GitHub を，さらにそのリポジトリ名
とブランチを選択する．図のように選択した場合，master ブランチが更新されるた
びにビルドが更新されるようになる．
　次にビルドの設定をする．ここでは図 2・3（p.52）のように他の画面よりずっと
多くの設定をする．最も重要な設定は，カスタムの docker イメージを使用する箇所
で，CodePipeline の本領が発揮されるところである．また，リスト 2・5 で作成した
buildspec.yml ファイルを，GitHub リポジトリのルートから読み込むように設定
する．
　図 2・4（p.52）はデプロイの設定だが，特に難しい設定はない．プロジェクトを
たとえば Elastic Beanstalk のような場所にデプロイする．

(a)

(b)

図 2・2 **CodePipeline のソースを作成する** ［© 2020, Amazon Web Services, Inc. or its affiliates. All rights reserved.］

パイプライン作成ウィザードの最終画面を図2・5に示す．GitHub に作用して，ビルドに成功した様子を図2・6（p.54）に示す．これで，1件のプロジェクトに対する

図2・3　CodePipeline でビルドの設定を作成する［© 2020, Amazon Web Services, Inc. or its affiliates. All rights reserved.］

図2・4　CodePipeline でデプロイの設定を作成する［© 2020, Amazon Web Services, Inc. or its affiliates. All rights reserved.］

図2・5 パイプライン作成ウィザードの最終画面［© 2020, Amazon Web Services, Inc. or its affiliates. All rights reserved.］

CodePipeline の基本的な設定は完成であるが，もっと多様な設定もできる．Lambda 関数の実行，SNS メッセージの発行，また異なるバージョンの Python で書いたコードをテストするときなどのために，同時に複数のビルドを開始する設定を行うこともできる．

図 2・6　**CodePipeline** ビルドの成功を示す画面　

2・6　データサイエンスのための Docker の基本的な設定

　データサイエンスの初学者からは，"環境設定がうまくいかない"という質問が絶えない．これは大きな問題であるが，**Docker** のような手段のおかげで，少しずつ解消に向かっている．Mac を使いこなしているユーザーにとって，Mac の Unix 環境と製品で使う Linux 環境は似ているかもしれないが，Windows はまったく異世界である．そのため，Windows を用いるデータサイエンティストにとって，Windows 用の Docker は頼れるツールである．

　Docker を OS X，Linux および Windows にインストールする方法は https://www.docker.com/ の説明を参照してほしい．試作の際によく使われる標準的なデータサイエンススタック（スタックとは関連したサービスの集合の意味）は，jupyter/datascience-notebook（https://hub.docker.com/r/jupyter/datascience-notebook/）である．Docker をインストールしてこのスタックを docker コマンドで pull を実行すると，Jupyter Notebook もついてくるので，以下の 1 行のコマンドで起動できる．

```
docker run -it --rm -p 8888:8888 jupyter/datascience-notebook
```

　AWS Batch を用いてバッチジョブを実行するには，作業チームにおいてはチーム

のコンピュータで Dockerfile を記述し，ソースコードにそのファイルをチェックインし，さらに AWS の個別の Docker レジストリに登録すればよい．この上で実行した各バッチジョブは，確実にチームのコンピュータとまったく同じ方法で実行できる．これは先進的な方法で，実製品の生産を目指すチームには，Docker での作業をより迅速に行う方法として勧めたい．Docker は手元での開発に要する時間を大幅に短縮できるだけでなく，ジョブの実行で発生するさまざま現実問題に対処するために，もはや選択肢の一つではなく必須の手段といえる．

2・7 他のビルドサーバ: **Jenkins, CircleCI, Travis**

本書では CodePipeline を一通り紹介したが，これは AWS に限定された製品である．ほかにも，Jenkins (https://jenkins.io/)，CircleCI (https://circleci.com/)，CodeShip (https://codeship.com/)，Travis (https://travis-ci.org/) などよいサービスが登場している．どれにも長所と短所があるが，総じて Docker ベースのシステムである．このことも，Docker を使えるようにしておくべき理由である．

関心のある読者は，筆者が CircleCI でビルドしたサンプルプロジェクトを参考にしてほしい．https://github.com/noahgift/myrepo から入手できる．ここでは本章で説明したことを，あるワークショップで筆者が実際に詳しく教えている様子を撮影した動画も閲覧できる．

2・8 ま と め

本章では，ML に関係する DevOps の基礎を一通り説明した．継続的デリバリーのパイプライン例と，ML パイプラインの基本的な構成要素にできるプロジェクトの構成を作成した．長期間の運用を目的とするプロジェクトでは，基本的なインフラストラクチャを立てておかないと，プロジェクトの存続自体が危うくなってくる．このことは数カ月プロジェクトを走らせてみれば実感できるだろう．

最後に，Docker を詳しく解説した．理由は，とにかく将来性があるためだ．データを扱うチームであれば，Docker について知っておく必要がある．そして，大規模な AI システム製品をビルドするような問題には，Docker は出荷製品の一部であるとさえいえる．

3

スパルタ式 AI の
ライフサイクル

外に出て馬鹿げたことをやって，どうなるか見ようと思う．
惜しむものは何もない．

Wayde Van Niekerk

　ソフトウェアの構築では，はじめは不要に思えたことが後になって決定的な要因だと判明したり，逆に重要と思われていたことが実は無駄だったりすることが多い．その中でヒューリスティックな方法として使えそうなのは，物事をフィードバックループで考えることである．今やっている仕事はフィードバックループを促進しているか，それとも阻害しているか？

　このヒューリスティック精神に基づいて考える AI のライフサイクルを"スパルタ式"とよぼうと思う．今やっている作業が，仕事のスピードと効率を上げているかどうかで判断するのである．フィードバックループの中の特定の 1 周回を最適化したいこともある．たとえばユニットテストの改良や，**ETL**（extract：抽出，transform：変換，load：読み込み）サービスの信頼性向上などである．しかしこのとき，ほかのフィードバックループを阻害しない方法をとらなければならない．

　本章では，こうした考え方を現実世界の問題として捉える．たとえば，自分で MLモデルを作成するか既製の API を利用するかの選択，一つのベンダの製品群で固めるか自分の構築システムを作成するかの選択などである．このとき，システム全体またはそれぞれのサブシステムの効率改善に役に立たない仕事はしない．新鮮で威力のあるヒューリスティックだけを活かす．よいことを他のことより多く用いるのは，ダメなことを排除するのに等しい効果がある．これがスパルタ式の AI への取組み方である．

3・1　実製品のための実践フィードバックループ

　ML モデルをつくるときでも Web アプリケーションをつくるときでも，その技術の背後には思考プロセスがあり，必ず何かしらの**フィードバックループ**が伴う．図3・1 はそれを図示したものである．フィードバックループが遅かったり，途中で切れたり，孤立していると役に立たない．本章では，筆者が職場で実際に体験したフィードバックの失敗例を，いくつか紹介する．

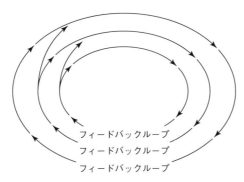

図3・1　テクノロジーのフィードバックループ

　スタートアップ企業であっても，そうでなくても，開発者がコードを真面目にコミットしてくれないという問題がよくある．筆者がコントリビュータを務める devml というオープンソースプロジェクトでは，開発者がコードをチェックインする平均時間の割合を Active Ratio とよんでいる．たとえば，毎週の稼働日を 5 日として，そのうちの "平均 4 日はチェックインがある" とか，"1 週間に一度" とか，極端な例として "3 カ月に一度" などになる．

　開発者や管理者が "ソースコードの量を基準としたメトリック（測定基準）はあてにならない" とうそぶくことがあるが，それは間違いである．たとえ "1 日にコード何行" というメトリックであっても，そのメトリックで意味を計りづらいからといって価値がないとは限らない．Active Ratio では，ソースコードになされる作業を開発者の挙動の面から評価する．これは意味のないメトリックではないし，ずっと面白いはずだ．肉体労働で考えてみよう．塗装業者が家屋の塗装を依頼されておきながら，就労時間の 25 ％しか塗装作業に用いないとしたら，その理由は何だろうか．すぐに思いつくのは，その業者が真面目ではないとか，元請けが何か弱みを握られているのだろうというようなことだ．ほかにヒネった考えだが，ありうることとして，作業計画がずさんという場合がある．元請け業者が家の前の道路をコンクリートミキサーで

塞いでしまい，塗装業者が何日も作業場に近づけないとしたらどうだろう．フィード
バックループが壊れているとは，このようなことである．

　ソフトウェア開発者に対して，ソースコードへの作業回数を多くすることだけを求
めれば，休日返上や 12 時間勤務のような過酷な労働環境を強いる懸念は否定できな
い．しかし健全な形でソースコードに関わる頻度を最適化するのであれば，開発チー
ムの作業効率向上に役立つはずである．理想的な作業環境では，塗装業者が月曜から
金曜まで働くのと同様，ソフトウェア開発者も月曜から金曜までコードを書くことが
できるはずである．ただし，ソフトウェアはモノを動かす作業と異なり，"よい案が
浮かぶかどうか"という要素があることは考慮しなければならない．無理して働くと
よい案も浮かばず，よいソフトウェアもできない．だから，Active Ratio を監視しつ
つ，開発者に長時間働かせたり毎日コミットを義務づけたり，連続コミット数で表彰
したりということはすべきでない．

　しかし優秀なチームであれば，フィードバックループでソースコードに関わる頻度
から，何が起こっているかを見抜くことができるはずだ．コードのコミットが週に数
回程度しかないのは，プロジェクト管理の効率が悪いからかもしれない．実際に筆者
が見たことのある会社では，社長やプロジェクトリーダーが長い会議，頻繁な会議で
開発者たちを拘束し，無駄な時間を使っていた．この体制を見直さなければ，この会
社は長くは続くまい．仕事場への道がとぎれてしまっている．フィードバックループ
のメトリックを探ってみれば，このような状況を指摘できるはずだ．

　ほかには，データサイエンスのフィードバックループがある．データに関する課題
を，企業ではどうやって解決しているのか．そしてそこでのフィードバックループは
どうなっているのか？　皮肉なことに，フィードバックループが壊れているために，
自分の組織で役立っていないというデータサイエンスチームが多い．なぜ壊れてしま
うのか．そもそもフィードバックループがないということもある．ここに問うべき課
題がいくつかある．

- チームは生産システムの中で自由に実験できるのか．
- Jupyter Notebook と Pandas で少数の非現実的なデータを扱う実験しかしていな
  いのではないか．
- 学習したモデルが製品化される頻度はどのくらいか．
- Google Cloud Vision API や Amazon Rekognition のような，メーカーで学習済み
  の ML モデルの採用に，会社が無関心だったり否定的だったりしないか．

　ML 開発者の間でささやかれていることだが，モデルを Pandas, scikit-learn, R
DataFrames などのツールを用いて学習させても，生産工程のワークフローでは，そ
れらのツール自体がうまく動かないことが多い．その場合，PySpark のようなビッグ

データ用ツールと AWS SageMaker や Google TPU（TenserFlow Processing Unit）の
ような商用ツールを組合わせた手法が，実運用上のソリューションには不可欠な要素
となる．

　フィードバックループの壊れた顕著な例として，実運用の SQL データベースが
ML の構造に合った設計になっていないということがあった．開発者たちは楽しく
コードを書いたかもしれないが，データエンジニアは SQL データベースの表を，そ
のコードで使えるようにするために自家製の Python スクリプトでファイルを CSV
ファイルに変換し，それらを一つ一つ Pandas 経由で scikit-learn の処理に回す苦労を
していた．こんな工程の，どこにフィードバックループがあるだろうか．

　いや，行き詰まるだけである．何とかデータを使える形にできたとしても，その分
析ツールは実運用では使用に耐えず，ML モデルを製品にまではもっていけない．筆
者は管理者としてたくさんのデータサイエンティストに会ってきたが，なかには自分
たちの ML モデルが製品になるかどうかまで意識していない者もいた．製品化でき
て，初めてフィードバックループが完成するのであるから，彼らも無関心では許され
ないのである．ML 産業には，実践主義がまだ浸透していない．コードを製品にまで
もっていくための ML フィードバックループの確立に注力すれば，実践的な考え方
も取入れられていくだろう．

　2017～2018 年にかけて，ML フィードバックループを完成させるためのツールに
は目覚しい進歩があった．本章でも，そうしたツールのいくつかに言及する．たとえ
ば AWS SageMaker は ML モデルの反復学習を迅速にし，API エンドポイントとして
デプロイするところまでを目的としている．AWS には，ほかにも ETL プロセスを管
理する AWS Glue があり，SQL データベースのようなデータソース同士を結びつけ，
それらに対して ETL 処理をし，S3 や別の SQL データベースなどのデータソースに
データを書き戻す働きをする．

　Google もこのようなツールチェインを提供している．その一つ BigQuery は，ほ
とんどどのような動作のワークロードにも対応できる，実運用 ML における屈指
の製品といえるだろう．Google のエコシステムとしては，ほかにも，各種 TPU
（https：//cloud.google.com/tpu/），Datalab（https：//cloud.google.com/datalab/），AI
API など，効率的な ML/AI フィードバックループの構築に使える製品がある．

　"データは新しい油" という言い方がある．この例えのとおりなら，内燃機関にい
きなり油は入れられないことを考えるべきである．石油に例えたフィードバックルー
プなら，まず油田を探索して，専用の装置（クラウドプロバイダーが提供するツー
ル）で採油する．それから油を輸送して，精製してから，ガソリンスタンドに送る，
という工程が必要である．もしエンジニアたちが勝手に油田を掘削し，それぞれ自分

の精製所に運び，そのガソリンを途中で見つけた車に入れて乗り，自分たちの掘削場
所に戻るとしたらどうだろう．これが，今多くの企業で行われている"データサイエ
ンス"の実情であり，早急に改善が必要な問題である．

　フィードバックループの改善は，挑戦であるとも機会であるともいえる．これに対
して何をするかが，多くの組織にとっては道の分かれ目となり，それも選べる道は多
岐にわたる．現状を壊すことを恐れてデータを小手先でいじっても効果はない．実験
室を精製工場に改築し，大規模で高品質の製品を仕上げられるようにしなければなら
ない．油田で直接ハイオク燃料を精製しようとするデータの扱い方は，データサイエ
ンスを宇宙の果てで行うのと変わらず，現実離れしている．

3・2　AWS SageMaker

　本章のはじめに紹介したような大規模な問題に取組むために，Amazon が提供する
素晴らしいテクノロジーの一つが **SageMaker** である．現実問題としての ML のルー
プの一つを，この SageMaker で完成できるだろう．図3・2 にそのプロセスをわかり
やすく示す．まず，（Jupyter Notebook のような）ノートブックインスタンスを用い
て，**EDA**（探索的データ解析）と**モデル**（学習機械）の学習のどちらか一方または
両方を行う．次に，モデルに対してジョブを開始し，学習させ，エンドポイントを発
行する．これでほとんど製品化が可能になる．

　そしてさらに，Boto を用いると，モデルに接続するための API を Chalice のような

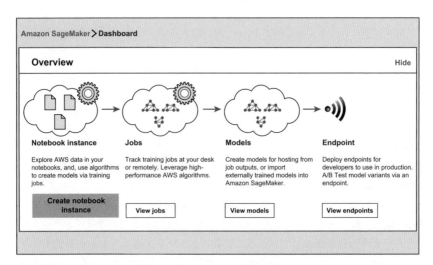

図3・2　SageMaker のフィードバックループ［Based on screenshot of AWS © 2018,
Amazon Web Services, Inc.］

フレームワークもしくは直接 AWS Lambda を用いて作成する作業が非常に簡単にな
る．図3・3に示すような**エンドポイント**も作成できる．

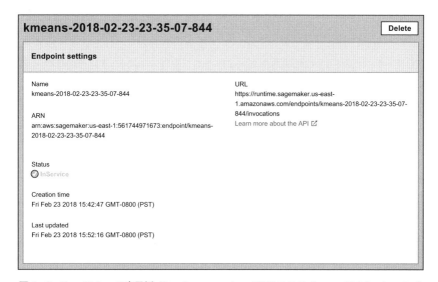

図3・3 SageMaker の表示例［Based on screenshot of AWS © 2018, Amazon Web Services, Inc.］

このエンドポイントに Boto から接続するには，以下のように書くだけである．

```
import boto3
sm_client = boto3.client('runtime.sagemaker')
response = sm_client.invoke_endpoint(EndpointName=endpoint_name,
                                     ContentType='text/x-libsvm',
                                     Body=payload)
result = response['Body'].read()
result = result.decode("utf-8")
print(result)
```

　SageMaker には，組込みの ML モデルが最初から備わっており，たとえば，
k-means，Neural Topic Model，主成分分析などがある．SageMaker の組込みアルゴ
リズムは Docker イメージにパッケージして用いるが，ほとんどあらゆるアルゴリズ
ムが備わっている．この手法が優れているのは，ある反復可能な生産ワークフローを
構成したとき，そこに SageMaker 組込みの *k*-means を採用しているのなら，そのパ
フォーマンスと互換性を担保できることである．もちろん高度な最適化をしたけれ
ば，カスタムのアルゴリズムを作成し，反復可能な Docker ビルドにしても構わない．

3・3 AWS Glue のフィードバックループ

メインのフィードバックループの内部にフィードバックループをもつ例として，**AWS Glue** は素晴らしい．古典的 SQL にしろ NoSQL にしろ，粗悪なスクリプトによって，データベースの内部が長々とクロールされる危険があるが，AWS Glue は，こうした問題に対して長く利用していける解決法である．これは完全管理された ETL サービスで，ETL の煩雑さをだいぶ解消してくれる．図 3・4 にその仕組みを示す．

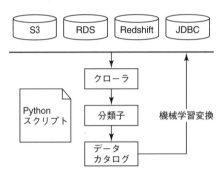

図 3・4　AWS Glue の ETL パイプライン

AWS Glue の動作例を解説すると，以下のようになる．手元の古典的な PostgreSQL データベースに顧客情報が収められているとしよう．AWS Glue からこのデータベースに接続すると，その**スキーマ**を検出してくれる．たとえば図 3・5 のような表示が得られるだろう．

Schema			
	Column name	**Data type**	**Key**
1	updated_at	timestamp	
2	name	string	
3	created_at	timestamp	
4	id	int	
5	locale	string	

図 3・5　AWS Glue による表示 [Based on screenshot of AWS © 2018, Amazon Web Services, Inc.]

次に，データの利用方法に合わせてスキーマを他の形式に変換するジョブが作成される．ジョブは Python か Scala のスクリプトで書かれ，たとえば次のようになる．

ただし全文はかなり長いので，ここでは一部抜粋して示す．スクリプトは S3 に保存されるので，そのまま用いてもよいし，修正してもよい．

```
import sys
from awsglue.transforms import *
from awsglue.utils import getResolvedOptions
from pyspark.context import SparkContext
from awsglue.context import GlueContext
from awsglue.job import Job
## @params: [JOB_NAME]
args = getResolvedOptions(sys.argv, ['JOB_NAME'])
#### …中略…
sc = SparkContext()
glueContext = GlueContext(sc)
spark = glueContext.spark_session
job = Job(glueContext)
job.init(args['JOB_NAME'], args)
#### …中略…
## @inputs: [frame = applymapping1]
datasink2 = glueContext.write_dynamic_frame.¥
        from_options(frame = applymapping1,
        connection_type = "s3",
        connection_options =¥
        {"path": "s3://dev-spot-etl-pg/tables/scrummaster"},
        format = "csv", transformation_ctx = "datasink2")
job.commit()
```

　このジョブは，イベントや cron ジョブのような**トリガー**によって計画的に実行される．もちろん，ジョブ実行も Boto を用いて Python スクリプトに書くことができる．このサービスの最もよいところは，作業の途切れる心配が少ないことである．開発者が辞めたり交代したりしても，新しい担当者が容易にサービスの保守管理を引き継げる．個人の力量に頼らず，専門家を探す必要もない，信頼できるフィードバックループであるといえる．
　データ処理の壮大なパイプラインの一部としても，AWS Glue は収まりがよい．AWS Glue はリレーショナルデータベースに接続できるだけでなく，S3 に置かれたデータに対しても ETL 処理できる．たとえば，データのストリームを S3 バケットに落とし込む **Amazon Kinesis** サービスをデータソースにできる．S3 に送られた Amazon Kinesis の**非同期 firehose イベント**を扱うパイプラインの例は，以下のとおりである．まず Boto3 Firehose クライアント，そして asyncio イベントを作成する．

```python
import asyncio
import time
import datetime
import uuid
import boto3
import json


LOG = get_logger(__name__)

def firehose_client(region_name="us-east-1"):
    """ Kinesis Firehose クライアント """

    firehose_conn = boto3.client("firehose", region_name=region_name)
    extra_msg = {"region_name": region_name,\
        "aws_service": "firehose"}
    LOG.info("firehose connection initiated", extra=extra_msg)
    return firehose_conn

async def put_record(data,
            client,
            delivery_stream_name="test-firehose-nomad-no-lambda"):
    """
    下記を参照:
    http://boto3.readthedocs.io/en/latest/reference/services/
    firehose.html#Firehose.Client.put_record
    """
    extra_msg = {"aws_service": "firehose"}
    LOG.info(f"Pushing record to firehose: {data}", extra=extra_msg)
    response = client.put_record(
        DeliveryStreamName=delivery_stream_name,
        Record={
            'Data': data
        }
    )
    return response
```

次に，非同期ストリームとして送られてくるイベントで用いるための一意のユーザー ID（**UUID**）を作成する．

```python
def gen_uuid_events():
```

```
""" イベントに基づくタイムスタンプによる UUID を作成する """

current_time = 'test-{date:%Y-%m-%d %H:%M:%S}'.\
format(date=datetime.datetime.now())
event_id = str(uuid.uuid4())
event = {event_id:current_time}
return json.dumps(event)
```

　最後に，非同期のイベントループにおいて，上記のメッセージを Kinesis に対して
発し，再び S3 に配置して，AWS Glue によって変換できるようにする．ループの完
成には，図 3・6 に示すように，**Glue S3 クローラ**が必要である．Glue S3 クローラ
は，スキーマを調べてテーブルを作成し，ETL ジョブに変換して実行できるように
する．

図 3・6　AWS Glue S3 クローラの様子 ［© 2020, Amazon Web Services, Inc.
or its affiliates. All rights reserved.］

```
def send_async_firehose_events(count=100):
    """ firehose に非同期イベントを送信する """

    start = time.time()
    client = firehose_client()
    extra_msg = {"aws_service": "firehose"}
    loop = asyncio.get_event_loop()
    tasks = []
    LOG.info(f"sending aysnc events TOTAL {count}",extra=extra_msg)
```

```
num = 0
for _ in range(count):
    tasks.append(asyncio.ensure_future(
            put_record(gen_uuid_events(), client)))
    LOG.info(f"sending aysnc events: COUNT {num}/{count}")
    num +=1
loop.run_until_complete(asyncio.wait(tasks))
loop.close()
end = time.time()
LOG.info("Total time: {}".format(end - start))
```

3・4　AWS Batch

　AWS Batch も企業やデータサイエンスチームをコード書きの苦行から解放してく
れるサービスである．k-means によるクラスタリングや，データパイプラインの前処
理部分などをバッチジョブで実行したいことがよくあるだろう．こうしたものが往々
にして壊れたフィードバックループとなり，人員が少しでも交代すればプロジェクト
崩壊につながりかねない．

　図 3・7 に示す AWS Batch パイプラインの例は，**AWS Rekognition** による組込み
の画像分類と，やはり AWS 組込みのバッチやイベント処理ツールから構成したもの
である．一貫して組込みのサービスを用いることで，非常に信頼性の高いサービスを
構成できる．

　パイプラインの他の部分と同様，AWS Batch は Python と Boto を用いて開始でき

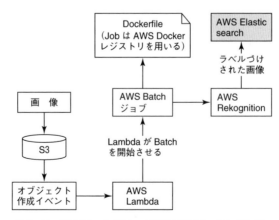

図 3・7　AWS Batch を用いた画像分類 ML パイプライン

る．これを AWS Lambda で行うと，AWS Chalice フレームワークと同等の仕組みになる．AWS Batch ではさまざまな大きな問題を処理できる．これがなければ複雑をきわめる自家製のシステムや，そうでなくても SQS（Simple Queue Service）や SNS（Simple Notification Service）などの組合わせを使わなければならない．これら低レイヤーの AWS サービスは，単発なら威力があるが，組合わせればやはり複雑になる．

```python
def batch_client():
    """ AWS Batch クライアントを作成する
    {"message": "Create AWS Batch Connection"}
    {"message": "Found credentials in shared credentials file:
        ~/.aws/credentials"}
    """

    log.info(f"Create AWS Batch Connection")
    client = boto3.client("batch")
    return client

def submit_job(job_name="1", job_queue="first-run-job-queue",
               job_definition="Rekognition",
               command="uname -a"):
    """ AWS Batch のジョブを実行する """

    client = batch_client()
    extra_data = {"jobName":job_name,
                  "jobQueue":job_queue,
                  "jobDefinition":job_definition,
                  "command":command}
    log.info("Submitting AWS Batch Job", extra=extra_data)
    submit_job_response = client.submit_job(
        jobName=job_name,
        jobQueue=job_queue,
        jobDefinition=job_definition,
        containerOverrides={'command': command}
    )
    log.info(f"Job Response: {submit_job_response}",
        extra=extra_data)
    return submit_job_response
```

3・5　Docker ベースのフィードバックループ

　本書で用いている主要な技術の多くでは，Docker ファイルを扱う．**Docker** を使う

方法は小さなフィードバックループといえるが，その有能ぶりは計り知れない．AWS でも GCP（Google Cloud Platform）でも，自分で Docker コンテナを作成してそれらのレジストリサービスから使えるようにできる．ちょっと前までは Docker は結構脆弱だったが，今では Docker が成功のカギを握る技術だといってもよいだろう．

　ML に Docker を推奨する理由はたくさんある．きわめて小規模な話でいっても，ノート PC 上でパッケージ作成の大混乱に陥るよりは，ファイル一つを純粋なサンドボックス上で動作させて純粋な環境を得る方がどれほど簡単だろうか．

　OS X でも Linux でも Windows でも，また実運用のシステムでも，動作が保証されている環境で Dockerfile を一つ宣言すれば済むのである．pip のインストールや conda パッケージ管理で競合や依存性の問題を起こし，組織全体を巻き込む大騒ぎにする必要があるだろうか．

　下記の Dockerfile は Lambda ベースのアプリケーションをテストするためのもので，短く（Amazon Linux Dockerfile なので），かつ典型的な例としてふさわしい内容である．

```
FROM amazonlinux:2017.09

RUN yum -y install python36 python36-devel gcc ¥
    procps libcurl-devel mod_nss crypto-utils ¥
    unzip

RUN python3 --version

# app ディレクトリをつくり，追加する
ENV APP_HOME /app
ENV APP_SRC $APP_HOME/src
RUN mkdir "$APP_HOME"
RUN mkdir -p /artifacts/lambda
RUN python3 -m venv --without-pip ~/.env && ¥
  curl https://bootstrap.pypa.io/get-pip.py | ¥
    ~/.env/bin/python3

# 必要なファイルをすべてコピーする
COPY requirements-testing.txt requirements.txt ./

# pip を用いて両者をインストールする
RUN source ~/.env/bin/activate && ¥
```

```
    pip install --install-option="--with-nss" pycurl && ¥
    pip install -r requirements-testing.txt && ¥
       source ~/.env/bin/activate && ¥
          pip install -r requirements.txt
COPY . $APP_HOME
```

このファイルを AWS のコンテナレジストリ（ECR）に統合するには，ログインが必要である.

```
AWS_PROFILE=metamachine
AWS_DEFAULT_REGION=us-east-1
export AWS_PROFILE
export AWS_DEFAULT_REGION

aws ecr get-login --no-include-email --region us-east
```

ログインしたら，このイメージをローカルでビルドする.

```
docker build -t metamachine/lambda-tester .
```

これにタグをつける*.

```
docker tag metamachine/lambda-tester:latest¥
 907136348507.dkr.ecr.us-east-1.amazonaws.com¥
/metamachine/myorg/name:latest
```

そして AWS のレジストリにプッシュする.

```
docker push 907136348507.dkr.ecr.us-east-1.amazonaws.com¥
/metamachine/lambda-tester:latest
```

ここまで実行すれば，組織のほかのメンバーは，このイメージを各自のローカル環境にプルして使用できる.

```
docker pull 907136348507.dkr.ecr.us-east-1.amazonaws.com¥
/metamachine/lambda-tester:latest
```

このイメージの実行は，きわめて単純である．以下にイメージを実行し，かつ自分のローカルのファイルシステムにマウントする方法を例示する.

```
docker run -i -t -v `pwd`:/project 907136348507.¥
```

＊ 訳注: 907136348507 は，AWS アカウント ID である．つけるべきタグ名（AWS アカウント ID を含むもの）は，AWS ECR のコンソールで確認できる.

```
dkr.ecr.us-east-1.amazonaws.com/ ¥
metamachine/lambda-tester /bin/bash
```

以上，Docker の使用法を一例だけ説明した．本書のサービスは，バッチジョブの実行から Jupyter Notebook 上での独自のデータサイエンスワークフローの実行に至るまで，基本的に Docker とやりとりができるものである．

3・6　ま　と　め

データサイエンスの組織にある実験室気分を過去に葬るための基本となるのがフィードバックループである．ML の問題解決を，データサイエンスという用語で分類づけするのはよくないかもしれない．AI を使った問題解決の実運用において注目したいのは，どんなテクニックを使うかではなく，どんな結果が得られるかである．極論をいえば，何カ月もかけて最良の ML アルゴリズムを採用できたとしても，それを実運用に回せなければ自慢にもならず，費用の無駄である．

ML を製品にまでもっていきたければ，手をかけすぎないというのも一つの方法である．クラウドプロバイダによる既製の手法は製品化に非常に役に立つ．"俺がやらねば誰がやる的開発"はもう止めて，組織全体のことを考え，業務の持続性と出荷に役立つ行動をとるのが，あらゆる人の益となるのである．ビジネスに関わる人々，ビジネスそのもの，そして AI の発展にも寄与するのである．

II

クラウドを用いた AI

4

Google Cloud Platform を
用いたクラウド AI 開発

毎シーズン，チームを組立てていくのに近道はない．
石を一つずつ積んで基礎を築いていくしかないのだ．

Bill Belichick

　開発者でもデータサイエンティストでも，GCP（Google Cloud Platform）を好む人
は多いだろう．GCP のサービスの多くは，開発を楽しみながら経験と実力をつけて
いくようにつくられている．クラウドのいくつかの側面では，Google がずっと第一
人者であり，AWS が対抗するようになってきたのはほんの最近である．Google App
Engine は，かなりの昔，2008 年に開始した Python ベースの PaaS（Platform as a
Service）であり，Google Cloud データベースに接続できる．これはフルマネージド
な NoSQL データベースサービスである．

　その一方で，Amazon は顧客が必要とするものに直接応えることを最優先にして，
かなりの優位を固めた．Amazon は，コストをかけない姿勢と同様に，顧客を大切に
する姿勢を企業の価値と定め，クラウドの特性とサービスとを低コストに抑えて
Google に勝負をしかけ，Google の方では不利な戦いを強いられたかのようにみえた．
数年間は，Google のサービスは連絡先すら目立たず，Google App Engine のように先
駆けだった技術も忘れ去られたかのように思われた．"Google は広告料がおもな収入
源で，Amazon は実製品"という印象があり，AWS は世界のクラウドマーケットシェ
アの 30〜35 % を占める優勢をつくり出した．

　AI とビッグデータの応用に対する関心が急激に高まったことで，Google Cloud に
契機が訪れ，Google はそのチャンスをがっちりと掴んだ．Google は早くから ML と
ビッグデータの企業として定評があり，これはクラウドマーケットの覇者となってい

た Amazon との競争において，大きな強みとなっている．GCP は AWS に対して，まだクラウド製品のいくつかで遅れをとっているが，ML と AI の製品については前に出ているものもある．そして "クラウド上の ML と AI" という新しい競争分野が起こり，GCP はこの分野で戦っていく十分な力をもっているといえよう．

4・1　GCP の概要

2017 年，Google の発表によると，インターネット上の広告料で 740 億ドルの売上があったが，クラウドサービスでは 40 億ドルにすぎなかった．この割合の低さは，逆に言えば，クラウドサービスの新たな技術開発のための研究に充てる十分な資金があるということだ．その例が，現行の GPU や CPU の 15〜30 倍速いといわれる TPU である（https://cloud.google.com/blog/big-data/2017/05/an-in-depth-look-at-googles-first-tensor-processing-unit-tpu）．

AI 専用のチップをつくり上げるにとどまらず，Google は既製かつ学習済みのモデルを同梱した実用的な AI サービスを次々とつくり出してきた．Cloud Vision API，Cloud Speech API，Cloud Translation API などである．本書のテーマの一つは実践方法であるが，サンフランシスコ湾岸地域では，エンジニアとデータサイエンティストが寄ってたかってろくでもない仕事に取組んでいるような会社が引きも切らない．彼らは Jupyter Notebook をいじり回して，チームや会社に現実的な価値を何ももたらさないような計算を繰返しているのである．

フロントエンドの開発者なら，定期的に背後のロジックで更新されるデータを受けて，Angular や Vue.js で Web サイトを書き直さなければならないが，それと同じようなことを，エンジニアやデータサイエンティストもやっているのである．フレームワークの仕様を更新するという意味はあるかもしれないが，自分たちの知識や技術を活かして実用的な製品をつくる過程を経験せずにいるのは，自分をダメにしているだけである．

そこで GCP の訓練済みのモデルと高度に抽象化されたツールの出番となる．多くの企業では，これらの API を呼び出すことで，データサイエンスといいながら毎月のデータをフロントエンドの JavaScript フレームワークに送るだけの仕事より，ずっとよい仕事をしている．また，速やかに結果を出しつつ，ほかの難しい問題にも同時に取組めるということで，チームに余力を与える効果もある．

GCP が提供している抽象化されたサービスはほかにもあり，データサイエンスのチームに大きな利益を与えている．たとえば Datalab というサービスは Colaboratory とよばれる同じような "フリーの" 製品を同梱している（https://colab.research.google.com/）．これらのサービスは，パッケージ管理の大混乱をなくすというだけ

で，すばらしい価値をつくり出している．加えて，GCP プラットフォームに容易に
統合できるので，サービスやソリューションのプロトタイプのテストも大変容易であ
る．さらに，Google が Kaggle（https：//www.kaggle.com/）を買収したのは，Google
にとって英断であった．Kaggle と G Suite（Google Workspace）との連携がよくなり，
BigQuery などの使い方に通じているデータサイエンティストを雇用するのにも都合
がよくなったからである．

　GCP が Firebase（https：//firebase.google.com/）などの抽象化された PaaS サービ
スを公開したのも，AWS との差別化戦略の一つといえよう．

4・2　Colaboratory

　Colaboratory は Google 発祥の研究プロジェクトである．セットアップは必要な
く，クラウド上で動作する（https：//colab.research.google.com/）．Jupyter Notebook
ベースであり，無償で利用できる．多くのパッケージがインストール済みで，
Pandas, matplotlib, TensorFlow などが使える．きわめて有用な機能が備わっていて，
さまざまな用途で面白く使える．たとえば以下のようなものである．

- ・Google Sheets や Google Cloud Storage, ローカルのファイルシステムからデー
  タを取出して Pandas の DataFrame に変換するなどの連携が容易である
- ・Python 2[*1] と Python 3 両対応
- ・ノートブックファイルをアップロードできる
- ・ノートブックファイルを Google Drive に保存して，Google Drive ドキュメン
  トの共有と同じ方法で共有できる
- ・二人のユーザーが同時に同じノートブックファイルを編集できる

　Colaboratory のもっと魅力的な点の一つは，Jupyter Notebook ベースのプロジェク
トにおいて，モデルに対して行う学習法の研究（トレーニングラボ）を共有できると
ころである．共有の手続き，データセットの扱い，ライブラリのインストールなど，
ふだんはきわめて厄介なはずの作業がすぐに行える．実用例として，Colaboratory
ノートブックをプログラム的に作成し，共有の AI パイプラインに組込むことを考え
よう．ノートブックのディレクトリを一つ用意して，BigQuery へのクエリの結果や，
のちのプロジェクトのテンプレートとなる ML モデルなどを置く場所とする．

　以下に，hello-world というプロジェクトのワークフローを示す．このノートブック
は GitHub の https：//github.com/noahgift/pragmaticai-gcp/blob/master/notebooks/
dataflow_sheets_to_pandas.ipynb に置いてあるので参照していただきたい．図 4・1

---

*1 訳注：Python 2 のサポートは，2020 年 4 月に終了した．

図 4・1　Colaboratory ノートブックの作成

は，新規ノートブックを作成する様子である．

　次に **gspread** ライブラリをインストールする．

```
!pip install --upgrade -q gspread
```

　以下に示すように，表計算シートへの書き込みには認証が必要である．作成された
認証情報のオブジェクトに "gc" という変数名をつけておく*2.

```
from google.colab import auth
auth.authenticate_user()

import gspread
from oauth2client.client import GoogleCredentials

gc = gspread.authorize(
     GoogleCredentials.get_application_default())
```

　この gc オブジェクトを用いて表計算シートを作成し，1〜10 の値を 1 列のセル 1
個ずつに書き込んでみる．

----

*2 訳注：上記のコードを実行すると URL が表示される．URL にアクセスして，自分の
Google アカウントでログインして許可すると，認証コードが表示される．認証コードを入力す
ると認証情報が格納された gc オブジェクトができる．

```
sh = gc.create('pramaticai-test')
worksheet = gc.open('pramaticai-test').sheet1
cell_list = worksheet.range('A1:A10')

import random
count = 0
for cell in cell_list:
  count +=1
  cell.value = count
worksheet.update_cells(cell_list)
```

最後に，表計算シートを Pandas の DataFrame に変換する．

```
worksheet = gc.open('pramaticai-test').sheet1
rows = worksheet.get_all_values()
import pandas as pd
df = pd.DataFrame.from_records(rows)
```

4・3　Datalab

GCP で次に注目すべきは，**Datalab** であろう（https://cloud.google.com/datalab/docs/quickstart）．ソフトウェア開発キット（SDK）には，GCP を操作できる **gcloud** コマンド一式が含まれている（https://cloud.google.com/sdk/downloads）．ターミナルを用いてインストールするなら，以下のようにする．

```
$ curl https://sdk.cloud.google.com | bash
$ exec -l $SHELL
$ gcloud init
$ gcloud components install datalab
```

gcloud 環境を準備できたら，Datalab インスタンスを起動できる．ここで興味深いことがある．Docker を用いると 1 台のノート PC 上で複数の Linux バージョンを独立して動かせるので，個人の PC があたかもデータセンターのようになる．また，1 台の PC でほかの誰かと共同作業する様子を擬似的につくることもできる．

4・3・1　Datalab を Docker と Google Container Registry で使う

Docker を用いると，Datalab をローカルで実行できる．方法は，https://github.com/googledatalab/datalab/wiki/Getting-Started の起動ガイドに示されている．扱いやすく無料のローカル版の Datalab が 1 個あるだけでも十分便利ではあるが，さらにこの Datalab のベースイメージを **Google Container Registry** に置けば，もっと活用

できる．個人のノート PC やワークステーションよりもずっと高性能な，たとえば
16 コアでメモリ 104 GB の n1-highmem-32 のような仮想マシン環境で動作させら
れるのである．

　一口で言うと，ローカル PC では扱えないような問題がきわめて単純になる．
Datalab の Docker コアイメージを拡張するやり方は，上述の起動ガイドに一通り説
明されている．重要な点は，リポジトリをクローンした後，Dockerfile.in を修正する
ことである．

4・3・2 Datalab で高性能のマシンを起動する

　こうした巨大な Jupyter Notebook インスタンスを一つ起動するには，以下のよう
にする．この様子を図 4・2 にも示す*3．

```
$ datalab create --machine-type n1-highmem-16 pragai-big-instance
Creating the instance pragai-big-instance
Created [https://www.googleapis.com/compute/v1/projects/cloudai-
194723/zones/us-central1-f/instances/pragai-big-instance].
Connecting to pragai-big-instance.
This will create an SSH tunnel and may prompt you
to create an rsa key pair. To manage these keys, see
https://cloud.google.com/compute/docs/instances/¥
adding-removing-ssh-keys
Waiting for Datalab to be reachable at http://localhost:8081/
Updating project ssh metadata...-
```

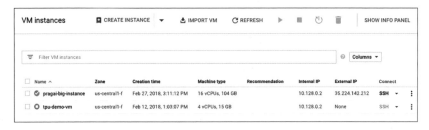

図 4・2　GCP コンソール上で，実行中の Datalab インスタンスを確認したところ
[Screenshot of GCP © Google LLC.]

---

　*3 訳注：実行にあたっては，GCP プロジェクトにおいて，"Compute Engine API" を有効化
する必要がある．実行するとインスタンスを起動するリージョンがたずねられる．このコマンド
を実行すると n1-highmem-16 というスペックのコンピュータが実際に起動する．2021 年 5 月
では，1 時間当たり，約 1 ドルかかる．1 カ月起動し続けると，およそ 680 ドルほどかかる．料
金は将来変わる可能性がある．関心のある読者は費用を調べたうえで，試行を検討してほしい．

このインスタンスに何か意味のあることをさせてみよう．data.world（https：//data.
world/dataquest/mlb-game-logs）には，メジャーリーグ野球（MLB）の 1871〜2016
年までの試合記録が公開されているので，これを GCP のバケットに取込んでみよ
うと思う．171,000 行のデータが読み込まれ，describe コマンドで Pandas の
DataFrame に変換された様子を図 4・3 に示す．

```
$ gsutil cp game_logs.csv gs://pragai-datalab-test
Copying file://game_logs.csv [Content-Type=text/csv]...
- [1 files][129.8 MiB/129.8 MiB]
628.9 KiB/s
Operation completed over 1 objects/129.8 MiB.
```

```
In [19]:  df.describe()
```

Out[19]:		date	number_of_game	v_game_number	h_game_number	v_score	h_score	length_outs	attendanc
	count	171907.000	171907.000	171907.000	171907.000	171907.000	171907.000	140841.000	118877.00
	mean	19534616.307	0.261	76.930	76.954	4.421	4.701	53.620	20184.247
	std	414932.618	0.606	45.178	45.163	3.278	3.356	5.572	14257.382
	min	18710504.000	0.000	1.000	1.000	0.000	0.000	0.000	0.000
	25%	19180516.000	0.000	38.000	38.000	2.000	2.000	51.000	7962.000
	50%	19530530.000	0.000	76.000	76.000	4.000	4.000	54.000	18639.000
	75%	19890512.000	0.000	115.000	115.000	6.000	6.000	54.000	31242.000
	max	20161002.000	3.000	165.000	165.000	49.000	38.000	156.000	99027.000

8 rows × 83 columns

図 4・3　GCP バケットから得た 171,000 行を DataFrame に変換した様子

このノートブックは GitHub（https：//github.com/noahgift/pragmaticai-gcp/blob/
master/notebooks/pragai-big-instance.ipynb）に置いてある．用いるコマンドは，以
下のとおりである．まず必要なインポートを行う．

```
import pandas as pd
pd.set_option('display.float_format', lambda x: '%.3f' % x)
import seaborn as sns
from io import BytesIO
```

次に，Datalab で提供されるマジックコマンドを用いて，出力を変数 game_logs
に代入する．

```
%gcs read --object gs://pragai-datalab-test/game_logs.csv¥
        --variable game_logs
```

新しい DataFrame を作成する．

```
df = pd.read_csv(BytesIO(game_logs))
```

最後に，DataFrame をプロットする．結果を図 4・4 に示す．

```
%timeit
ax = sns.regplot(x="v_score", y="h_score", data=df)
```

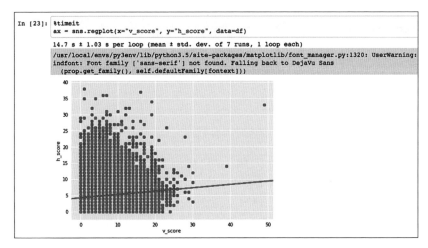

図 4・4　Seaborn によるプロットを時間計測つきで実行　171,000 行のプロットに，
32 コア，100 GB メモリの仮想マシンで 17 秒かかった．

　ここまで紹介してきたのは，Datalab を超高性能のマシン上で動かし，EDA
(Exploratory Data Analysis: 探索的データ解析) を行う練習である．この方法は有料
ではあるが，大量のデータと EDA の手法構築のための時間が何時間も節約できるは
ずだ．また GCP は，このようなクラウドサービスの分野で AWS より先んじている
といえるだろう．大量のデータをノートブックに移動して，**Seaborn** や Pandas のよ
うに使い慣れた小規模データ用ツールで処理できれば，開発者も経験を活かしてよい
仕事ができるはずだ．

　そして Datalab は，製品化の際の ML パイプライン構築の基盤として非常に優れて
いることもわかる．GCP バケットが扱え，BigQuery と直接統合でき，GCP エコシ
ステムの他の製品とも統合できる．たとえば Cloud ML/Engine, TPU, Google
Container Registry などである．

4・4　BigQuery

　BigQuery は GCP エコシステムの中で代表的な製品の一つであり，ML や AI を使

う製品化の際，パイプラインの構築に役立つ優秀なサービスである．この BigQuery も，AWS より開発者の好みに訴える点をいくつかもっているといえよう．AWS は終始一貫した完全なソリューションでは強いが，GCP は開発者に馴染みのツールや手法を提供するからである．データの入出力はローカルマシンでコマンドを打つ方法から，API 呼び出しによって GCP バケットから取出す方法まで，実にさまざまである．

4・4・1　コマンドラインを使って BigQuery にデータを移動する

BigQuery にデータを移動する最も単純な方法は，bq コマンドラインツールを使うことである．以下に，推奨される方法を示す．
①　デフォルトのプロジェクトにデータセットがあるかどうか確認する．

```
$ bq ls
```

②　デフォルトのプロジェクトにデータセットがなければ，新しいデータセットを作成する．

```
$ bq mk gamelogs
Dataset 'cloudai:gamelogs' successfully created.
```

③　bq ls コマンドで，データセットが作成されたかどうかを確認する．

```
$ bq ls
datasetId
-----------
gamelogs
```

④　ローカルの CSV ファイルをアップロードする．今回の例は，171,000 件のデータが記載されている 134 MB のファイルである．アップロードする際には，--autodetect というフラグをつける．このフラグをつけると，前もってスキーマを定義する必要がないため，多くの列を含むデータセットのアップロードが簡単になる．

```
$ bq load¥
 --autodetect gamelogs.records game_logs.csv
Upload complete.
Waiting on bqjob_r3f28bca3b4c7599e_00000161daddc035_1
      ... (86s) Current status: DONE
$ du -sh game_logs.csv
134M   game_logs.csv
```

```
df.head()
```

	date	number_of_game	day_of_week	v_name	v_league	v_game_number	h_name	h_league	h_game_number	v_score	...	h_player_7_name	h_player
0	18751023	0	Sat	PH2	na	69	PH1	na	76	6	...	None	None
1	18751021	0	Thu	PH2	na	68	NY2	na	68	14	...	None	None
2	18770807	0	Tue	CN1	NL	32	CHN	NL	36	7	...	None	None
3	18770809	0	Thu	CN1	NL	33	CHN	NL	37	9	...	None	None
4	18770817	0	Fri	CN1	NL	36	HAR	NL	41	4	...	None	None

5 rows × 161 columns

```
g = sns.FacetGrid(df, col="day_of_week", size=4, aspect=.5)
g = g.map(plt.hist, "attendance")
```
```
/usr/local/envs/py3env/lib/python3.5/site-packages/matplotlib/font_manager.py:1320: UserWarning: findfont: Font fami
alling back to DejaVu Sans
  (prop.get_family(), self.defaultFamily[fontext]))
```

図 4・5　BigQuery から Pandas，そして Seaborn につなぐパイプライン
[Screenshot of GCP © Google LLC.]

以上でデータが読み込まれたので，図 4・5 に示すように Datalab から好きなよう
にクエリを実行できる．

　まず必要なライブラリをインポートする．google.datalab.bigquery のインポートは
重要である．これで BigQuery へのアクセスが容易になる．

```
import pandas as pd
import google.datalab.bigquery as bq
pd.set_option('display.float_format', lambda x: '%.3f' % x)
import seaborn as sns
from io import BytesIO
```

　次に，クエリを DataFrame に変換する．データの総数は 171,000 行だが，ここで
は 10,000 行だけに絞る．

```
some_games = bq.Query('SELECT * FROM `gamelogs.records` LIMIT ¥
  10000')
df = some_games.execute(output_options=¥
        bq.QueryOutput.dataframe()).result()
```

　最終的に Seaborn を使って，DataFrame を視覚化する．ここでは，曜日ごとのプ

ロットを作成し，並べて表示する．

```
g = sns.FacetGrid(df, col="day_of_week", size=4, aspect=.5)
g = g.map(plt.hist, "attendance")
```

　このパイプラインの作成例では，BigQuery と Datalab の威力に驚く．この二つがあれば，簡単な ML のパイプラインがすぐにできる．巨大なデータセットをBigQuery にアップロードし，Jupyter Notebook をワークステーションのように使って EDA 処理をし，さまざまな操作を行う対象のノートブックに変換する，という一連の作業が，数分のうちに完了するのである．

　こうしたツールチェインは，さらに Google の ML サービスや TPU を用いたカスタムの分類モデルにつないだりして，学習させるようにもできる．前述したように，AWS に対する GCP の強みは，Seaborn や Pandas のように馴染みのオープンソースが使いやすいワークフローにある．データセットがあまり巨大になると，こうしたツールでは処理しきれなくなるというのも事実だろうが，便利であるという長所がそれを補って余りある．

4・5　Google Cloud AI サービス

　本書の題名のとおり，AI には実用性が強く求められているので，既製のツールをできるかぎり用いるべきである．GCP の既製のツールは，実験的で特異なものから，企業の主要な活動に使える正規のものまでたくさんある．そのなかで特に重要なものを以下に手短に示す．

- Cloud AutoML（https://cloud.google.com/automl/）
- Cloud TPU（https://cloud.google.com/tpu/）
- Cloud Machine Learning Engine（https://cloud.google.com/ml-engine/）
- Cloud Job Discovery（https://cloud.google.com/job-discovery/）
- Cloud Dialogflow Enterprise Edition（https://cloud.google.com/dialogflow-enterprise/）
- Cloud Natural Language（https://cloud.google.com/natural-language/）
- Cloud Speech-to-Text API（https://cloud.google.com/speech-to-text/）
- Cloud Translation API（https://cloud.google.com/translate/）
- Cloud Vision API（https://cloud.google.com/vision/）
- Cloud Video Intelligence（https://cloud.google.com/video-intelligence/）

　別の AI サービス利用例として，現存のデータセンターやクラウドの補助があげら

れる．AWS のデータセットに Cloud Natural Language サービスを使えば，どちらも優秀な動作をするのだから，わざわざ自分で自然言語モデルを作成し，学習させることもない．現実重視の AI チームであれば，既製のソリューションを賢く選び，組合わせて商品化に用い，ML については本当に必要なところだけを一部変更し，そこの学習を重点的に行うはずだ．

こうしたいろいろなサービスを使ったワークフローも，本章の，これまでにすでに示してきた例と同様にすればよい．Datalab インスタンスを作成し，データをアップロードし，適切な API を用いて処理をする．API について詳しく知りたいなら，API サービスごとに提供されている API エクスプローラに対して，データをアップロードしてみるとよい．多くの場合，ここから始めるのが最もよいはずだ．

4・5・1　Google Vision API で犬の種類を推定する

API エクスプローラ経由で **Computer Vision API** を用いる例として，https://cloud.google.com/vision/docs/ に掲載されているクイックスタートのサンプルがある．筆者はこれを使ってみるため，わが家の愛犬の写真を titan_small.jpg という名前で，pragai-cloud-vision という名前のバケットにアップロードした．

そして図 4・6 に示すように，このバケットにおいたファイルに対する API の呼び

```
Request body
{
  "requests": [
    {
      "features": [
        {
          "type": "LABEL_DETECTION"
        }
      ],
      "image": {
        "source": {
          "imageUri": "gs://pragai-cloud-vision/titan_small.jpg"
        }
      }
    }
  ]
}
Press ctrl+space or click one of the hint bubbles for suggestions.
```

図 4・6　Google Vision API リクエストをブラウザで表示したところ
[Screenshot of GCP © Google LLC.]

図4・7　タイタンの可愛さも Google
の AI はだませない

出しの書式を作成した. 図4・7が, 愛犬タイタンの写真である.
　すると画像分類システムは, 愛犬がダルメシアン（dalmatian）である確率が 50 %
以上であり, 雑種（dog crossbreeds）の可能性もあると判定した.

```
{
  "responses": [
    {
      "labelAnnotations": [
        {
          "mid": "/m/0bt9lr",
          "description": "dog",
          "score": 0.94724846,
          "topicality": 0.94724846
        },
        {
          "mid": "/m/0kpmf",
          "description": "dog breed",
          "score": 0.91325045,
          "topicality": 0.91325045
        },
        {
          "mid": "/m/05mqq3",
          "description": "snout",
          "score": 0.75345945,
```

      "topicality": 0.75345945
    },
    {
      "mid": "/m/01z5f",
      "description": "dog like mammal",
      "score": 0.7018985,
      "topicality": 0.7018985
    },
    {
      "mid": "/m/02rjc05",
      "description": "dalmatian",
      "score": 0.6340561,
      "topicality": 0.6340561
    },
    {
      "mid": "/m/02xl47d",
      "description": "dog breed group",
      "score": 0.6023531,
      "topicality": 0.6023531
    },
    {
      "mid": "/m/03f5jh",
      "description": "dog crossbreeds",
      "score": 0.51500386,
      "topicality": 0.51500386
    }
  ]
 }
 ]
}
```

## 4・6  Cloud TPU と TensorFlow

2018 年に流行した技術は，ML の高速化のためのカスタムハードウェアであった．2018 年 2 月，Google は **TPU** をベータリリースとして出したが，Google 内部では実際の商用サービスに使っている．Google Image Search, Google Photos, Google Cloud Vision API などである．TPU に関する技術的解説は，"In-Datacenter Performance Analysis of a Tensor Processing Unit（データセンターで実測した Tensor Processing Unit の動作特性分析）（https://drive.google.com/file/d/0Bx4hafXDDq2EMzRNcy1v
```

SUxtcEk/view)”で読むことができる．この文書では，アムダールの法則に対し，“安価なリソースが大量にあれば，その利用効率が低くてもなお費用対効果の高い高度な動作特性が得られる”として，“Cornucopia Corollary（数が多い方がよいのは自明）”を唱えている[*4].

　Google から登場した他の AI サービスと同様，TPU はテクノロジー競争の力関係を逆転させる可能性をもっている．TPU は，とりわけ面白い挑戦だ．TensorFlow SDK でのディープラーニングモデルの学習が容易になり，AI 専用ハードウェア高速化によって大幅な効率改善が達成されれば，Google のクラウドは，他社に相当差をつけることができるだろう．

　ただし，Google がクラウドエコシステムの一部でいくら開発者に馴染みやすい手法を提供しても，肝心の TensorFlow SDK 自体がとても扱いにくいというのは皮肉な話であり，この問題は簡単には解消しないだろう．ハードウェアの知識を必要とし，複雑で，アセンブリ言語と C++ を好む数学博士向けにつくられたとしか思えない．ただし，少し使いやすくする方法はないわけでもない．たとえば PyTorch である．TPU は筆者も大いに期待する技術であるし，TensorFlow 上での使用ももっと簡単になるときがくるとは思うが，またどこに深刻な問題が現れるかはわからない[*5].

4・6・1　MNIST を Cloud TPU で動作させる

　このチュートリアルは，MNIST チュートリアルに基づくものである[*6]．読者は https://cloud.google.com/tpu/docs/tutorials/mnist に掲載されている最新版を確認してほしい．チュートリアルの実践には，gcloud SDK に加えて，ベータ版のソフトウェア群を明示的にインストールする必要がある．

```
$ gcloud components install beta
```

　ジョブを制御する役割の**仮想マシン**（**VM**）も必要である．以下は gcloud cli を用

---

　*4　訳注：英語圏での cornucopia とは，収穫祭などで野菜や果物をふんだんに積み上げて価値より量の豊かさを祝う年中行事．corollary とは“人間の経験からして自明のもの”で“法則”を包含するもののことわりをいう．

　*5　訳注：“TensorFlow SDK”という名前で広く普及している開発用ソフトウェアは見当たらない．またよく知られているように，機械学習フレームワークとしての TensorFlow は現在，学習から製品にまで幅広く用いられており，かつ初期のバージョンが原著でいうように「問題が多く複雑すぎた」という声も聞かれていない．ここで言われているのは，TensorFlow 自身ではなく“TensorFlow 上で TPU を使用するプログラムを書くには，ハードウェアの知識やアセンブリ，C++，数学などへの知識が必要である”という意味であると思われる．

　*6　訳注：原著の執筆時と操作が変わっているため，日本語版では 2021 年 5 月の情報に書き換えている．

いて 8 コアの TPU と 4 コアの VM を central リージョンに作成する方法である[7].

```
$ gcloud compute tpus execution-groups create ¥
  --name=tpu-demo ¥
  --machine-type=n1-standard-4 ¥
  --tf-version=1.15.5 ¥
  --accelerator-type=v3-8 ¥
  --zone=us-central1-a
```

コマンドの実行が完了すると, シェルのプロンプトが username@projectname から username@vm-name に代わり, 作成した VM に SSH でログインした状態になる. もし, そうならないときは, 次のコマンドを入力して SSH で接続する.

```
gcloud compute ssh tpu-demo --zone=us-central1-a
```

以下のコマンドを, ログインした VM インスタンス上で実行していく. まずは, プロジェクトで処理するデータをダウンロードし, Cloud Storage にアップロードする. 下の例では筆者のバケット名 tpu-research を用いているが, 各自のバケット名を当てはめてもらいたい[8].

```
$ python3 /usr/share/tensorflow/tensorflow/examples/how_tos/¥
    reading_data/convert_to_records.py --directory=./data
$ gunzip ./data/*.gz
$ export GCS_BUCKET=gs://tpu-research
$ gsutil cp -r ./data ${GCS_BUCKET}
```

最後に, 変数 TPU_NAME に, 上述で作成された TPU インスタンスの名前を保存する.

```
$ export TPU_NAME='tpu-demo'
```

いよいよ, モデルの学習である. この例では繰返し回数を非常に少なくしてあるが, この TPU の性能は非常によいので, もう少し桁数を多くしてもよいかもしれない.

---

*7 訳注: ここでは Cloud TPU v3 (8 コア) の TPU と n1-standard-4 の VM インスタンスを作成している. 2021 年 5 月現在, 前者は 1 時間当たり約 8 ドル, 後者は 1 時間当たり 0.16 ドルかかる. 料金は将来変わる可能性がある. 関心のある読者は費用を調べたうえで, 試行を検討してほしい.

*8 訳注: Cloud Storage にバケットを作成するには, 次のコマンドを入力する.

```
$ gsutil mb -p プロジェクト ID -c standard -l us-central1 -b on gs:// バケット名
```

```
$ cd /usr/share/tpu/models/official/mnist/
$ python3 mnist_tpu.py ¥
  --tpu=${TPU_NAME} ¥
  --data_dir=${GCS_BUCKET}/data ¥
  --model_dir=${GCS_BUCKET}/output ¥
  --use_tpu=True ¥
  --iterations=500 ¥
  --train_steps=1000
```

モデルは損失値を出力する．TensorBoard を使って，さまざまな視覚的表示を利用してもよいだろう．しかし，最後にクリーンアップを忘れてはならない．TPU を消去して，余計な課金をされないようにするのである．以下のとおり実行する[*9]．

```
$ gcloud compute tpus execution-groups delete tpu-demo ¥
  --zone=us-central1-a
Deleting GCE VM...done.
Deleting TPU node...done.
```

4・7 ま と め

AI の現実的なソリューションの構築に，GCP は有力な選択肢である．AWS と比較して長所もあり，固有の機能もある．特に GCP では，開発者の好みに合う手法と，高度に抽象化された既製の AI サービスの提供を重視している．

実践 AI に関心があるならば，次のステップは，さまざまな AI の API を使ってみて，自分のソリューションに最適な API の組合わせを目指すことだろう．Google の TPU と TensorFlow のエコシステムは，その機会でもあり挑戦でもある．複雑なのでどこから手をつけてよいか悩む一方で，その性能は魅惑的である．AI 業界のリーダーになりたければ，TPU を熟知するだけでも悪い選択ではないだろう．

[*9] 訳注：下記のコマンドは，exit と入力して VM インスタンスからログオフし，VM 外の環境から実行する．削除されたかどうかは，Web ブラウザで GCP の管理コンソールを開き［Compute Engine］で確認するか，次のコマンドを入力し，何も表示されないことを確認するとよい．

```
$ gcloud compute tpus execution-groups list --zone=us-central1-a
```

5

Amazon Web Services を
用いたクラウド AI 開発

あなたの愛は僕を強くしてくれる.
あなたの憎しみは僕を止められないものにしてくれる.

Ronaldo

　FANG（Facebook, Amazon, Netflix, Google）の株価は，ここ数年で急上昇している．Amazon だけでも，2015 年 3 月〜2018 年 3 月までに 300％上昇した．加えて Netflix も AWS 上で稼働している．経済活動からいっても，AWS のクラウドには多くの人と資金が流れ込んでいる．これからの AI アプリケーション事業を成功させるには，AWS のプラットフォームと，AWS で何ができるか理解しておくことが必須であるといえよう．

　クラウドにこれだけの資金が投入されるようになったということは，クラウドは一時的な流行にとどまらず，ソフトウェア開発の基本的な考え方に変革を起こしたということだろう．とりわけ，AWS がサーバレス技術に乗り出したことは注目される．この技術の主役の一つである Lambda では，Go, Python, Java, C#, Node などの言語で記述した関数を，大規模なエコシステムの内部のイベントとして実行できる．このことは，クラウドそのものが新しい OS であると捉えることもできる．

　Python はその言語の性質上，スケーラビリティに限界があるといわれている．Python 擁護論として，"グローバルインタプリタロック（GIL）は無視できる" とか "Python 程度のパフォーマンスなら十分だ" とかいうことがまことしやかに唱えられているが，現実のスケーリングに問題があるのは事実なのだ．Python は使いやすいのが魅力だが，そのためにパフォーマンスを犠牲にしてきた．とりわけ GIL は並列処理の効率を落とし，Java などの他のプログラミング言語と比べてスケーリング対

応に遅れをとる原因となっている．対象ホストが Linux であれば回避策はいくつかあ
るが，Erlang 言語での並列処理の考えを Python で書き直そうとして苦労の割にはう
まく動かないとか，動作に使われないコアが残るなどの問題はちょくちょく起こる．

　ところが AWS Lambda を用いれば，こうした欠点は問題なくなる．OS が AWS 自
体だからである．クラウド開発者はコードの並列化のためのスレッドやプロセスを操
る必要がなく，SNS，SQS，Lambda など，まとまった技術を用いればよい．こうし
た既製のツールを原型として使用する方法は，スレッドやプロセスを一つ一つ操作す
るとか，その他の古典的な OS 管理に取って代わるようになるだろう．古典的な
Linux 上の Python でスケーリングに問題があるという証拠は，"高度にスケーリング
可能"といわれている Python プロジェクトがどうやって実現しているのかを掘り下
げて調べればわかる．

　深く探っていくと，実際に多くの仕事をこなしているのは，RabbitMQ や Celery
（いずれも Erlang 言語で書かれている），Nginx（高度に最適化された C 言語で書か
れている）などであることがわかるだろう．しかしいくら Erlang がよいといっても，
この言語を使える開発者を雇うのはかなり難しいという問題がある．これは，筆者が
Erlang を主要な業務に用いる企業を経営した経験からいえることだ．Go 言語もまた，
こうしたスケーリングの問題を意識して考案されたものだが，Go 開発者を雇うのは
それほど難しくない．とはいえ最良の手段は，並列性の問題を全部，クラウド OS に
預けてしまうことだ．そうすれば，高給取りの Go 言語や Erlang 言語の開発者が辞
めてしまっても会社全体が傾くようなことにはならない．

　サーバレステクノロジーのおかげで，Linux 上の Python の弱点が問題にならなく
なったのは面白い偶然である．筆者が Loggly というビッグデータの会社でエンジニ
アの仕事をしていたとき，この一例を経験した．高度な動作性能が要求される非同期
のログ採取システムを Python で書こうとしていたのだが，あるコアでは 1 秒間に
6000〜8000 件のリクエストを処理できる一方，他のコアはどれも動いていなかった．
そのため，この Python プログラムを"非同期"としてマルチコアにスケーリングす
るように試みたところで，その ROI（見返り）は期待できそうになかった．しかし
AWS のサーバレスとして構成すれば，スケーラビリティがプラットフォームに引き
継がれるので，システムをすべて Python で書いてもまったく問題ない．

　こうした新しいクラウドオペレーションシステムのおかげで可能になることはほか
にもある．Web フレームワークなどで用いている多くの抽象化技術は，十数年前の
技術に基づいている．リレーショナルデータベースは 1970 年代に生み出され，今で
はもう変わるところのない技術であるが，2000 年代最初に Web フレームワークを生
み出した人々は，これを採用したのである．Web フレームワークが発展していった

のは PC とデータセンターの時代で，リレーショナルデータベースをオブジェクト化するマッピングツールとコード自動作成ツールをもつ Web フレームワークが，古い技術の上に積み上がった．設計面からみれば，Web アプリケーションの構築とは，古典的な思考プロセスへの投資といってもよい．目的を必ず果たすことができるし，さまざまなことができるだろう．しかし将来も，それでやっていけるのだろうか．とりわけこれからは大規模な AI プロジェクトが必要とされていく．これまでの Web アプリケーションでは対応できないと筆者は考える．

　サーバレス技術は，従来とまったく異なった考え方をする．データベースは自動でスケーリングされる．スキーマは柔軟ながらも効率的に管理できる．Apache やNginx のような Web フロントエンドがコードとの仲立ちをするのではなく，ステートレスアプリケーションサーバがあって，イベントの応答としてのみ実行される．

　方法が複雑になると費用もかかる．ML や AI によってアプリケーションに複雑さが増してくるなら，何か対策をとらなければなるまい．そこで複雑さを減少させる一つの方法として，サーバをもたないことが考えられる．サーバの管理の手間を省くためである．これは伝統的な Web フレームワークに対して，コマンド rm -rf を言い渡すに等しい．とはいえ一晩で一変できることではないだろう．そこで本章では，伝統的な Web アプリケーションとしての Flask も扱いつつ，これにクラウドならではの工夫を加えてみる．他の章ではサーバレスのみで構成する例を多数紹介している．その多くは，AWS Chalice というフレームワークを用いた例である．

5・1　AWS で AR や VR のソリューションを構築する

　映画業界にいたときもカリフォルニア工科大学に勤めていたときも，アプリケーションからは，高パフォーマンスな Linux ファイルサーバを使うことができた．このファイルサーバは組織にあるすべてのワークステーションからマウントされていた．処理能力が非常に高く，幾千ものコンピュータとユーザーが集中管理されたマウントポイントに接続して，OS の設定，データの配布，ディスク入出力の共有などを行っていた．

　あまり知られていないことだが，映画製作会社の多くは上位 500 のリストに入るようなスーパーコンピュータを長年使っている（https://www.top500.org/news/new-zealand-to-join-petaflop-club/）．理由はレンダリング作業である．これが高パフォーマンスな中央のファイルサーバに接続し，膨大な計算とディスク入出力のリソースを使うのである．2009 年，筆者がニュージーランドの Weta Digital 社で映画"アバター"の製作に携わっていたとき，使っていたコンピュータは 4 万のプロセッサと 104 TB のメモリを備え，1 日に 1400 万件の処理をこなしていた（https://www.pcmag.com/

categories/components). 映画の仕事をしたことのある技術者にとって，今の Spark 上の Hadoop で行っている作業はほほえましいとしか思えないだろう.

　こんな話をした目的は，ビッグデータの初心者を脅かすためではない. 大規模コンピューティングでは中央で集中管理されたファイルサーバが花形であることを示したかったのである. 歴史的にはこのような超高級ファイルサーバの稼働のお守りをするために，専門技術者の一団を必要としてきた. しかしクラウド時代になって，この豪華なファイルサーバにアクセスするにはマウスカーソルを合わせてクリックすればよくなったのである.

５・１・１　コンピュータビジョン: EFS と Flask を用いた AR/VR パイプライン

　AWS には Elastic File System（EFS）というサービスがあり，いま述べた"マウス一つで豪華なファイルサーバにアクセスする機能"を提供する. 筆者は以前この EFS を用いて，AWS 上での仮想現実（VR）ベースのコンピュータビジョンのパイプラインのために，集中管理型のファイルサーバを作成したことがある. アセット（素材），コード，成果物をすべて EFS に置いた. 図５・１に AWS クラウド上で EFS を用いたときの VR パイプラインを示す. カメラステーションにある 48 台または 72 台，もしくはそれ以上のカメラで作成した大きなフレーム群が，VR の場面をつなぎ合わせるアルゴリズムに取込まれる.

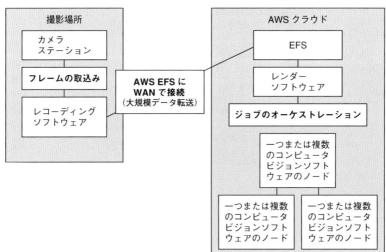

図５・１　EFS を用いた AWS の VR パイプライン

　EFS では，Python アプリケーションコードを軽々とデプロイできる．これは細かいようで頼もしい特徴である．EFS の**マウントポイント**は，DEV，STAGE，PRODUCTION などの環境ごとに作成できる．デプロイに相当する作業は，コードの単純な rsync であり，ビルドサーバからブランチごとの EFS マウントポイントに1秒以下で行える．たとえば DEV という EFS マウントポイントをマスターブランチ，STAGE という EFS マウントポイントをステージングのブランチにするなどである．そうすることによって Flask が常にディスクから最新バージョンを取得できるようになり，デプロイの問題はほとんど気にしなくてよい．この様子を図5・2に示す．

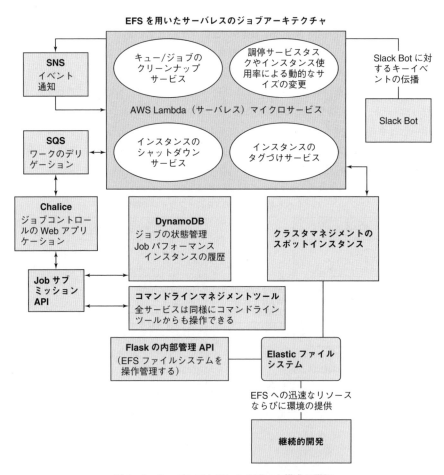

図5・2　サーバレスと Flask を用いた構成の詳細

　必要に応じてサーバレス技術で作業負担を減らし，さらに EFS と Flask を連携させると，あらゆる AI 製品を構築できる万能のツールとなる．ここに示した例はコンピュータビジョン/VR（仮想現実）/AR（拡張現実）のパイプラインであるが，古典的な ML でのデータエンジニアリングにも EFS は役に立つだろう．

　最後に，この仕組みが動くという証拠をあげよう．この仕組みは実際に筆者がある VR/AR 企業でゼロから書き上げたのだが，大きな成果を収めて数百ノードの大規模稼働になった．その結果，数カ月足らずで AWS に高額な使用料を支払う羽目になった．成功があまり急速だと出費の方が多くなるという例である．

５・１・２　EFS, Flask および Pandas のデータエンニジアリングパイプライン

　AI 製品のパイプラインの構築においては，データエンジニアリングが大きな挑戦となることが多い．これから，ある企業で自社サービスに対する API の提供を開始する例を詳細に記述していくことにしよう．Netflix, AWS や，どこかのユニコーンスタートアップ企業*などを想像してもらえばよい．データチームでは，自分たちのプラットフォームにあるデータを簡単に利用してもらうためのライブラリとサービスが必要になることが多いだろう．

　ここでは，CSV データを集約分析する**概念実証（PoC）**を作成する例を考える．REST API で CSV ファイルを受取り，データをグループ化した列と，グループごとに集約した値の列を結果として返す．さらにこの例について注目してほしいのは，ごく実用向けにつくってあり，API ドキュメンテーション，テスト，継続的インテグレーション，プラグイン，ベンチマークのような詳細も少しずつだが広く取入れてあることだ．

　この例では，以下のような入力を想定する．

```
first_name,last_name,count
chuck,norris,10
kristen,norris,17
john,lee,3
sam,mcgregor,15
john,mcgregor,19
```

　そして API を実行すると，以下のような出力が得られるものとする．

```
norris,27
lee,3
mcgregor,34
```

＊ 訳注：未上場だが評価の高い企業．希少という意味でユニコーンとよばれる．

プロジェクトのすべてのコードは https://github.com/noahgift/pai-aws に置いてあ
る．Makefile と virtualenv 環境は §6・1・1 に詳説してあるので，本章ではコードに
注目しよう．プロジェクトには主要な部分が五つある．"Flask アプリ"，"nlib という
名のライブラリ"，"ノートブック"，"テスト"，"コマンドラインツール"である．

a. Flask アプリ　　**Flask アプリ**は三つの要素から構成されている．static フォル
ダに置いた favicon.ico, template フォルダに置いた index.html, そして，150 行のコー
ドからなる Web アプリケーション本体である．この本体プログラムをみていこう．

最初の部分は Flask と **flasgger** のインポートである．後者は **swagger 形式**の API
作成ツールである（https://github.com/flasgger/flasgger）．そして，ログを取るため
の log オブジェクトと Flask の app オブジェクトを定義する．

```
import os
import base64
import sys
from io import BytesIO

from flask import Flask
from flask import send_from_directory
from flask import request
from flask_api import status
from flasgger import Swagger
from flask import redirect
from flask import jsonify

from sensible.loginit import logger
from nlib import csvops
from nlib import utils

log = logger(__name__)
app = Flask(__name__)
Swagger(app)
```

リクエスト本体を **Base64** デコードするヘルパー関数を作成する．

```
def _b64decode_helper(request_object):
    """ Base64 デコードしたデータと元のデータサイズを返す """

    size=sys.getsizeof(request_object.data)
    decode_msg = "Decoding data of size: {size}".format(size=size)
    log.info(decode_msg)
```

```
decoded_data = BytesIO(base64.b64decode(request.data))
return decoded_data, size
```

次に，favicon を表示するための**ルーティング**と，メインページにリダイレクトするルーティングを作成する．これらは決まりきった書き方である．

```
@app.route("/")
def home():
    """/ API 文書にリダイレクト : /apidocs """

    return redirect("/apidocs")


@app.route("/favicon.ico")
def favicon():
    """ Favicon の表示 """

    return send_from_directory(os.path.join(app.root_path, 'static'),
        'favicon.ico',
        mimetype='image/vnd.microsoft.icon')
```

/api/funcs へのルーティングの内容は，もっと面白くなる．以下のコードはインストールできるプラグインを動的にリストアップする．なお，プラグインは独自のアルゴリズムになるので，次項"ライブラリとプラグイン"でより詳しく記述する．

```
@app.route('/api/funcs', methods = ['GET'])
def list_apply_funcs():
    """ 使用可能な関数のリストを返す

        GET /api/funcs
        ---
        responses:
            200:
                description: Returns list of appliable functions.


    """
    appliable_list = utils.appliable_functions()
    return jsonify({"funcs":appliable_list})
```

以下の部分では，**groupby** に相当する処理へルーティングを作成する．ここではドキュメンテーション文字列（「"""」で囲んだ文字列）を用いて，**swagger API** ド

キュメントを動的に作成するようにしてある.

```
@app.route('/api/<groupbyop>', methods = ['PUT'])
def csv_aggregate_columns(groupbyop):
    """ アップロードした CSV の列を集約

    ---
        consumes: application/json
        parameters:
            -   in: path
                name: Appliable Function (i.e. npsum, npmedian)
                type: string
                required: true
                description: appliable function,
                 which must be registered (check /api/funcs)
            -   in: query
                name: column
                type: string
                description: The column to process in an aggregation
                required: True
            -   in: query
                name: group_by
                type: string
                description:¥
                    The column to group_by in an aggregation
                required: True
            -   in: header
                name: Content-Type
                type: string
                description: ¥
                    Requires "Content-Type:application/json" to be set
                required: True
            -   in: body
                name: payload
                type: string
                description: base64 encoded csv file
                required: True

responses:
    200:
                description: Returns an aggregated CSV.
    """
```

最後に, API の最も重要なところを以下のように作成する. 実用上の面倒なことの多くが, ここに記してある. コンテンツタイプの照合, 特定の HTTP メソッドの検索, プラグインの動的読み込みの記録, そして処理が正しく行われた場合は適切な JSON 文字列と **HTTP 状態コード 200** で応答, それ以外は該当する HTTP 状態コードで応答, といった作業である.

```
content_type = request.headers.get('Content-Type')
content_type_log_msg =¥
    "Content-Type is set to: {content_type}".¥
    format(content_type=content_type)
log.info(content_type_log_msg)
if not content_type == "application/json":
    wrong_method_log_msg =¥
        "Wrong Content-Type in request:¥
{content_type} sent, but requires application/json".¥
        format(content_type=content_type)
    log.info(wrong_method_log_msg)
    return jsonify({"content_type": content_type,
        "error_msg": wrong_method_log_msg}),
        status.HTTP_415_UNSUPPORTED_MEDIA_TYPE

    # クエリパラメータをパースして値を取出す
    query_string = request.query_string
    query_string_msg = "Request Query String:
{query_string}".format(query_string=query_string)
    log.info(query_string_msg)
    column = request.args.get("column")
    group_by = request.args.get("group_by")

    # クエリパラメータのログ記録と処理
    query_parameters_log_msg =¥
        "column: [{column}] and group_by:¥
[{group_by}] Query Parameter values".¥
        format(column=column, group_by=group_by)
    log.info(query_parameters_log_msg)
    if not column or not group_by:
        error_msg = "Query Parameter column or group_by not set"
        log.info(error_msg)
        return jsonify({"column": column, "group_by": group_by,
            "error_msg": error_msg}), status.HTTP_400_BAD_REQUEST
```

```
# プラグイン群を読み込み，使用可能なものを収集
plugins = utils.plugins_map()
appliable_func = plugins[groupbyop]

# データをデコードして処理
data,_ = _b64decode_helper(request)
# Pandas の Series を返す
res = csvops.group_by_operations(data,
    groupby_column_name=group_by, ¥
    apply_column_name=column, func=appliable_func)
log.info(res)
return res.to_json(), status.HTTP_200_OK
```

以下のコードブロックでは debug などのフラグを設定し，慣例的な書き方で Flask アプリをスクリプトとして実行する．

```
if __name__ == "__main__": # pragma: no cover
    log.info("START Flask")
    app.debug = True
    app.run(host='0.0.0.0', port=5001)
    log.info("SHUTDOWN Flask")
```

なお，筆者はこのアプリを起動するため，以下のような Makefile コマンドを作成した．

```
$ make start-api:
# PYTHONPATH を親ディレクトリに設定
# 実稼働環境では場所を変更すること
cd flask_app && PYTHONPATH=".." python web.py
2018-03-17 19:14:59,807 - __main__ - INFO - START Flask
* Running on http://0.0.0.0:5001/ (Press CTRL+C to quit)
* Restarting with stat
2018-03-17 19:15:00,475 - __main__ - INFO - START Flask
* Debugger is active!
* Debugger PIN: 171-594-84
```

図 5・3 に示すように，swagger ドキュメントとして，ユーザーが利用可能な関数の一覧を取得できている．これらは nlib で提供するプラグインである．出力では npmedian, npsum, numpy, tanimoto 関数が読み込まれたことを示している．図 5・4 (p.102) では便利な Web フォームが表示されていて，開発者は curl を用いたりプ

図 5・3　使用可能なプラグインの一覧を取得 ［Screenshot of Swagger © SmartBear Software.］

ログラミングコードを書いたりすることなく API 呼び出しを実施できる．この仕組みの本当の強みは，本体の Web アプリケーションが 150 行しかないのに実用化でき，問題を処理していけるところにある．

b. ライブラリとプラグイン　　nlib フォルダの中にはファイルを四つ置く．__init__.py，applicable.py，csprovs.py，utils.py である．以下に，各ファイルの内容を一つずつ説明する．

__init__.py ファイルは非常に簡単で，バージョンの変数を記述しているだけである．

```
__version__ = 0.1
```

次の utils.py ファイルは，プラグインの読み込みを担当する．具体的には applicable.py ファイルから使用可能な関数を検索する．

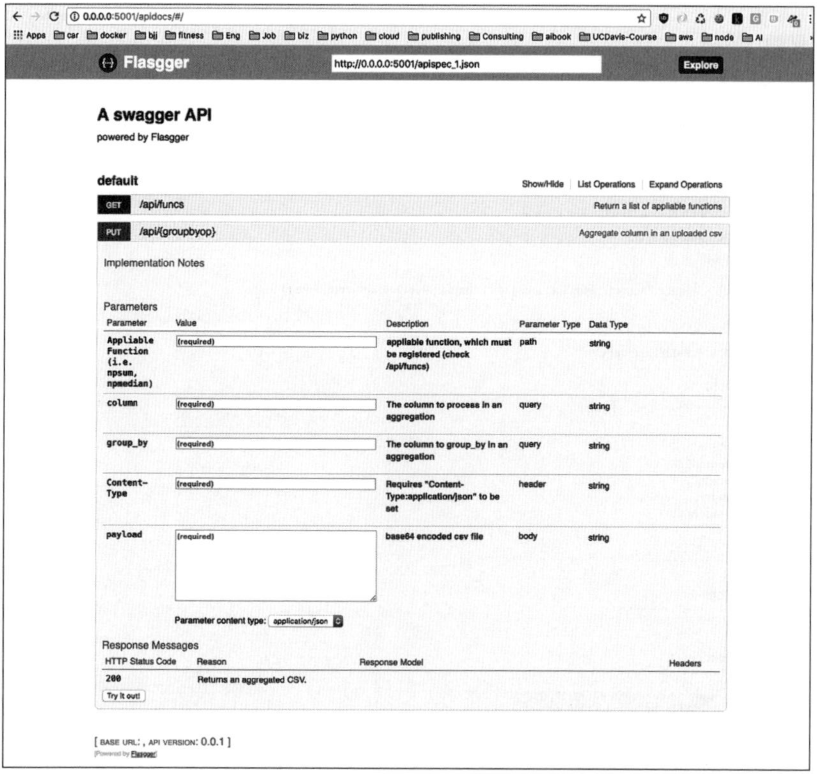

図 5・4　**API** を利用する ［Screenshot of Swagger © SmartBear Software.］

```python
""" 各種ユーティリティ
main メソッドで使用し，関数を登録・検索し，関数の解説を作成できる
    * registered
    * discovered
    * documented
"""


import importlib

from sensible.loginit import logger

log = logger(__name__)

def appliable_functions():
```

```
""" グループ化操作で使用できる関数のリストを返す """


from . import appliable
module_items = dir(appliable)
#Filter out special items __
func_list = list(filter(lambda x: not x.startswith("__"),
    module_items))
return func_list



def plugins_map():
    """ 呼び出し可能な関数一覧を辞書型として返す

    In [2]: plugins = utils.plugins_map()
    2017-06-22 10:34:25,312 - nlib.utils - INFO - Loading
    appliable functions/plugins: npmedian
    2017-06-22 10:34:25,312 - nlib.utils - INFO - Loading
    appliable functions/plugins: npsum
    2017-06-22 10:34:25,312 - nlib.utils - INFO - Loading
    appliable functions/plugins: numpy
    2017-06-22 10:34:25,312 - nlib.utils - INFO - Loading
    appliable functions/plugins: tanimoto

    In [3]: plugins
    Out[3]:
    {'npmedian': <function nlib.appliable.npmedian>,
    'npsum': <function nlib.appliable.npsum>,
    'numpy': <module 'numpy' from '/Users/noahgift/.nflixenv/
    lib/python3.6/site-packages/numpy/__init__.py'>,
    'tanimoto': <function nlib.appliable.tanimoto>}

    In [4]: plugins['npmedian']([1,3])
    Out[4]: 2.0
    """

    plugins = {}
    funcs = appliable_functions()
    for func in funcs:
        plugin_load_msg = "Loading appliable functions/plugins: ¥
{func}".format(func=func)
        log.info(plugin_load_msg)
        plugins[func] = getattr( ¥
```

```
            importlib.import_module("nlib.appliable"), func)
    return plugins
```

applicable.py ファイルは，独自の関数を定義する場所である．これらの関数は
Pandas の DataFrame の列に適用する．列に対する任意の操作ができるようにこれら
の関数をカスタマイズするのである．

```
""" Pandas でのグループ化操作に使用できる関数（プラグイン）"""

import numpy


def tanimoto(list1, list2):
    """ tanimoto 係数

    In [2]: list2=['39229', '31995', '32015']
    In [3]: list1=['31936', '35989', '27489',
        '39229', '15468', '31993', '26478']
    In [4]: tanimoto(list1,list2)
    Out[4]: 0.1111111111111111

    二つの集合の共通部分を用いてスコアとなる数値を決定する

    """

    intersection = set(list1).intersection(set(list2))
    return float(len(intersection))/(len(list1) + len(list2) - ¥
len(intersection))

def npsum(x):
    """ Numpy の関数 sum """

    return numpy.sum(x)

def npmedian(x):
    """ Numpy の関数 median """

    return numpy.median(x)
```

最後の cvops.py ファイルで構成される cvops モジュールは CSV の読み込みと操作
を次のように行う．

```python
"""
CSV 操作のモジュール :
Pandas の CSV I/O の動作についてはこちら :
    http://pandas.pydata.org/pandas-docs/stable/io.html#io-perf
"""

from sensible.loginit import logger
import pandas as pd

log = logger(__name__)
log.debug("imported csvops module")


def ingest_csv(data):
    """ Pandas の CSV I/O を用いて CSV を読み込む """

    df = pd.read_csv(data)
    return df

def list_csv_column_names(data):
    """ CSV から列名のリストを返す """

    df = ingest_csv(data)
    colnames = list(df.columns.values)
    colnames_msg = "Column Names: {colnames}". ¥
format(colnames=colnames)
    log.info(colnames_msg)
    return colnames

def aggregate_column_name(data, groupby_column_name,
    apply_column_name):
    """ CSV を列名で集約した結果を JSON 形式で返す """


    df = ingest_csv(data)
    res = df.groupby(groupby_column_name)[apply_column_name].sum()
    return res

def group_by_operations(data, groupby_column_name, ¥
    apply_column_name, func):
    """
```

関数を無作為に選んでグループ化操作を行う

```
In [14]: res_sum = group_by_operations(data=data,
groupby_column_name="last_name", columns="count", func=npsum)
In [15]: res_sum
Out[15]:
last_name
eagle    34
lee       3
smith    27
Name: count, dtype: int64
"""

df = ingest_csv(data)
# 特定の列を抽出するフィルタとともにグループ化操作を行う
grouped = df.groupby(groupby_column_name)[apply_column_name]
applied_data = grouped.apply(func)
return applied_data
```

c. コマンドラインツール　　このプロジェクトは，まだ誰にでも簡単に使えるようなものになっていない．そこで，ほぼどんなプロジェクトにも使えるようなコマンドラインツールをつくろうと思う．Jupyter Notebook でさまざまなことができるといっても，コマンドラインツールの方が向いている物事もやはりある．

以下に csvcli.py の処理を示す．はじめに，コマンドラインに必要な記述と，インポートを作成する．

```
#!/usr/bin/env python
"""
CSV で集約などの操作を行うコマンドラインツール :

    * Aggregation
    * TBD

"""

import sys

import click
from sensible.loginit import logger

import nlib
```

```
from nlib import csvops
from nlib import utils

log = logger(__name__)
```

　コマンドラインツールのおもな動きは，HTTP API と同じである．説明はファイル中に記載した．また，サンプルファイル ext/input.csv を用いてコマンドツールをテストできる．その出力例もドキュメンテーション文字列中に書いているので，ユーザーは使い方を知ることができる．

```
@click.version_option(nlib.__version__)
@click.group()
def cli():
    """ CSV 操作のツール

    """

@cli.command("cvsops")
@click.option('--file', help='Name of csv file')
@click.option('--groupby', help='GroupBy Column Name')
@click.option('--applyname', help='Apply Column Name')
@click.option('--func', help='Appliable Function')
def agg(file,groupby, applyname, func):
    """ CSV ファイルの列にグループ化を行い，関数を適用する

    以下は使用例 :
    ./csvcli.py cvsops --file ext/input.csv --groupby ¥
last_name --applyname count --func npmedian
    Processing csvfile: ext/input.csv and groupby name:
last_name and applyname: count
    2017-06-22 14:07:52,532 - nlib.utils - INFO -
Loading appliable functions/plugins: npmedian
    2017-06-22 14:07:52,533 - nlib.utils - INFO -
Loading appliable functions/plugins: npsum
    2017-06-22 14:07:52,533 - nlib.utils - INFO -
Loading appliable functions/plugins: numpy
    2017-06-22 14:07:52,533 - nlib.utils - INFO -
Loading appliable functions/plugins: tanimoto
    last_name
    eagle    17.0
    lee       3.0
```

```
    smith      13.5
    Name: count, dtype: float64


    """

    if not file and not groupby and not applyname and not func:
        click.echo("--file and --column and --applyname ¥
--func are required")
        sys.exit(1)

    click.echo("Processing csvfile: {file} and groupby name: ¥
{groupby} and applyname: {applyname}".¥
        format(file=file, groupby=groupby,
applyname=applyname))
    # プラグイン群を読み込み，使用可能なものを収集
    plugins = utils.plugins_map()
    appliable_func = plugins[func]
    res = csvops.group_by_operations(data=file,
        groupby_column_name=groupby,
        apply_column_name=applyname,
        func=appliable_func)
    click.echo(res)
```

このようにして，Web API と同様，コマンドラインツールでも，ユーザーは使用可能なプラグインの一覧を得ることができる．

```
@cli.command("listfuncs")
def listfuncs():
    """ グループ化操作に使用できる関数のリストを作成
    以下は使用例 :

    ./csvcli.py listfuncs
    Appliable Functions: ['npmedian', 'npsum', 'numpy', 'tanimoto']
    """

    funcs = utils.appliable_functions()
    click.echo("Appliable Functions: {funcs}".format(funcs=funcs))

if __name__ == "__main__":
    cli()
```

d. API のベンチマーク取得とテスト　　実稼働を目的とした API 製品を作成するならば，出荷前にベンチマークを計測しておかなければ恥ずかしいことになる．

make コマンドでベンチマークする例を以下に示す.

```
$ make benchmark-web-sum
# very simple benchmark of api on sum operations
ab -n 1000 -c 100 -T 'application/json' -u ext/input_base64.txt¥
http://0.0.0.0:5001/api/npsum¥?column=count¥&group_by=last_name
This is ApacheBench, Version 2.3 <$Revision: 1757674 $>
……
Benchmarking 0.0.0.0 (be patient)
Completed 100 requests
Finished 1000 requests


Server Software:        Werkzeug/0.14.1
Server Hostname:        0.0.0.0
Server Port:            5001

Document Path:          /api/npsum?column=count&group_by=last_name
Document Length:        31 bytes

Concurrency Level:      100
Time taken for tests:   4.105 seconds
Complete requests:      1000
Failed requests:        0
Total transferred:      185000 bytes
Total body sent:        304000
HTML transferred:       31000 bytes
Requests per second:    243.60 [#/sec] (mean)
Time per request:       410.510 [ms] (mean)
```

　この結果なら, アプリケーションはなかなかの動作特性を出すはずで, 複数の
Nginx ノードをもつ Elastic Load Balancer（ELB）のもとでスケーリングしても問題
ないだろう. しかし忘れてはならないのは, この例は Python でのコーディングが万
能で, かつ面白くもあることを示すためであり, この例からは同時に C++, Java,
C#, Go などに比べると Python の動作特性が劣るということも露呈されてしまうだ
ろう. Erlang や Go のアプリケーションがこの例と同じような作業で毎秒何千ものリ
クエストを処理できるという話は珍しくない.
　しかしこの場合, 作成したものの動作速度と, それを特定のデータサイエンスで使
いやすいかはトレードオフとみなすことができる. また動作速度の向上には, このシ

ステムを AWS Chalice に切り替えて，Spark や Redis を用いてリクエストをキャッシュし，結果をメモリに保存するという手段もある．実は，AWS Chalice も最初から API リクエストのキャッシングができるので，キャッシングのためにもう少しレイヤーを追加するのは難しいことではない．

e. EFS にデプロイする　　これを製品にまでもっていくために最後にすることは，EFS マウントポイントを複数マウントする**ビルドサーバ**をもつことである．複数というのは，開発環境，実稼働環境などに使い分けるためである．ビルドジョブを作成して，コードをブランチに送ったら該当するマウントポイントに対して rsync コマンドでデプロイするように構成する．このときマウントポイントを確実に指定できるようにするには，該当する環境へのルーティングに **EFS 名**を採用するとよい．このような作業を env.py というファイルで行うのである．

　Linux 環境で df コマンドを使えば，このコードが正しい場所で動いているか常に確認できる．よりよい方法として，**環境情報**（ENV データ）を AWS System Manager Parameter Store（https://docs.aws.amazon.com/systems-manager/latest/userguide/systems-manager-parameter-store.html）に保存する方法もある．

```
"""
環境の切替えコード：

    ここでは EFS 名がマッピングのキー名であることを仮定している
"""

from subprocess import Popen, PIPE

ENV = {
    "local": {"file_system_id": "fs-999BOGUS",\
        "tools_path": ".."}, #used for testing
    "dev": {"file_system_id": "fs-203cc189"},
    "prod": {"file_system_id": "fs-75bc4edc"}
}

def df():
    """ df コマンドの出力を得る """

    p = Popen('df', stdin=PIPE, stdout=PIPE, stderr=PIPE)
    output, err = p.communicate()
    rc = p.returncode
```

```
    if rc == 0:
        return output
    return rc,err

def get_amazon_path(dfout):
    """ ディスクマウントの外部から AWS 側のパスを取得 """

    for line in dfout.split():
        if "amazonaws" in line:
            return line
    return False

def get_env_efsid(local=False):
    """ df の出力から ENV および EFS 名を取得 """

    if local:
        return ("local", ENV["local"]["file_system_id"])
    dfout = df()
    path = get_amazon_path(dfout)
    for key, value in ENV.items():
        env = key
        efsid = value["file_system_id"]
        if path:
            if efsid in path:
                return (env, efsid)
    return False

def main():
    env, efsid = get_env_efsid()
    print "ENVIRONMENT: %s | EFS_ID: %s" % (env,efsid)

if __name__ == '__main__':
    main()%
```

5・2 ま と め

　企業にとって，技術の基礎を AWS に置いて意思決定するのは悪くないと思う．
Amazon の株価を見ていれば，同社の技術の進展とコスト低減はそうすぐに止まるこ
とはないだろうと予想される．AWS がサーバレス技術のために行ってきたことに注
目するだけでも面白い．

　ベンダーロックインを心配するかもしれないが，DigitalOcean クラウドで Erlang

を使うのも自分のデータセンターで操作するのも，ベンダーに頼っているわけである．自分のチームへのこだわりや，システム管理者に頼る心理も同じようなものだ．

　本章では API やソリューションを実用的なものとして紹介したが，これらは筆者が AWS を実際に利用して解決した問題に基づいている．本書の各章に記したほかの考えも，本章の考え方と合わせて，実用的なソリューションを生み出していくことだろう．

III

ゼロからつくる
実践 AI アプリケーション

6

NBA に及ぼすソーシャル
メディアの影響を予測する

才能があれば試合に勝つことはできる,
だがチームワークと知性があれば優勝することができる.

Michael Jordan

スポーツはデータサイエンティストにとって魅力的な分野である.スポーツから出るあらゆる数字には,それが出てくる理由があるからだ.NBA の話をすると,ある選手が他の選手よりも多くの得点を出したからといって,必ずしもそれがチーム全体の益になったかどうかはわからない.そこで最近は,一人の選手がチーム全体に与えた変化を推し量ろうと,各選手の統計を取るのが大流行になっている.ESPN(ウォルト・ディズニー傘下のスポーツ専門チャンネル)の Real Plus-Minus,FiveThirtyEight(政治・経済・スポーツブログを中心としたウェブサイト)の CARMEL NBA Player Projection,そして NBA 自身が提供する Player Impact Estimate などがある.ソーシャルメディアも例外ではなく,フォロワー数の大小だけではなく,フォロワーを獲得するまでの経緯に魅力があるのだ.

そこで本章では ML を用いて"数値の裏にある数値"を探ってみたいと思う.そしてこの ML モデルを保存するための API を作成する.これらはあくまで現実の問題を現実的な手法で解く姿勢で行う.クリーンなデータでモデルをつくるだけでなく,環境の設定,デプロイ,結果を見届けるところまで一通り実践するのである.

6・1 問題を書き下す

肩慣らしとして,ソーシャルメディアと NBA を眺めることにしよう.面白い課題がたくさん浮かんでくるだろう.たとえば次のようなものだ.

・選手一人の活躍が，どれだけチーム全体の勝敗に影響しているか.
・選手の試合での活躍は，ソーシャルメディアの反響と関係しているか.
・選手に対するソーシャルメディアの関心度は，Wikipedia でその選手のページが読まれる頻度と関係しているか.
・Twitter においてその選手の知名度を測るには，フォロワー数とその選手の投稿に対するエンゲージメント（関心度）のどちらが適しているか.
・年収は試合での活躍に関係するか.
・勝てば勝つほどファンが増えるのか.
・チームの企業価値評価が高いのは，観客動員数が多いからか，それとも，そのチームの地元の不動産価格が高いからか.

　これらをはじめとした課題には，データ収集が不可欠である. 問題解決の 80 % はデータの収集と変換に起因するところが大きい. ML のモデルが適切かどうかとか，EDA のようなデータの解析，そして特徴量エンジニアリング[*1] などが効いてくるのは，20 % 程度である.

6・1・1 データの収集

　図 6・1 は，これから述べる方法で抽出や変換をしようと考えているデータソースの一覧である.
　こうしたデータの収集は，ソフトウェア工学において見過ごせない問題を代表する

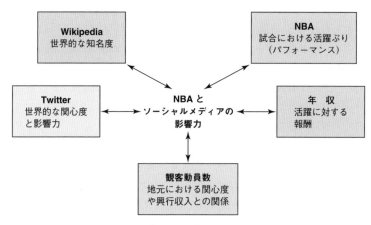

図6・1　NBA とソーシャルメディアの影響力の関係を調べるためのデータソース

---

　*1 訳注: 古典的な機械学習で，精度の高いモデルを作成するために特徴量の選択，変換などを工夫する経験的手法.

一つである．乗り越えなければならない問題がたくさんある．良好なデータソースを見いだす，データ抽出のためのコードを書く，API の利用制約に収まるように収集作業をする，データの形式を整えるなどである．データ収集の最初の一歩は，どのデータソースから始めるか，それをどこに取りに行くかである．

　最終的な調査の目的は，ソーシャルメディアが NBA 選手の活躍に与える影響なので，最初に手をつけるところとして最適なのは，2016～2017 年の出場選手一覧であろう．理論的には簡単なはずだが，NBA データの収集には意外な問題がいくつかある．単純に考えれば NBA の公式サイト nba.com に行くところだが，諸般の事情によりスポーツリーグでは公式サイトから生のデータを簡単にはダウンロードできないようにしているところが多く，NBA も例外ではない．無理矢理できないこともないが，適正な手段とはいえないかもしれない．

　ここからデータ収集の面白い一面が現れてくる．実は手作業で簡単にデータを収集できることも多い．Web サイトからデータを手作業でダウンロードしてから，Excel や Jupyter Notebook，RStudio を用いてデータを綺麗にするだけでよいなら，データサイエンスの問題を始めるのに何ら苦難はない．しかしこれが数時間の手間になるなら，問題解決のためのコードを先に書いた方がよい．こうした方法論に定説やコツはないが，玄人は作業全体が滞ることなく常に進んでいく工夫をするものだ．

　a. 最初のデータソースを収集　　NBA 公式サイトのようにデータをダウンロードできないようにしているデータソースより，もっと容易なところからあたってみよう．バスケットボールについての最初のデータソースは，本書の GitHub プロジェクトから直接（https://github.com/noahgift/pragmaticai），もしくは，Basketball Reference（https://www.basketball-reference.com/leagues/NBA_2017_per_game.html）からダウンロードできる．

　現実世界において ML を適用するのは，綺麗なデータに対する正しいモデルを見つける以上のものであり，手元の環境の設定方法も理解していなければならない．

　コードの実行のために，以下の準備をする．

1. virtualenv 環境（Python における仮想環境）を作成する（Python 3.6 に基づく）
2. Pandas，Jupyter など，本章で用いるパッケージをインストールする
3. これらの一連の操作には，Makefile を用いる

　リスト 6・1 は，Python 3.6 の virtualenv 環境を作成し，パッケージをインストールするセットアップコマンドである．インストールするパッケージは，リスト 6・2 に示す "requirements.txt" に記述する．以下の 1 行のコマンドで，すべてを実行できる．

```
make setup && install
```

リスト 6・1　Makefile の内容

```
setup:
        python3 -m venv ~/.pragai6
install:
        pip install -r requirements.txt
```

リスト 6・2　requirements.txt の内容

```
pytest
nbval
ipython
requests
python-twitter
pandas
pylint
sensible
jupyter
matplotlib
seaborn
statsmodels
sklearn
wikipedia
spacy
ggplot
```

注　意

Python の virtualenv 環境を扱う便利な小技は, .bashrc や .zshrc にエイリアスを作成することである. 環境設定を更新し, かつそのフォルダに移動する作業を一括・自動で行ってくれる. 筆者は, 以下のスニペットを追加している.

```
alias pragai6top="cd ~/src/pragai/chapter6¥
&& source ~/. Pragai6 /bin/activate"
```

こうしておけば, 本章のプロジェクトに関する作業をするとき, シェルで pragai6top と入力すれば, 目的のプロジェクトのチェックアウトフォルダに移動して virtualenv 環境を起動した状態になる. これがシェルエイリアスの威力である. なお, このこと自体を自動でしてくれる pipenv などのツールも使ってみる価値がある.

取得したデータを見るために Jupyter Notebook を起動するには, jupyter notebook とコマンドを入力する. これで Web ブラウザが起動し, すでに作成した

ノートブックを開いたり新しいノートブックを作成したりできるようになる．本書の
GitHub プロジェクトからチェックアウトしたフォルダには，basketball_reference.
ipynb というファイルがあるはずだ．

　このノートブックファイルは初心者のための簡単なもので，データを読み込んで表
示できるようにしてある．このように，まずはとにかくデータが読み込まれたかどう
かを検証し，どんな内容か眺めてみたいというときには Jupyter Notebook，あるい
は，R であれば RStudio にデータセットを読み込むのが最も手っ取り早い．Jupyter
でも IPython シェルでも，リスト 6・3 に示すプログラムを用いる．

リスト 6・3　Jupyter Notebook で Basketball Reference のデータを表示する

```
import pandas as pd
nba = pd.read_csv("data/nba_2017_br.csv")
nba.describe()
```

注 意

　Jupyter Notebook が起動可能かを確かめたいときは，pytest に nbval プラグイン
を用いるとよい．Makefile にコマンド test を追加して，すべてのノートブック
ファイルから make test を実行できるようにする．

```
make test
```

Makefile に書くコマンド test は，以下の内容で記述する．

```
test:
    py.test --nbval notebooks/*.ipynb
```

　CSV ファイルに列名が記載されており，各列の行の長さが等しいときは，Pandas
で読み込みやすい．しかし，ほかからデータセットを読み込んで処理する場合，適切
な形式にはなっていないことも多い．実際には，物事は決して簡単にはいかず，デー
タの整形は戦いである．これについては本章のコード例の随所で実感できるだろう．

　図 6・2 は Jupyter Notebook において，describe 関数を実行したときの出力の様
子である．このように Pandas の DataFrame に対する describe 関数で，各種記述統
計量が得られる．統計量には，列数（この場合は 27 列）や各列の**中央値**（50 ％の行）な
どが含まれている．この段階でも，Jupyter Notebook で得られた結果をいろいろと処
理してみると，何かわかるかもしれない．しかしまだ統計量が 1 種類だけだし，これだ
けから言えること，言えないことを明らかにするメトリクスもない．このデータセッ
トを ESPN や NBA から得たほかのデータセットと結合しなければならない．とする

と, データを検索したり変換したりするだけのプロジェクトと比べて大変難しくなる. Scrapy*2 のようなスクレイピングツールを用いるのも悪くないが, その場限りの方法もとれる. ESPN や NBA の Web サイトに行き, データをコピーして Excel に貼り付け, 手作業で整形したのち CSV ファイルとして保存するのである. データセットが小さければ, スクリプトを書いて自動処理するよりも, その方がむしろ手っ取り早い.

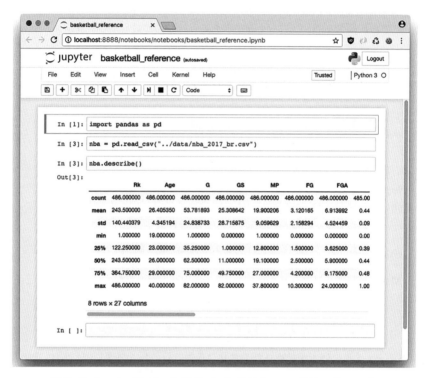

**図 6・2　Jupyter Notebook で Basketball Reference の DataFrame を
describe 関数で表示** [Screenshot of Jupyter Copyright © 2018 Project Jupyter.]

　データの数が巨大であれば歯が立たないが, それでもプロトタイプ作成のためであれば, 十分頼りになる方法だ. ややこしいデータサイエンスの中から得る教訓は, あまり細部にこだわって泥沼にはまらないように, とにかく前に進めということだ. 複雑なデータを自動処理する仕組みをつくるのに時間を費やしたあげく, そのデータが後で役に立たないことは, 珍しくないからだ.

---

*2 訳注: Python で Web をスクレイプするときに使われる有名なライブラリ. https://scrapy.org/

ESPN も FiveThirtyEight もデータをもらってくる方法は同じなので、説明を省略
する。他のデータソースから選手の年収と、広告出演料などの副収入を集めてくる。
ESPN には選手の年収データがある。また Forbes は、8 名の選手について副収入の
小さなデータサブセットをもっている。表 6・1 にデータソースの形式、その内容の
要約、取得元などを示す。これらは手作業で整理したものだが、なかなか壮大なデー
タソースの一覧となった。

表6・1　NBAデータソース

データソース	ファイル名	行　数	概　要
Basketball Reference	nba_2017_attendance.csv	30	スタジアム動員数
Forbes	nba_2017_endorsements.csv	8	副収入が高額の選手
Forbes	nba_2017_team_valuations.csv	30	全チームの評価額
ESPN	nba_2017_salary.csv	450	多数の選手の年収
NBA	nba_2017_pie.csv	468	全選手の貢献度
ESPN	nba_2017_real_plus_minus.csv	468	全選手の各種成績
Basketball Reference	nba_2017_br.csv	468	全選手のプロファイル
FiveThirtyEight	nba_2017_elo.csv	30	チームのランキング

ほかのデータを得る作業は、まだまだ残っている。なかでも、Twitter と Wikipedia
からデータを取得し、統一したデータ形式へと変換しなければならない。しかし、今
のデータからでも、まずは 8 人の花形選手の副収入とチームごとの評価を調べてみる
のが面白そうだ。

b. 最初のデータソースを研究: チーム　　まずは Jupyter Notebook を準備しよう。
これについては、すでにできたものを exploring_team_valuation_nba.ipynb という名
前で GitHub プロジェクトに置いておいた。次に、共通して使うライブラリ一式をイ
ンポートする。これらはリスト 6・4 に示すもので、Jupyter Notebook でデータを操
作する際に、よく用いられる。

リスト6・4　Jupyter Notebook で一般によくインポートされるもの

```
import pandas as pd
import statsmodels.api as sm
import statsmodels.formula.api as smf
import matplotlib.pyplot as plt
import seaborn as sns
color = sns.color_palette()
%matplotlib inline
```

そして，リスト 6・5 に示すように，それぞれのデータソースから Pandas の
DataFrame を作成する．

リスト 6・5　データソースから DataFrame を作成する

```
attendance_df = pd.read_csv("../data/nba_2017_attendance.csv")
endorsement_df = pd.read_csv(¥
    "../data/nba_2017_endorsements.csv")
valuations_df = pd.read_csv(¥
    "../data/nba_2017_team_valuations.csv")
salary_df = pd.read_csv("../data/nba_2017_salary.csv")
pie_df = pd.read_csv("../data/nba_2017_pie.csv")
plus_minus_df = pd.read_csv(¥
    "../data/nba_2017_real_plus_minus.csv")
br_stats_df = pd.read_csv("../data/nba_2017_br.csv")
elo_df = pd.read_csv("../data/nba_2017_elo.csv")
```

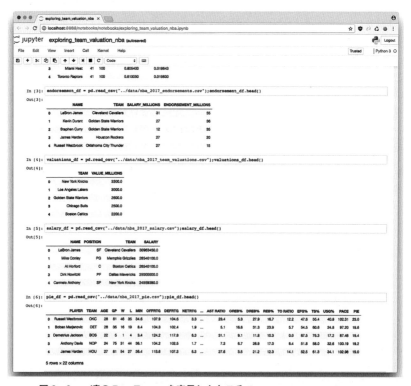

図 6・3　一連の DataFrame を表示したところ [Screenshot of Jupyter Copyright
© 2018 Project Jupyter.]

図6・3に，生成した一連の DataFrame を示す．これはデータを収集するときによ
く使われる，共通の手法である．

以下のコードは，観客動員数（attendance）のデータを企業評価額（valuation）の
データにマージし，最初の数行を表示するものである．

```
In [ ] : attendance_valuation_df =¥
attendance_df.merge(valuations_df, how="inner", on="TEAM")

In [ ] : attendance_valuation_df.head()
Out[ ] :
                TEAM  GMS  PCT  TOTAL MILLIONS  AVG_MILLIONS  …
0      Chicago Bulls   41  104        0.888882      0.021680  …
1   Dallas Mavericks   41  103        0.811366      0.019789  …
2   Sacramento Kings   41  101        0.721928      0.017608  …
3         Miami Heat   41  100        0.805400      0.019643  …
4    Toronto Raptors   41  100        0.813050      0.019830  …
```

Seaborn を用いてペアプロットを描画すると，図6・4に示す出力が得られる．

```
In [ ] : from IPython.core.display import display, HTML
   ...: display(HTML("<style>.¥
container{ width:100% !important; }</style>"));¥
sns.pairplot(attendance_valuation_df, hue="TEAM")
```

プロットを見ると，観客動員数（平均にしろ総数にしろ）とチームの企業評価額に
は関係がみられる．この関係をより深く調べるには，図6・5（p.125）に示す相関係
数のヒートマップを作成するとよい．

```
In [ ]: corr = attendance_valuation_df.corr()
   ...: sns.heatmap(corr,
   ...:             xticklabels=corr.columns.values,
   ...:             yticklabels=corr.columns.values)
   ...:
Out[ ]: <matplotlib.axes._subplots.AxesSubplot at 0x119ac05f8>
```

これでプロット間にみられる関係について，定量的評価がしやすくなった．ヒート
マップでは，企業評価額と観客動員数との間に 50 % 程度の相関がみられる．中程度

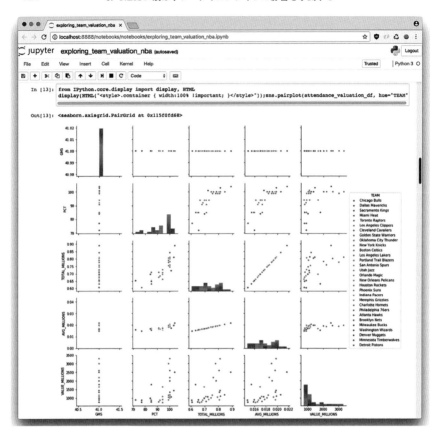

図 6・4　観客動員数/企業評価額のペアプロット　[Screenshot of Jupyter Copyright © 2018 Project Jupyter.]

の相関である．NBA の各チームについて，企業評価額に対する平均観客動員数のヒートマップもつくってみよう．この種のヒートマップを Seaborn で作成するには，まずデータを**ピボットテーブル**に変換しなければならない．プロットを図 6・6（p.126）に示す．

```
In [ ]: valuations = attendance_valuation_df.¥
pivot("TEAM", "TOTAL_MILLIONS", "VALUE_MILLIONS")
In [ ]: plt.subplots(figsize=(20,15))
   ...: ax = plt.axes()
```

```
    ...: ax.set_title("NBA Team AVG Attendance vs ¥
Valuation in Millions: 2016-2017 Season")
    ...: sns.heatmap(valuations,linewidths=.5, annot=True, fmt='g')
    ...:
Out[ ]: <matplotlib.axes._subplots.AxesSubplot at 0x11a93b198>
```

図6・5 観客動員数/企業評価額の相関ヒートマップ［Screenshot of Jupyter Copyright © 2018 Project Jupyter.］

　図 6・6 のヒートマップは，さらに 3D プロットなど他の形式のグラフでも表示してみると面白いかもしれない．なお，ニューヨークやロサンゼルスのチームには**外れ値**をもつものもある．

c. 最初のデータソースを回帰分析する　　図 6・6 は面白い外れ値を示している．Brooklyn Nets は 18 億ドルの評価がついているが，観客動員率は NBA チームのなかでも最低ランクの一つである．何か注目すべきことが起こっているのではないだろうか．このデータをさらに調べる方法の一つとして，**線形回帰**を用いてこの関係を説明してみよう．Python と R を両方使えるならば，この方法にはいくつか異なる選択肢がある．Python なら StatsModels パッケージや scikit-learn がよく知られた方法だ．

　StatsModels で線形回帰を行うと，結果の詳しい評価が出力される．StatsModels には，R で Minitab を使うときのような古典的な線形回帰の雰囲気がある．

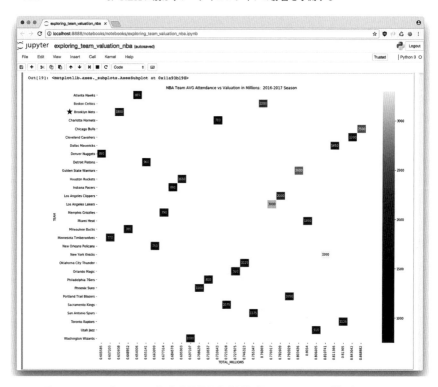

図 6・6　NBA 各チームの観客動員数と企業評価額のヒートマップ※　左の縦軸は
チーム名，横軸は観客動員数，右の縦軸は企業評価額を示す．企業評価額が温度
（色の濃淡）および四角形の中の数字で表されている．"観客動員数が多いほど
企業評価額が高い"のであれば，"右側にある四角ほど色が薄く，四角の中の数
値は大きい"という関係になる．しかし，そうならない外れ値（★: Brooklyn
Nets）がある．［Screenshot of Jupyter Copyright © 2018 Project Jupyter.］

```
In [ ]: results = smf.ols(
        'VALUE_MILLIONS ~TOTAL_MILLIONS',
        data=attendance_valuation_df).fit()


In [ ]: print(results.summary())
                    OLS Regression Results
========================================================================
```

※　訳注: 図 6・6，図 6・9，図 6・11，図 6・13，図 6・14 は，本書用 GitHub プロジェクト
https://github.com/noahgift/socialpowernba にてカラーの図を見ることができる．

```
Dep. Variable: VALUE_MILLIONS          R-squared: 0.282
Model:                      OLS    Adj. R-squared: 0.256
Method:           Least Squares      F-statistic: 10.98
Date:         Thu, 10 Aug 2017  Prob (F-statistic):0.00255
Time:                  14:21:16   Log-Likelihood: -234.04
No. Observations:            30              AIC: 472.1
Df Residuals:                28              BIC: 474.9
Df Model:                     1
Covariance Type:      nonrobust
==================================================================
              coef     std err       t P>|t| [0.025 0.975]
------------------------------------------------------------------
.....
Warnings:
[1] Standard Errors assume that the covariance matrix of the
errors is correctly specified.
```

　回帰分析の結果をみると，変数 TOTAL_MILLIONS が観客動員数の変化を予測する
ため，統計的に重要であることがわかる．この変数は観客動員の総数を 100 万人単位
で表したもので，**P 値**を 0.05 以下で算出している．*R* の二乗値（R-squared）とし
て出力されている．0.282（28 ％に相当）という値は，"よく適合"に相当する．つ
まり，このデータに分析直線が非常によく合っているのである．
　もう少しプロットと評価を加えると，このモデルで大変よい予測ができるとわか
る．Seaborn には組込みで非常に便利な residplot というライブラリがあり，これ
は**残差**をプロットする．この結果を図 6・7 に示す．この表現では，残差はランダム
に分布するのが理想的である．何らかのパターンをとるようなら，モデルに何か問題
があることになる．ここではその結果は一様ではなく，ランダムであるようにみえる．

```
In [ ]: sns.residplot(y="VALUE_MILLIONS", x="TOTAL_MILLIONS",
   ...: data=attendance_valuation_df)
   ...:
Out[ ]: <matplotlib.axes._subplots.AxesSubplot at 0x11abcc358>
```

　ML や統計による予測の正確さを測る方法としてよく知られているのが，**二乗平均
平方根誤差（RMSE）**である．StatsModels で RMSE を得る方法は以下のとおりであ
る．

```
In [ ]: import statsmodels
   ...: rmse = statsmodels.tools.eval_measures.rmse(
```

```
        attendance_valuation_predictions_df["predicted"],
        attendance_valuation_predictions_df["VALUE_MILLIONS"])
   ...: rmse
Out[ ]: 591.33219017442696
```

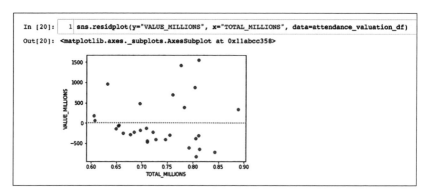

図 6・7　NBA の各チームの観客動員数と企業評価額の残差プロット
[Screenshot of Jupyter Copyright © 2018 Project Jupyter.]

RMSE が小さければ予測がよい. 予測の正解率向上のためには RMSE を下げる工夫をする. 加えて, データセットの数が多く, テストデータに対するモデルのテストを別途行えれば, 正解率を向上させつつも過剰適合の危険を減らせる. さらに評価を進めるには, 線形回帰による予測値を実際の値に対してプロットする. 予測値に対して実際の値に Implot を行った結果を図 6・8 に示すが, お世辞にも優れた予測モデルとは言えないことが見ればわかる. しかし, これは開始点であって, ML モデルはすべてこのようにつくられていくものである. まず, 相関や, 統計的に意味のある関係があるかどうかを見て, ここからさらにデータを集める価値があるかどうか判断していくのである.

　とにかく言えることは, NBA のチームについて観客動員数と企業評価額には関係があるが, その**"潜在変数は何か"**ということである. とりあえず, その地域の人口, 不動産価格の中央値, そしてチームの能力（**イロレーティング**およびそれから計算される勝利確率[*3]）が関係するかどうか調べてみよう.

---

*3 訳注: 原書に詳しい説明がないが, この勝利確率とは, このあとのコードに出てくる WINNING_SEASON の判定に用いられていると思われる. イロレーティングは, 二者のレーティングから勝負の確率を計算するための指数である. これからの計算では, 各チームのレーティングからシーズンで優勝する確率を計算し, ある閾値によって WINNING, LOSING に二分していると考えられる.

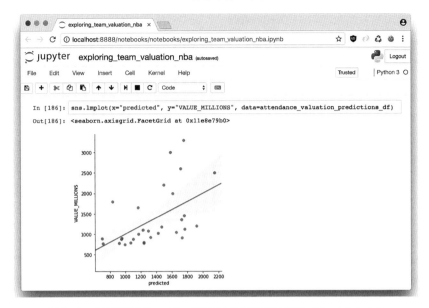

図6・8　企業評価額について，予測値に対する実際の値をプロットしたもの
［Screenshot of Jupyter Copyright © 2018 Project Jupyter.］

```
In [ ]: attendance_valuation_predictions_df =¥
        attendance_valuation_df.copy()

In [ ]: attendance_valuation_predictions_df["predicted"] =¥
        results.predict()

In [ ]: sns.lmplot(x="predicted", y="VALUE_MILLIONS",¥
        data=attendance_valuation_predictions_df)
Out[ ]: <seaborn.axisgrid.FacetGrid at 0x1178d2198>
```

d. 教師なし学習：最初のデータソースにクラスタ分析を行う　　NBA チームにつ
いてさらに調べるため，**教師なし学習**を用いてデータを**クラスタ**に分類してみよう．
新しく何かがわかるかもしれない．各地域の家屋の価格の中央値（https：//www.
zillow.com/research/）と，地域の人口調査の結果（https：//www.census.gov/data/
tables/2016/demo/popest/counties-total.html）[4] を，筆者が手作業で集めた．これら

＊4　訳注：2021 年 5 月現在，このページは存在しない．

の新しいデータを, 新しい DataFrame として読み込む.

```
In [ ]: val_housing_win_df =¥
pd.read_csv("../data/nba_2017_att_val_elo_win_housing.csv")
In [ ]: val_housing_win_df.columns
Out[ ]:
Index(['TEAM', 'GMS', 'PCT_ATTENDANCE', 'WINNING_SEASON',
       'TOTAL_ATTENDANCE_MILLIONS', 'VALUE_MILLIONS',
       'ELO', 'CONF', 'COUNTY',
       'MEDIAN_HOME_PRICE_COUNTY_MILLONS',
       'COUNTY_POPULATION_MILLIONS'],
    dtype='object')
```

k 近傍法 (*k*NN) によるクラスタリングでは, 各点の**ユークリッド距離**を算出する. 分類に用いる属性値はスケールをそろえる必要があり, 異なる属性値でのスケール変換法を統一しなければクラスタが歪むことになる. クラスタ作成には科学以上の芸術的センスが必要であり, 適切な数のクラスタに分けるため試行錯誤しなければならないこともある. 以下は, 実際にスケール変換する例である.

```
In [ ]: numerical_df = val_housing_win_df.loc[:,¥
["TOTAL_ATTENDANCE_MILLIONS", "ELO", "VALUE_MILLIONS",
"MEDIAN_HOME_PRICE_COUNT Y_MILLONS"]]
In [ ]: from sklearn.preprocessing import MinMaxScaler
   ...: scaler = MinMaxScaler()
   ...: print(scaler.fit(numerical_df))
   ...: print(scaler.transform(numerical_df))
MinMaxScaler(copy=True, feature_range=(0, 1))
[[ 1.         0.41898148 0.68627451 0.08776879]
 [ 0.72637903 0.18981481 0.2745098  0.11603661]
 [ 0.41067502 0.12731481 0.12745098 0.13419221]…
```

この例では, scikit-learn の MinMaxScaler を用いた. この変換ではすべての数値を 0〜1 の間にそろえる. こうして変換したデータに対して sklearn.cluster を実行, クラスタ分類の結果を新しい列として加える.

```
In [ ]: from sklearn.cluster import KMeans
   ...: k_means = KMeans(n_clusters=3)
   ...: kmeans = k_means.fit(scaler.transform(numerical_df))
   ...: val_housing_win_df['cluster'] = kmeans.labels_
   ...: val_housing_win_df.head()
```

```
Out[ ]:
                  TEAM  GMS  PCT_ATTENDANCE  WINNING_SEASON ¥
0      Chicago Bulls   41             104               1
1   Dallas Mavericks   41             103               0
2   Sacramento Kings   41             101               0
3         Miami Heat   41             100               1
4    Toronto Raptors   41             100               1
    TOTAL_ATTENDANCE_MILLIONS  VALUE_MILLIONS   ELO  CONF
0                    0.888882            2500  1519  East
1                    0.811366            1450  1420  West
2                    0.721928            1075  1393  West
3                    0.805400            1350  1569  East
4                    0.813050            1125  1600  East
    MEDIAN_HOME_PRICE_COUNTY_MILLONS  cluster
0                          269900.0         1
1                          314990.0         1
2                          343950.0         0
3                          389000.0         1
4                          390000.0         1
```

　データそのものが目的なら，この時点でソリューションは完成であるが，データパイプラインについては，ここからが始まりである．次にRとggplotを用いてクラスタをプロットしてみよう．データセットをRで使えるようにするため，これまでの結果をCSVファイルに書き出す．

```
In [ ]: val_housing_win_df.to_csv(¥
"../data/nba_2017_att_val_elo_win_housing_cluster.csv"
)
```

　e. Rを使ってkNNクラスタリングを3Dプロットする　　R言語の特長は，わかりやすい表現を用いて高度なプロットを作成できることである．RとPythonの両方でコードを書けるようになれば，MLの問題解決法の間口が広がる．今のこの問題では，RStudio上でRの3D**散布図**のライブラリを用い，kNNクラスタで発見した関係を巧みなプロットに作成できる．本章のGitHubプロジェクトには，コードとプロットを書いたR Markdownノートブックファイル（plot_team_cluster.R）を置いてある．ノートブックに対してRStudio上でpreview関数を用いることで，結果を追っていくことができる．

　RStudio（もしくはRシェル）で始めるに当たっては，次のように，scatterplod3dライブラリをインポートしてからデータを読み込む．

```
> library("scatterplot3d",
lib.loc="/Library/Frameworks/R.framework/¥
Versions/3.4/Resources/library")
> team_cluster <- read_csv("~/src/aibook/src/chapter7/data/¥
nba_2017_att_val_elo_win_housing_cluster.csv",
+                         col_types = cols(X1 = col_skip()))
```

次に，データ型を scatterplot3d ライブラリが要求する形に変換するための関数を
作成する．

```
> cluster_to_numeric <- function(column){
+     converted_column <- as.numeric(unlist(column))
+     return(converted_column)
+ }
```

新しい列を作成し，それぞれのクラスタごとに色データを保持させておく．

```
> team_cluster$pcolor[team_cluster$cluster == 0] <- "red"
> team_cluster$pcolor[team_cluster$cluster == 1] <- "blue"
> team_cluster$pcolor[team_cluster$cluster == 2] <- "darkgreen"
```

そしてテキストなしの 3D プロットを作成する．

```
> s3d <- scatterplot3d(
+     cluster_to_numeric(team_cluster["VALUE_MILLIONS"]),
+     cluster_to_numeric(
+       team_cluster["MEDIAN_HOME_PRICE_COUNTY_MILLIONS"]),
+     cluster_to_numeric(team_cluster["ELO"]),
+     color = team_cluster$pcolor,
+     pch=19,
+     type="h",
+     lty.hplot=2,
+     main="3-D Scatterplot NBA Teams 2016-2017:
  Value, Performance, Home Prices with kNN Clustering",
+     zlab="Team Performance (ELO)",
+     xlab="Value of Team in Millions",
+     ylab="Median Home Price County Millions"
+ )
>
```

テキストを 3D 空間の適切な場所にプロットするのは，ちょっとした作業が必要
だ．

```
s3d.coords <- s3d$xyz.convert(
cluster_to_numeric(team_cluster["VALUE_MILLIONS"]),
                          cluster_to_numeric(
team_cluster["MEDIAN_HOME_PRICE_COUNTY_MILLIONS"]),
              cluster_to_numeric(team_cluster["ELO"]))

# テキストのプロット
text(s3d.coords$x, s3d.coords$y,        # x 座標と y 座標
     labels=team_cluster$TEAM,          # プロットするテキスト
     pos=4, cex=.6)                     # テキストを縮小する
```

作成されたプロットを図 6・9 に示すが，やや奇妙なパターンになる．New York Knicks と Los Angeles Lakers は，バスケットボールに関しては最弱の 2 チームだが，企業評価額は最も高い．加えて，この 2 都市では家屋の価格の中央値は最も高い部類になり，これが企業評価額の高さに関係あると思われる．すべてのデータを考慮すると，この 2 チームだけが独自のクラスタを作成していることになる．

クラスタ 1（青いクラスタ）[*5] は，だいたい NBA で成績上位のチームである．同時に，チームの都市における家屋価格の中央値は，高額ではあるが，実際の値にはばらつきがある．このことから，チームの企業評価額は，チームの成績そのもの（先に線形回帰を行ったときの一覧に示してある）よりも不動産価格によるところが大きいのではないかと疑いたくなるほどだ．

クラスタ 2（赤いクラスタ）[*5] のチームは，だいたい成績は平均より下で，企業評価額も，また不動産価格も平均より下にある．例外は Brooklyn Nets だ．Los Angeles Lakers と New York Knicks と同様，活躍はしていないのに，評価が高い部類に属している．

R には，このような関係を多次元で視覚化する方法がもう一つある．次に，R と ggplot でプロットを作成しようと思う．

この新しいグラフでデータの関係をプロットするためには，まず，クラスタに論理名をつける．論理名は 3D プロットを見れば一目瞭然だ．つまり，クラスタ 0 は "評価額も成績もよくないチーム"，クラスタ 1 は "評価額は中程度で成績がよいチーム"，クラスタ 2 は "評価額は高いが成績がよくないチーム" とすればよい．一つ付け加えておくと，いくつのクラスタに分けるかを決めるのが，実は難問である（付録 B に，この話の詳細を記した）．

[*5] 訳注：図 6・9 のクラスタの色については https://github.com/noahgift/socialpowernba に示されている．

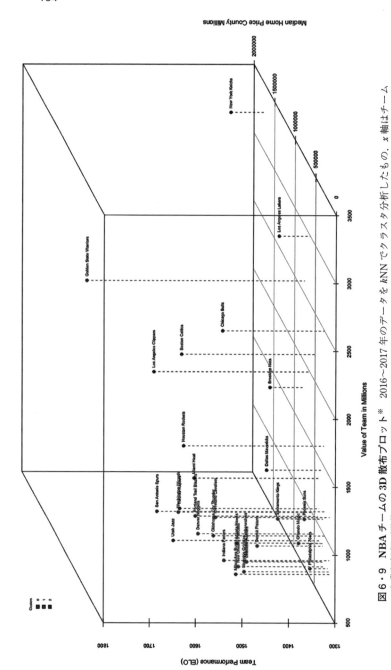

図6・9 **NBAチームの3D散布プロット*** 2016~2017年のデータを *k*NN でクラスタ分析したもの。*x* 軸はチーム企業評価額（単位：百万ドル），*y* 軸はチームの成績（イロレーティング），*z* 軸は地域の家屋価格の中央値（単位：百万ドル）*6 を示す。

---

*6 訳注：コードの表示文字列は図のとおりだが、実際の家屋価格の現状を調べると、家屋価格の中央値の単位は（百万ドルではなく）"ドル"であると考えられる。

```
> team_cluster <- read_csv("nba_cluster.csv",
+                          col_types = cols(X1 = col_skip()))
> library("ggplot2")
>
> # クラスタの名前
> team_cluster$cluster_name[team_cluster$cluster == 0] <- "Low"
Unknown or uninitialised column: 'cluster_name'.
> team_cluster$cluster_name[team_cluster$
      cluster == 1] <- "Medium Valuation/High Performance"
> team_cluster$cluster_name[team_cluster$
      cluster == 2] <- "High Valuation/Low Performance"
```

これらのクラスタ名を**ファセット**（各プロットに複数のプロットを作成すること[*7]）
で使う．ggplot は 3 次元よりもさらに多くの次元のプロットも作成できるので，これ
も利用しよう．色でシーズン優勝の確率が高いチームと低いチームを分け，丸の大き
さで地域の家屋価格の中央値の違いを示し，形で NBA の東部と西部に分類すること
にする．

```
> p <- ggplot(data = team_cluster) +
+     geom_point(mapping = aes(x = ELO,
+                              y = VALUE_MILLIONS,
+                              color =
factor(WINNING_SEASON, labels=
c("LOSING","WINNING")),
+ size = MEDIAN_HOME_PRICE_COUNTY_MILLIONS,
+                              shape = CONF)) +
+     facet_wrap(~ cluster_name) +
+     ggtitle("NBA Teams 2016-2017 Faceted Plot") +
+     ylab("Value NBA Team in Millions") +
+     xlab("Relative Team Performance (ELO)") +
+     geom_text(aes(x = ELO, y = VALUE_MILLIONS,
+ label=ifelse(VALUE_MILLIONS>1200,
+ as.character(TEAM),'')),hjust=.35,vjust=1)
```

geom_text の設定で，評価額が 1200 を超える（VALUE_MILLIONS>1200）チー
ムだけ，その名前を表示するようにしている．プロットを読みやすくし，テキストが
重なって醜悪になるのを避けるためである．以下に示す最後のスニペットで，凡例の
見出しを変更する．そして色も，デフォルトが 0, 0.25, 0.50, 1 に分けられるのに対

---

　*7 訳注：原著ではこのように表現しているが，"一つの画面を複数の窓に分割して，それぞ
れにプロットを作成すること"と説明すべきだろう．

136

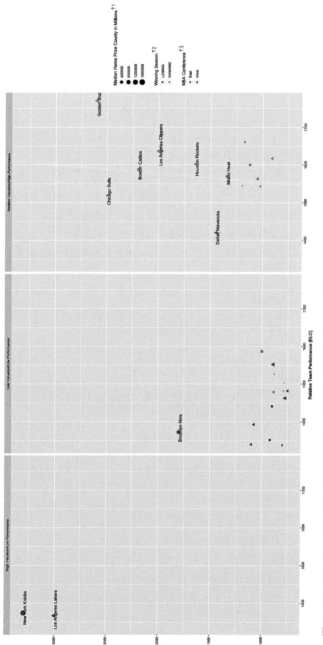

図6・10 NBAチームの2016〜2017年のデータに対してkNNクラスタ分析をし、ggplotのファセットで表現したプロット 縦軸はチームの企業評価価額（単位：百万ドル），横軸はチームの相対的成績（イロレーティング）を示す．†1: 地域の家屋価格の中央値（単位：百万ドル）*8，†2: シーズン優勝の確率，†3: NBAカンファレンス．

*8 訳注：コードの表示文字列は図のとおりだが，実際の家屋価格の現状を調べると，家屋価格の中央値は（百万ドルではなく）"ドル"であると考えられる．

し，2 色のいずれかにするように変更している．プロットの出力を図 6・10 に示す．
ggplot のファセット作成機能を用いると，クラスタ分析がデータの研究に非常に有用
であることがわかるだろう．高度なプロット作成に R を用いるのは優れた方法なの
で，すでに Python や Scala のような他の ML 言語の熟練者だったとしても，ぜひ一
度使って結果を自分の目で確かめるとよい．

```
# 凡例の変更
p +
    guides(color = guide_legend(title = "Winning Season")) +
    guides(size = guide_legend(
+ title = "Median Home Price County in Millions" )) +
    guides(shape = guide_legend(title = "NBA Conference"))
```

6・2 難しいデータ収集に挑戦

　チームのデータで素直なものは収集できたので，もっと難しいデータソースを取り
に行ってみよう．これで，分析がより現実味を帯びてくるはずだ．無作為にデータ
ソースを収集するのには，API の使用制限，説明ドキュメントのない API，粗雑な
データなど，問題がたくさんある．

6・2・1 Wikipedia から選手のページを収集する

　これには，たとえば以下の方法を考えなければならない．

1. Wikipedia システムのリバースエンジニアリングを行って（または，隠された
   API 解説ドキュメントを探し出して），所定のページへのアクセス頻度を得る
2. 選手について書かれている Wikipedia の参照名を作成する（NBA での呼称と
   一致しないかもしれないが）
3. 得られたデータを，DataFrame 上で他のデータと統合する

　以下に，Python でこれを行う方法を示す．この事例のための全コードは本書の
GitHub プロジェクトに置いてあり，以下では抜粋して解説する．下記に，Wikipedia
のページのアクセス頻度を得るための URL と，必要な四つのモジュールを示す．
requests というライブラリは HTTP 呼び出しの作成に用いる．Pandas は送られてき
た結果を DataFrame に変換する．Wikipedia ライブラリは選手に関する URL として
適当なものを推測しながら検出するのに用いる．

```
"""
作成する URL の例：
```

```
https://wikimedia.org/api/rest_v1/ +
metrics/pageviews/per-article/ +
en.wikipedia/all-access/user/ +
LeBron_James/daily/2015070100/2017070500 +

"""
import requests
import pandas as pd
import time
import wikipedia

BASE_URL =¥
"https://wikimedia.org/api/rest_v1/¥
metrics/pageviews/per-article/en.wikipedia/all-access/user"
```

次に，以下のコードでデータ範囲と選手名をもつ URL を構築する．

```
def construct_url(handle, period, start, end):
    """ 引数の値をもとに URL を作成

    作成する URL の例：
    /LeBron_James/daily/2015070100/2017070500
    """

    urls = [BASE_URL, handle, period, start, end]
    constructed = str.join('/', urls)
    return constructed

def query_wikipedia_pageviews(url):

    res = requests.get(url)
    return res.json()

def wikipedia_pageviews(handle, period, start, end):
    """ JSON を返す """

    constructed_url = construct_url(handle, period, start, end)
    pageviews = query_wikipedia_pageviews(url=constructed_url)
    return pageviews
```

以下の関数で，2016 年分のクエリを自動で収集する．この内容はあとで汎用性の

あるものにするが，今は"ハッカー的なコード"である．プログラムに直接値を書き
込むのは技術的には拙いが手っ取り早いからだ．ここではスリープ間隔を 0 にしてい
るが，API の使用制限があるなら間隔をとることになるだろう．最初に API を使用
するとき，予想もしない事態が起こることがある．これは適当な間隔を置いて行うと
回避できることが多い．これもハッカー的な緊急措置である．

```python
def wikipedia_2016(handle,sleep=0):
    """ 2016 年分の記事閲覧数を取得 """

    print("SLEEP: {sleep}".format(sleep=sleep))
    time.sleep(sleep)
    pageviews = wikipedia_pageviews(handle=handle,
            period="daily", start="2016010100", end="2016123100")
    if not 'items' in pageviews:
        print("NO PAGEVIEWS: {handle}".format(handle=handle))
        return None
    return pageviews
```

そして，得られた結果を Pandas の DataFrame に変換する．

```python
def create_wikipedia_df(handles):
    """ 記事閲覧数の DataFrame を作成 """

    pageviews = []
    timestamps = []
    names = []
    wikipedia_handles = []
    for name, handle in handles.items():
        pageviews_record = wikipedia_2016(handle)
        if pageviews_record is None:
            continue
        for record in pageviews_record['items']:
            pageviews.append(record['views'])
            timestamps.append(record['timestamp'])
            names.append(name)
            wikipedia_handles.append(handle)

    data = {
        "names": names,
        "wikipedia_handles": wikipedia_handles,
        "pageviews": pageviews,
```

```
        "timestamps": timestamps
    }
    df = pd.DataFrame(data)
    return df
```

ここからコードに工夫をして，選手の名前を含む参照名を自分で推測していかなければならない．最初に思いつく仮定は，単純に名・姓を“_”でつなげた“名_姓”の形式であろう．次の仮定とし，Wikipedia で曖昧さを避けるためによく使う名前の後に“(basketball)”をつける形が考えられる．

```
def create_wikipedia_handle(raw_handle):
    """ 名前を Wikipedia 記事の参照名に変換 """

    wikipedia_handle = raw_handle.replace(" ", "_")
    return wikipedia_handle

def create_wikipedia_nba_handle(name):
    """ NBA 選手にありがちな記事名を作成 """

    url = " ".join([name, "(basketball)"])
    return url

def wikipedia_current_nba_roster():
    """ Wikipedia の“NBA 選手一覧”上の全リンクを取得 """

    links = {}
    nba = wikipedia.page("List_of_current_NBA_team_rosters")
    for link in nba.links:
        links[link] = create_wikipedia_handle(link)
    return links
```

以下の関数で両方の仮定を試み，取得できたリンクと，推測した参照名とをそれぞれリストで戻す．

```
def guess_wikipedia_nba_handle(data="data/nba_2017_br.csv"):
    """ Wikipedia 記事の正しい参照名の取得を試みる """

    links = wikipedia_current_nba_roster()
    nba = pd.read_csv(data)
    count = 0
    verified = {}
    guesses = {}
```

```
for player in nba["Player"].values:
    if player in links:
        print("Player: {player}, Link: {link} ".¥
    format(player=player,
            link=links[player]))
        print(count)
        count += 1
        verified[player] = links[player] #add wikipedia link
    else:
        print("NO MATCH: {player}".format(player=player))
        guesses[player] = create_wikipedia_handle(player)

    return verified, guesses
```

次に，Wikipedia の Python ライブラリを用いて，"名_姓"からなる最初の推定で
失敗したものを変換する．また得られたページの要約から，"NBA"という語を探す．
これも無理のない方法で，またもう少し仮定どおりのリンクを得られるだろう．

```
def validate_wikipedia_guesses(guesses):
    """ 推定した Wikipedia 記事のリンクを検証 """

    verified = {}
    wrong = {}
    for name, link in guesses.items():
        try:
            page = wikipedia.page(link)
        except (wikipedia.DisambiguationError,
        wikipedia.PageError) as error:
            # 後ろに basketball とつけてみる
            nba_handle = create_wikipedia_nba_handle(name)
            try:
                page = wikipedia.page(nba_handle)
                print("Initial wikipedia URL Failed: ¥
{error}".format(error=error))
            except (wikipedia.DisambiguationError,
                wikipedia.PageError) as error:
                print("Second Match Failure: {error}".¥
format(error=error))
                wrong[name] = link
                continue
        if "NBA" in page.summary:
```

```
            verified[name] = link
        else:
            print("NO GUESS MATCH: {name}".format(name=name))
            wrong[name] = link
    return verified, wrong
```

スクリプトの最後ですべてを実行し，出力を新規 CSV ファイルとして保存する．

```
def clean_wikipedia_handles(data="data/nba_2017_br.csv"):
    """ 有効な参照名を抽出 """

    verified, guesses = guess_wikipedia_nba_handle(data=data)
    verified_cleaned, wrong = validate_wikipedia_guesses(guesses)
    print("WRONG Matches: {wrong}".format(wrong=wrong))
    handles = {**verified, **verified_cleaned}
    return handles

def nba_wikipedia_dataframe(data="data/nba_2017_br.csv"):
    handles = clean_wikipedia_handles(data=data)
    df = create_wikipedia_df(handles)
    return df

def create_wikipedia_csv(data="data/nba_2017_br.csv"):
    df = nba_wikipedia_dataframe(data=data)
    df.to_csv("data/wikipedia_nba.csv")

if __name__ == "__main__":
    create_wikipedia_csv()
```

　以上の一連の処理によって，ほかの箇所からもこのようなデータが数時間〜数日で取得できるようになり，問題解決のために無作為なデータソースをあたるという作業が現実的になるだろう．

6・2・2　選手に対する Twitter のエンゲージメントを取得

　Twitter からデータを収集するのは，基本的には Wikipedia よりやりやすい．何といっても，Python には twitter というそのものの名をもった豊富なライブラリがある．とはいえ，以下に示すようなことが必要になる．

　1. エンゲージメントの統計的な特徴を記述する
　2. 選手の Twitter ハンドル名を検出する（Twitter におけるハンドル名は Wikipedia

で選手の名前を参照したときより格段に難しいと思われる[*9)]

3. 得られたデータを，DataFrame 上で他のデータと統合する

まず設定ファイル config.py を作成し，Twitter API への認証情報を書き込んでおく．そしてコードでは，.import config を行って，その情報を用いる**ネームスペース**を作成する．Pandas と Numpy とともに，Twitter のエラー処理のためのライブラリもインポートする．

```python
import time

import twitter
from . import config
import pandas as pd
import numpy as np
from twitter.error import TwitterError
```

以下のコードは Twitter に働きかけて 200 件のツイートを取得し，Pandas の DataFrame に変換する．API を用いて作業するときに，よく用いるパターンである．まず列をリストにし，次に列のリストで DataFrame を作成するのである．

```python
def api_handler():
    """ Twitter API への接続作成 """

    api = twitter.Api(consumer_key=config.CONSUMER_KEY,
    consumer_secret=config.CONSUMER_SECRET,
    access_token_key=config.ACCESS_TOKEN_KEY,
    access_token_secret=config.ACCESS_TOKEN_SECRET)
    return api

def tweets_by_user(api, user, count=200):
    """ n 件のツイートを取得する．デフォルトは 200 """

    tweets = api.GetUserTimeline(screen_name=user, count=count)
    return tweets

def stats_to_df(tweets):
    """ Twitter の統計情報を取得し，DataFrame に変換 """
```

---

*9 訳注：ハンドル名の検出が難しい理由は，選手本人が自由にハンドル名を設定するため，選手名とかけ離れた名称（愛称・ペンネーム）が設定される可能性があるからだ．対して Wikipedia の参照名は，記事内容を明示するためになるべく選手名をそのまま反映させる傾向が強い．

```
    records = []
    for tweet in tweets:
        records.append({"created_at":tweet.created_at,
            "screen_name":tweet.user.screen_name,
            "retweet_count":tweet.retweet_count,
            "favorite_count":tweet.favorite_count})
    df = pd.DataFrame(data=records)
    return df

def stats_df(user):
    """ 統計情報を保持する DataFrame を返す """

    api = api_handler()
    tweets = tweets_by_user(api, user)
    df = stats_to_df(tweets)
    return df
```

最後に定義する関数 stats_df では，Twitter API を呼び出した結果を対話的に調べていく．以下の例は，LeBron James 選手のツイートに対する統計的データである．

```
In [ ]: df = stats_df(user="KingJames")
In [ ]: df.describe()
Out[ ]:
          favorite_count  retweet_count
count        200.000000     200.000000
mean       11680.670000    4970.585000
std        20694.982228    9230.301069
min            0.000000      39.000000
25%         1589.500000     419.750000
50%         4659.500000    1157.500000
75%        13217.750000    4881.000000
max       128614.000000   70601.000000

In [ ]: df.corr()
Out[ ]:
                favorite_count  retweet_count
favorite_count        1.000000       0.904623
retweet_count         0.904623       1.000000
```

以下のコードでは，Twitter API の送受信制限が行われないようにするため，少し間隔を置いて呼び出している．なお，Twitter のハンドル名は，CSV ファイルから読

み出している．Basketball Reference からも多くの選手の Twitter アカウントを知ることができる．または，手作業で探し出す方法もあるだろう．

```python
def twitter_handles(sleep=.5, data="data/twitter_nba_combined.csv"):
    """ ハンドル名について繰返す """

    nba = pd.read_csv(data)
    for handle in nba["twitter_handle"]:
        time.sleep(sleep)  # Twitter API の制限超過を避ける
        try:
            df = stats_df(handle)
        except TwitterError as error:
            print("Error {handle} and error msg {error}".format(
                handle=handle,error=error))
            df = None
        yield df

def median_engagement(data="data/twitter_nba_combined.csv"):
    """ Twitter エンゲージメントの中央値を算出 """

    favorite_count = []
    retweet_count = []
    nba = pd.read_csv(data)
    for record in twitter_handles(data=data):
        print(record)
        # Numpy の nan 値として格納されている空の値
        if record is None:
            print("NO RECORD: {record}".format(record=record))
            favorite_count.append(np.nan)
            retweet_count.append(np.nan)
            continue
        try:
            favorite_count.append(record['favorite_count'].median())
            retweet_count.append(record["retweet_count"].median())
        except KeyError as error:
            print("No values found to append {error}".¥
        format(error=error))
            favorite_count.append(np.nan)
            retweet_count.append(np.nan)

    print("Creating DF")
```

```
nba['twitter_favorite_count'] = favorite_count
nba['twitter_retweet_count'] = retweet_count
return nba
```

これらのすべてを行った最後に，新しい CSV ファイルを作成する．

```
def create_twitter_csv(data="data/nba_2016_2017_wikipedia.csv"):
    nba = median_engagement(data)
    nba.to_csv("data/nba_2016_2017_wikipedia_twitter.csv")
```

6・2・3　NBA 選手のデータを調べる

こうして取得した選手のデータを調べるために，新しい Jupyter Notebook を作成しよう．名前を nba_player_influence_performance とする．まず，よく使われているライブラリをインポートする．

```
In [ ]: import pandas as pd
   ...: import numpy as np
   ...: import statsmodels.api as sm
   ...: import statsmodels.formula.api as smf
   ...: import matplotlib.pyplot as plt
   ...: import seaborn as sns
   ...: from sklearn.cluster import KMeans
   ...: color = sns.color_palette()
   ...: from IPython.core.display import display, HTML
   ...: display(HTML("<style>.container¥
{ width:100% !important; }</style>"))
   ...: %matplotlib inline
   ...:
<IPython.core.display.HTML object>
```

次に，プロジェクトにデータを読み込み，列名を変更する．

```
In [ ]: attendance_valuation_elo_df =¥
 pd.read_csv("../data/nba_2017_att_val_elo.csv")
In [ ]: salary_df = pd.read_csv("../data/nba_2017_salary.csv")
In [ ]: pie_df = pd.read_csv("../data/nba_2017_pie.csv")
In [ ]: plus_minus_df =¥
 pd.read_csv("../data/nba_2017_real_plus_minus.csv")
In [ ]: br_stats_df = pd.read_csv("../data/nba_2017_br.csv")
In [ ]: plus_minus_df.rename(
     columns={"NAME":"PLAYER", "WINS": "WINS_RPM"}, inplace=True)
```

```
...: players = []
...: for player in plus_minus_df["PLAYER"]:
...:     plyr, _ = player.split(",")
...:     players.append(plyr)
...: plus_minus_df.drop(["PLAYER"], inplace=True, axis=1)
...: plus_minus_df["PLAYER"] = players
...:
```

重複しているデータソースがいくつかあるので，一つを削除する．

```
In [ ]: nba_players_df = br_stats_df.copy()
...: nba_players_df.rename(
    columns={'Player': 'PLAYER','Pos':'POSITION',
    'Tm': "TEAM", 'Age': 'AGE', "PS/G": "POINTS"},
    inplace=True)
...: nba_players_df.drop(["G", "GS", "TEAM"],
    inplace=True, axis=1)
...: nba_players_df =¥
nba_players_df.merge(plus_minus_df, how="inner", on="PLAYER")
...:

In [ ]: pie_df_subset = pie_df[["PLAYER", "PIE",
    "PACE", "W"]].copy()
...: nba_players_df = nba_players_df.merge(
    pie_df_subset, how="inner", on="PLAYER")
...:

In [ ]: salary_df.rename(columns={'NAME': 'PLAYER'}, inplace=True)
...: salary_df["SALARY_MILLIONS"] =¥
    round(salary_df["SALARY"]/1000000, 2)
...: salary_df.drop(["POSITION","TEAM", "SALARY"],
    inplace=True, axis=1)
...:

In [ ]: salary_df.head()
Out[ ]:
            PLAYER     SALARY_MILLIONS
0      LeBron James          30.96
1       Mike Conley          26.54
2        Al Horford          26.54
3     Dirk Nowitzki          25.00
4   Carmelo Anthony          24.56
```

年収情報が欠落している 111 名の選手は, 分析時には削除する.

```
In [ ]: diff = list(set(
     nba_players_df["PLAYER"].values.tolist()) -
 set(salary_df["PLAYER"].values.tolist()))

In [ ]: len(diff)
Out[ ]: 111

In [ ]: nba_players_with_salary_df =¥
nba_players_df.merge(salary_df)
```

これで, 38 列からなる Pandas DataFrame が作成される.

```
In [ ]: nba_players_with_salary_df.columns
Out[ ]:
Index(['Rk', 'PLAYER', 'POSITION', 'AGE', 'MP',
      'FG', 'FGA', 'FG%', '3P',
     '3PA', '3P%', '2P', '2PA', '2P%', 'eFG%',
      'FT', 'FTA', 'FT%', 'ORB',
     'DRB', 'TRB', 'AST', 'STL', 'BLK', 'TOV',
      'PF', 'POINTS', 'TEAM', 'GP',
     'MPG', 'ORPM', 'DRPM', 'RPM', 'WINS_RPM',
      'PIE', 'PACE', 'W',
      'SALARY_MILLIONS'],
    dtype='object')

In [ ]: len(nba_players_with_salary_df.columns)
Out[ ]: 38
```

この DataFrame に Wikipedia のデータをマージする. データは中央値のフィール
ド一つに押し詰めて, 1 列に 1 行で示すことにする.

```
In [ ]: wiki_df = pd.read_csv(
     "../data/nba_2017_player_wikipedia.csv")

In [ ]: wiki_df.rename(columns=¥
     {'names': 'PLAYER', "pageviews": "PAGEVIEWS"}, inplace=True)

In [ ]: median_wiki_df = wiki_df.groupby("PLAYER").median()

In [ ]: median_wiki_df_small = median_wiki_df[["PAGEVIEWS"]]
```

```
In [ ]: median_wiki_df_small.reset_index(
    level=0, inplace=True);median_wiki_df_sm.head()
Out[ ]:
          PLAYER   PAGEVIEWS
0      A.J. Hammons       1.0
1      Aaron Brooks      10.0
2      Aaron Gordon     666.0
3    Aaron Harrison     487.0
4     Adreian Payne     166.0


In [ ]: nba_players_with_salary_wiki_df =¥
nba_players_with_salary_df.merge(median_wiki_df_small)
```

そして末尾に Twitter のデータ列を追加する.

```
In [ ]: twitter_df = pd.read_csv(
    "../data/nba_2017_twitter_players.csv")

In [ ]: nba_players_with_salary_wiki_twitter_df=¥
    nba_players_with_salary_wiki_df.merge(twitter_df)
```

これで合計 41 個の属性を操作することになった.

```
In [ ]: len(nba_players_with_salary_wiki_twitter_df.columns)
Out[ ]: 41
```

このデータを解析するには，相関ヒートマップから始めることになるだろう[10].

```
In [ ]: plt.subplots(figsize=(20,15))
   ...: ax = plt.axes()
   ...: ax.set_title("NBA Player Correlation Heatmap")
   ...: corr = nba_players_with_salary_wiki_twitter_df.corr()
   ...: sns.heatmap(corr,
   ...:             xticklabels=corr.columns.values,
   ...:             yticklabels=corr.columns.values)
   ...:
Out[ ]: <matplotlib.axes._subplots.AxesSubplot at 0x10cebd208>
<matplotlib.figure.Figure at 0x10cebd208>
```

---

[10] 訳注: 図のタイトル名が長いのでコード例では省略してあるが，実際は NBA Player Correlation Heatmap: 2016-2017 Season（STATS & SALARY & TWITTER & WIKIPEDIA）である.

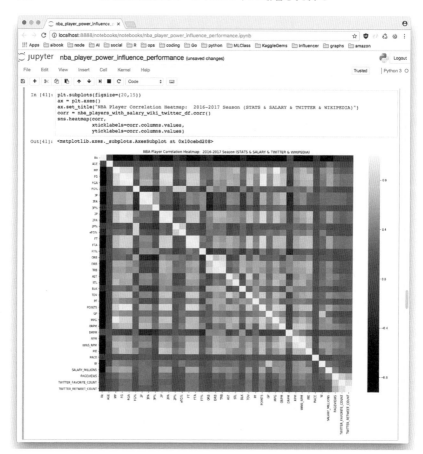

図 6・11　NBA 選手に関する相関ヒートマップ（2016～2017 年）※　これまでの選手の成績・収入データに，Wikipedia の閲覧頻度と Twitter のエンゲージメントを属性に追加している．
[Screenshot of Jupyter Copyright © 2018 Project Jupyter.]

　図 6・11 は，大変面白い相関を示している．Twitter のエンゲージメントと，Wikipedia での閲覧頻度には強い相関がある．これらに対しては，WINS_RPM（その選手がチームの勝利に貢献したと見なされる試合数）も相関をもっている．年収と獲得点にも関連がある．

6・3　NBA 選手のデータに対する教師なし機械学習
　NBA 選手に対して，さまざまなデータセットと有用な属性が得られたので，これに教師なし ML を実施すると，たくさんの情報が得られるのではないだろうか．ま

ずはじめに，データのスケール変換を行い，クラスタを作成するための属性を選択する．なお，値の欠けた列をもつ行は，すべて削除する．

```
In [ ]: numerical_df =¥
nba_players_with_salary_wiki_twitter_df.loc[:, ["AGE", "TRB", ¥
"AST", "STL", "TOV", "BLK", "PF", "POINTS", "MPG", ¥
"WINS_RPM", "W", "SALARY_MILLIONS", "PAGEVIEWS", ¥
"TWITTER_FAVORITE_COUNT"]].dropna()

In [ ]: from sklearn.preprocessing import MinMaxScaler
   ...: scaler = MinMaxScaler()
   ...: print(scaler.fit(numerical_df))
   ...: print(scaler.transform(numerical_df))
   ...:
MinMaxScaler(copy=True, feature_range=(0, 1))
[[ 4.28571429e-01  8.35937500e-01  9.27927928e-01 ...,
   2.43447079e-01  1.73521746e-01]
 [ 3.80952381e-01  6.32812500e-01  1.00000000e+00 ...,
   1.86527023e-01  7.89216485e-02]
 [ 1.90476190e-01  9.21875000e-01  1.80180180e-01 ...,
   4.58206449e-03  2.99723082e-02]
 ...,
 [ 9.52380952e-02  8.59375000e-02  2.70270270e-02 ...,
   1.52830350e-02  8.95911386e-04]
 [ 2.85714286e-01  8.59375000e-02  3.60360360e-02 ...,
   1.19532117e-03  1.38459032e-03]
 [ 1.42857143e-01  1.09375000e-01  1.80180180e-02 ...,
   7.25730711e-03  0.00000000e+00]]
```

そして再びクラスタをつくり，R でプロットのファセットを作成するために，結果を CSV ファイルに書き出しておこう．

```
In [ ]: from sklearn.cluster import KMeans
   ...: k_means = KMeans(n_clusters=5)
   ...: kmeans = k_means.fit(scaler.transform(numerical_df))
   ...: nba_players_with_salary_wiki_twitter_df['cluster'] = ¥
kmeans.labels_
   ...:

In [ ]: nba_players_with_salary_wiki_twitter_df.to_csv(
     "../data/nba_2017_players_social_with_clusters.csv")
```

6・3・1　NBA 選手のクラスタを R でプロットのファセット群にする

まず，CSV ファイルをインポートし，ggplot2 ライブラリを読み込む.

```
> player_cluster <- read_csv(
+ "nba_2017_players_social_with_clusters.csv",
+                        col_types = cols(X1 = col_skip()))

> library("ggplot2")
```

そして四つのクラスタすべてに対して，意味のわかる名前を設定する.

```
> # クラスタ名
> player_cluster$cluster_name[player_cluster$
+ cluster == 0] <- "Low Pay/Low"
> player_cluster$cluster_name[player_cluster$
+ cluster == 1] <- "High Pay/Above Average Performance"
> player_cluster$cluster_name[player_cluster$
+ cluster == 2] <- "Low Pay/Average Performance"
> player_cluster$cluster_name[player_cluster$
+ cluster == 3] <- "High Pay/High Performance"
> player_cluster$cluster_name[player_cluster$
+ cluster == 4] <- "Medium Pay/Above Average Performance"
```

クラスタ名をつけたファセット群を作成する.

```
> # プロットのファセット群を作成
> p <- ggplot(data = player_cluster) +
+     geom_point(mapping = aes(x = WINS_RPM,
+                              y = POINTS,
+                              color = SALARY_MILLIONS,
+                              size = PAGEVIEWS)) +
+     facet_wrap(~ cluster_name) +
+     ggtitle("NBA Players Faceted") +
+     ylab("POINTS PER GAME") +
+     xlab("WINS ATTRIBUTABLE TO PLAYER (WINS_RPM)") +
+     geom_text(aes(x = WINS_RPM, y = POINTS,
```

各ファセットにテキストをプロットするのはひと仕事であるが，以下のように R の and/or 文を用いて行うとよい．年収を 3 色で表すと，クラスタの違いが明らかになるだろう.

```
label=ifelse(
+ PAGEVIEWS>10000|TOV>5|AGE>37|WINS_RPM>15|cluster
```

```
+ == 2 & WINS_RPM > 3,
+
as.character(PLAYER),'')),hjust=.8, check_overlap = FALSE)
>
> # 判例を変更
> p +
+     guides(color = guide_legend(title = "Salary Millions")) +
+     guides(size = guide_legend(
+ title = "Wikipedia Daily Pageviews" ))+
+     scale_color_gradientn(colours = rainbow(3))
>     geom_text(aes(x = ELO, y = VALUE_MILLIONS, label=ifelse(
VALUE_MILLIONS>1200,as.character(TEAM),'')),hjust=.35,vjust=1)
```

　このようにして得た結果を図6・12に示す．大変面白いプロットのファセット群になった．違いが明らかになった要素はおもに，"人気"，"年収"，"試合での活躍ぶり"といえるだろう．LeBron James と Russel Westbrook の両選手を含むクラスタが最も優秀な選手たちといえるだろう．彼らは年収も高い．

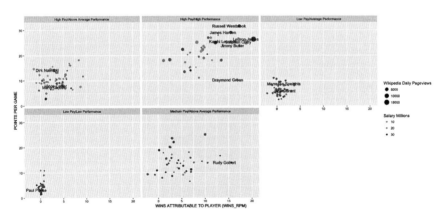

図6・12　NBA選手を ggplot でプロットしたファセット群　2016〜2017年のデータの kNN によるクラスタ解析．

6・3・2　すべてのデータを統合：チーム，選手，戦力，副収入

　収集されたすべてのデータを用いて，何か面白いプロットを作成してみよう．選手の副収入，チーム，選手の他のデータを総合する．図6・13は選手の副収入と他の要素との相関ヒートマップである．カラーマップを"copper系"にすることで，何か面白い相関が見えるかもしれない．

```
In [ ]: nba_players_with_salary_wiki_twitter_df.to_csv(
"../data/nba_2017_players_social_with_clusters.csv")

In [ ]: endorsements = pd.read_csv(
"../data/nba_2017_endorsement_full_stats.csv")

In [ ]: plt.subplots(figsize=(20,15))
   ...: ax = plt.axes()
   ...: ax.set_title("NBA Player Endorsement, ¥
Social Power, On-Court Performance, ¥
Team Valuation Correlation Heatmap: 2016-2017 Season")
   ...: corr = endorsements.corr()
   ...: sns.heatmap(corr,
   ...: xticklabels=corr.columns.values,
   ...: yticklabels=corr.columns.values, cmap="copper")
   ...:
Out[ ]: <matplotlib.axes._subplots.AxesSubplot at 0x127ad34e0>
<matplotlib.figure.Figure at 0x1124d9908>
```

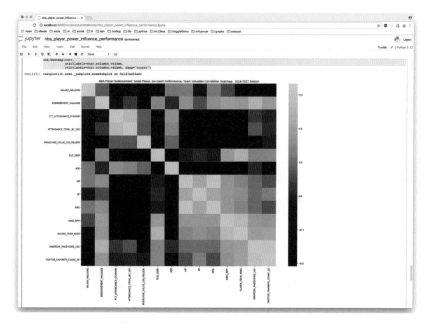

図 6・13 副収入の相関ヒートマップ※[Screenshot of Jupyter Copyright © 2018 Project Jupyter.]

次に，カラーマップを Accent にしたプロットで，これまでの分析結果を図6・14にまとめて表す．このプロットは以下のコードで作成できる．

```
In [ ]: from matplotlib.colors import LogNorm
   ...: plt.subplots(figsize=(20,15))
   ...: pd.set_option('display.float_format', lambda x: '%.3f' ¥
       % x)
   ...: norm = LogNorm()
   ...: ax = plt.axes()
   ...: grid = endorsements.select_dtypes([np.number])
   ...: ax.set_title("NBA Player Endorsement,¥
Social Power, On-Court Performance,¥
Team Valuation Heatmap: 2016-2017 Season")
   ...: sns.heatmap(grid,annot=True,
          yticklabels=endorsements["PLAYER"],fmt='g',
          cmap="Accent", cbar=False, norm=norm)
   ...:
Out[ ]: <matplotlib.axes._subplots.AxesSubplot at 0x114902cc0>
<matplotlib.figure.Figure at 0x114902048>
```

このプロットを見やすくしているのは，各色の分布を LogNorm で対数正規分布に変換しているからである．これでセル同士の色が異なるものとなり，境界線の効果を出している．

6・4　さらに実践的な段階と知見

本書を執筆したおもな理由の一つが，製品として動くソリューションを完成するまでの方法を示すことである．ノートブック上での作業から離れて製品にまでもっていく方法の一つとして，本書の他章で記述しているソリューションも調べてほしい．その中にはプロジェクトを製品として出荷する手段まで書いたものがある．NBA チームの企業評価額を予測する API や，NBA のスター選手がソーシャルネットワークで発揮する力を記述する API を作成するなら，ここで書いたものにあと数行書き足せば，たとえば Y Combinator のようなベンチャーキャピタルの出資に出願もできるだろう．

加えて，筆者の Kaggle ノートブック（https://www.kaggle.com/noahgift/social-power-nba）から派生プロジェクトを作成すれば，ここから先の研究のスタート地点となるだろう．また，この話題についてのビデオとスライドを Strata Data Conference 2018 San Jose の日程表から探すこともできる（https://conferences.oreilly.com/strata/strata-ca/public/schedule/detail/63606）[11]．

---

[11] 訳注: 該当ページは 2021 年 5 月時点で存在しない．

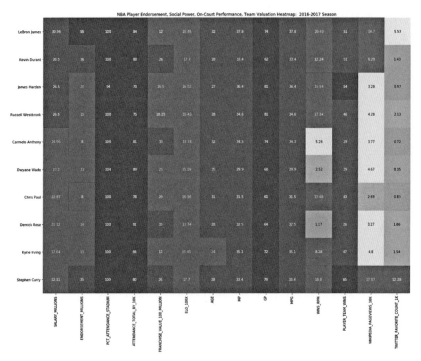

図 6・14　Accent カラーでプロットした "選手の副収入の相関マップ"※
[Screenshot of Jupyter Copyright © 2018 Project Jupyter.]

6・5　ま　と　め

　本章では実際の ML 問題を扱った．分析したい問題の整理から始めて，次にインターネット上を巡ってデータを収集する作業をした．サイトの中にはデータを取得しやすくしてくれているものも，そうでないものもある．複数の Web サイトから小さなデータセットをコピー・ペーストで集める一方，Wikipedia と Twitter はともに巨大なデータソースで，これらは別格の，より工学的な手法での扱いが可能であった．収集したデータに統計処理と教師なし ML を適用して分析し，結果を視覚化した．

7

AWS でインテリジェントな
Slack ボットを作成する

努力がつらいからこそ, さらに続けようとする者が勝つ.

Roger Bannister

"人工生命"の作成を夢見る者は多いが, ボットはそのための一つの方法といえる だろう. ボットは日常生活で普通のものとなりつつある. とりわけ Apple の Siri と Amazon の Alexa はボットの普及に貢献した. 本章ではどのようにボットを作成する か, その秘密を明かそうと思う.

7・1 ボットを作成する

Slack 用ボットの作成には **Python Slack SKD** を用いる (https：//github.com/ slackapi/python-slackclient). Slack で何を行うにしても, まず**トークン**を作成しなけ ればならない. 一般にトークンを扱うには環境変数をエクスポートするのがよい. 筆 者もよくこれを virtualenv 環境で行っている. source コマンドで反映さえすれば使 えるようになるからだ. これにはアクティベートスクリプトを若干編集する. いわば 仮想環境の"ハッキング"である.

virtualenv 環境に Slack の環境変数を付け加えよう. アクティベートスクリプトで 行うならば, ~./env/bin/acitivate を開いて以下のように書く.

ただし, 最近では Python が新しく公式の virtualenv 環境管理ツール **pipenv** を提 供しており, それらの利用が推奨されている. 参照してほしい (https：//github.com/ pypa/pipenv).

```
_OLD_VIRTUAL_PATH="$PATH"
```

```
PATH="$VIRTUAL_ENV/bin:$PATH"
export PATH
SLACK_API_TOKEN=<Your Token Here>
export SLACK_API_TOKEN
```

環境変数が正しく設定できたことを確認するには，OS X や Linux であれば printenv コマンドを用いる．次に Slack メッセージの送信テストとして，以下の短いスクリプトを動かしてみよう．

```
import os
from slackclient import SlackClient

slack_token = os.environ["SLACK_API_TOKEN"]
sc = SlackClient(slack_token)

sc.api_call(
    "chat.postMessage",
    channel="#general",
    text="Hello from my bot! :tada:"
)
```

pipenv では，pip と virtualenv の両ライブラリを統合して一緒に利用できる．また，pipenv がこれからの標準となったので，パッケージ管理の方法として用いる意義がある．

7・2 ライブラリをコマンドラインツールに変換する

本書の他の例にもあるとおり，コードをコマンドラインユーティリティとして動かせるようにすると便利なことが多い．ここでもそうしたいと思う．昨今の開発者の多くはコマンドラインを嫌い，Jupyter Notebook などでの作業を好む．確かに "Jupyter Notebook ベースのプロジェクトにコマンドラインツールを取入れるのはおかしくないか"，"Jupyter Notebook はそもそもシェルでコマンドを入力しなくてもよいようにつくられたものなのではないか" という質問も出るだろう．しかし Jupyter Notebook では，実行時の入力ができない．必要なデータを直接コードに書いて実行するのであればコマンドラインは必要ないが，"他のデータで再実行" を繰返すときには，コマンドラインの方が便利なのだ．

GCP も AWS も，その提供するあらゆるプラットフォームに高機能のコマンドラインツールを備えている．GUI で不得手なことをコマンドラインで補えば，柔軟さと即効性が得られる．SF 作家 Neal Stephenson は *In the Beginning...Was the Command Line*（はじめに…コマンドラインがあった）" というエッセイの中で，"GUI はどんな

小さなソフトウェアにも大きなオーバーヘッドを与え，これがプログラミング環境を
まったく変えてしまう”と書いている．そして，このエッセイは“人生はつらく複雑
なものだ．どんなインターフェイスでもそれは変えられない”と結んでいる．厳しい
指摘だが，筆者も経験からそう思う．人生はコマンドラインを使った方が幸せだ．
使ってみれば，過去に戻りたいとは思わなくなるだろう．

　コードをコマンドラインユーティリティに変換するには，click フレームワークを
用いる．作成されたインターフェイスでは，以下のように直接新規メッセージを送る
ことができる．

```
$ ./clibot.py send --message "from cli"
sending message from cli to #general
```

図 7・1 ではコマンドラインインターフェイスのユーティリティ上で，初期値とし
て設定してあるメッセージと，カスタマイズされたメッセージを表示している．

```python
#!/usr/bin/env python
import os
import click
from slackclient import SlackClient

SLACK_TOKEN = os.environ["SLACK_API_TOKEN"]

def send_message(channel="#general",
                 message="Hello from my bot!"):
    """ 指定のチャンネルにメッセージを送信 """

    slack_client = SlackClient(SLACK_TOKEN)
    res = slack_client.api_call(
      "chat.postMessage",
      channel=channel,
      text=message
    )
    return res

@click.group()
@click.version_option("0.1")
def cli():
    """
    Slack ボットのコマンドラインユーティリティ
    """
```

```python
@cli.command("send")
@click.option("--message", default="Hello from my bot!",
              help="text of message")
@click.option("--channel", default="#general",
              help="general channel")
def send(channel, message):
    click.echo(f"sending message {message} to {channel}")
    send_message(channel, message=message)


if __name__ == '__main__':
    cli()
```

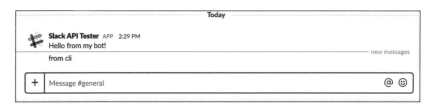

図7・1　**Slack** ボットのコマンドラインツール［Screenshot of Slack Copyright
© Slack Technologies.］

7・3　AWS Step Functions でボットを次の段階へ

　Slack にメッセージを送る交信の筋道ができたので，このコードを次の段階へもっ
ていこう．実行のタイミングを操作できるようにし，また機能も増やす．**AWS Step
Functions** を用いると，これをすぐに実現できる．本節では Slack ボットに以下の仕
事をさせるようにする．

　・米 Yahoo! sports の NBA 選手に関するスポーツページをスクレイピング
　・選手の出身地を取得
　・結果を Slack に自動送信する

　図 7・2 に，これから作成する各関数の動作ステップを示す．最初のステップでは
NBA 選手のプロフィール URL を取得する．次に Beautiful Soup を用いて各選手の出
身地を検出する．この関数を終えたら，結果を Slack に自動送信する．

　各関数の内部で行うそれぞれの作業を **AWS Lambda** と **Chalice** で統合・調整す
る．Lambda（https：//aws.amazon.com/jp/lambda/）は，AWS で関数を実行できる
ようにするもので，Chalice（http：//chalice.readthedocs.io/en/latest/）は Python で
サーバレスアプリケーションを構築するフレームワークである．これらを用いる要件

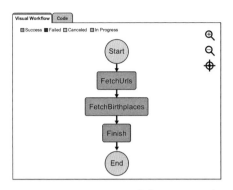

図7・2　AWS Step Function で作成した Slack ボットコ
マンドラインツールのパイプライン［Based on screenshot
of AWS © 2018, Amazon Web Services, Inc.］

を以下に示す．
- ・ユーザーは AWS アカウントをもっていること
- ・ユーザーは API 認証情報を取得していること
- ・Lambda のロール（このロールは Chalice のツールが作成する）のもつポリシー
  に，必要な AWS のサービス（たとえば S3 など）を呼び出す権限があること

7・4　IAM 認証情報をセットアップする

　AWS 認証情報をセットアップするための詳細な指示は，https://boto3.amazonaws.
com/v1/documentation/api/latest/index.html を見てほしい．AWS の変数を Windows
や Linux の環境変数としてエクスポートするための詳細は，https://boto3.
amazonaws.com/v1/documentation/api/latest/guide/credentials.html にある．認証情
報を設定する方法はいくつもあるが，virtualenv 環境を使用しているユーザーは，
AWS 認証情報をローカルの virtualenv 環境中の /bin/activate に書き込むという工夫
ができる．

```
# AWS のキーを記述
AWS_DEFAULT_REGION=us-east-1
AWS_ACCESS_KEY_ID=xxxxxxxx
AWS_SESSION_TOKEN=xxxxxxxx

# キーを環境変数としてエクスポート
export AWS_DEFAULT_REGION
```

```
export AWS_ACCESS_KEY_ID
export AWS_DEFAULT_REGION
```

7・4・1 Chalice での作業

Chalice のコマンドラインツール chalice では，以下の書き方でさまざまなサブ
コマンドを使える．

```
Usage: chalice [OPTIONS] COMMAND [ARGS]...

Options:
  --version             Show the version and exit.
  --project-dir TEXT    The project directory. Defaults to CWD
  --debug / --no-debug  Print debug logs to stderr.
  --help                Show this message and exit.

Commands:
  delete
  deploy
  gen-policy
  generate-pipeline Generate a cloudformation template for a...
  generate-sdk
  local
  logs
  new-project
  package
  url
```

app.py ファイルに書かれている枠組みに合うように，コードを Lambda 関数に置
き換えていく．AWS Chalice のよいところは，Web サービスとしての Lambda 関数
だけでなく，独立した Lambda 関数も作成できるところだ．この機能により，複数
の Lambda 関数を AWS Step Functions の step function に結びつけ，LEGO ブロック
を組むように統合できる*.

たとえば，定期的に呼び出される Lambda 関数は，次のように作成すればよい．
簡単である．

```
@app.schedule(Rate(1, unit=Rate.MINUTES))
def every_minute(event):
```

---

* 訳注："ステップ関数"は数学で別に定義されているので，AWS Step Functions の関数は
step function とそのままよぶことにする．

```
    """ 毎分実行するように設定したイベント """

    # ここに Slack ボットにメッセージを送る内容を書く
```

Web スクレイピングのボットが動くようにするには，いくつか関数を作成する．ファイルの先頭で，インポートと変数を宣言する．

```
import logging
import csv
from io import StringIO

import boto3
from bs4 import BeautifulSoup
import requests
from chalice import (Chalice, Rate)

APP_NAME = 'scrape-yahoo'
app = Chalice(app_name=APP_NAME)
app.log.setLevel(logging.DEBUG)
```

データを S3 に保存できれば，ボットの動作も便利になるだろう．以下の関数では，Boto を用いて結果を CSV ファイルとして保存する．

```
def create_s3_file(data, name="birthplaces.csv"):

    csv_buffer = StringIO()
    app.log.info(f"Creating file with {data} for name")
    writer = csv.writer(csv_buffer)
    for key, value in data.items():
        writer.writerow([key,value])
    s3 = boto3.resource('s3')
    res = s3.Bucket('aiwebscraping').¥
        put_object(Key=name, Body=csv_buffer.getvalue())
    return res
```

Web ページを取得する関数では **Beautiful Soup**（https://www.crummy.com/software/BeautifulSoup/）を用いて，NBA の統計情報が掲載されている URL を解析し，soup オブジェクトを返す．

```
def fetch_page(url="https://sports.yahoo.com/nba/stats/"):
    """ Yahoo ! の URL から取得 """
```

```
    # Web ページをダウンロードして
    # Beautiful Soup のオブジェクトに変換
    app.log.info(f"Fetching urls from {url}")
    res = requests.get(url)
    soup = BeautifulSoup(res.content, 'html.parser')
    return soup
```

関数 get_player_links と，関数 fetch_player_urls は選手のプロフィール URL へのリンクを取得する．

```
def get_player_links(soup):
    """ 選手のプロフィール URL へのリンクを取得

    ページの 'a' タグから URL を検出後，nba/players を含む URL を抽出
    """

    nba_player_urls = []
    for link in soup.find_all('a'):
        link_url = link.get('href')
        # 設定なし (None) は除外する
        if link_url:
            if "nba/players" in link_url:
                print(link_url)
                nba_player_urls.append(link_url)
    return nba_player_urls


def fetch_player_urls():
    """ 選手のプロフィール URL を戻す """

    soup = fetch_page()
    urls = get_player_links(soup)
    return urls
```

次に，関数 find_birthplaces で URL から選手の出身地名を抽出する．

```
def find_birthplaces(urls):
    """ Yahoo！の NBA 選手のプロファイルページから選手の出身地名を抽出 """

    birthplaces = {}
    for url in urls:
```

```
        profile = requests.get(url)
        profile_url = BeautifulSoup(profile.content,
                                    'html.parser')
        lines = profile_url.text
        res2 = lines.split(",")
        key_line = []
        for line in res2:
            if "Birth" in line:
                #print(line)
                key_line.append(line)
        try:
            birth_place = key_line[0].split(":")[-1].strip()
            app.log.info(f"birth_place: {birth_place}")
        except IndexError:
            app.log.info(f"skipping {url}")
            continue
        birthplaces[url] = birth_place
        app.log.info(birth_place)
    return birthplaces
```

次からが Chalice 関数である．Chalice では，デフォルトルートを作成しなければ
ならないことに注意してほしい．

```
# これらは HTTP リクエストによって呼ばれる
@app.route('/')
def index():
    """ デフォルトルートの URL """

    app.log.info(f"/ Route: for {APP_NAME}")
    return {'app_name': APP_NAME}
```

次の Lambda 関数は，関数の直前で定義した HTTP URL によって起動する．

```
@app.route('/player_urls')
def player_urls():
    """ 選手のプロファイル URL を取得 """

    app.log.info(f"/player_urls Route: for {APP_NAME}")
    urls = fetch_player_urls()
    return {"nba_player_urls": urls}
```

以下は独立した Lambda で，step function の中で呼び出せる．

```python
# ここは独立した Lambda
@app.lambda_function()
def return_player_urls(event, context):
    """ 選手の URL を戻す独立した Lamda 関数 """

    app.log.info(f"standalone lambda 'return_players_urls'\
{APP_NAME} with {event} and {context}")
    urls = fetch_player_urls()
    return {"urls": urls}

# ここは独立した Lambda 関数
@app.lambda_function()
def birthplace_from_urls(event, context):
    """ 選手の出身地名を検索 """

    app.log.info(f"standalone lambda 'birthplace_from_urls'\
{APP_NAME} with {event} and {context}")
    payload = event["urls"]
    birthplaces = find_birthplaces(payload)
    return birthplaces

# ここは独立した Lambda 関数
@app.lambda_function()
def create_s3_file_from_json(event, context):
    """ JSON データから S3 ファイルを作成 """

    app.log.info(f"Creating s3 file with event data {event}\
 and context {context}")
    print(type(event))
    res = create_s3_file(data=event)
    app.log.info(f"response of putting file: {res}")
    return True
```

chalice コマンドをローカルで実行すると，次の出力が得られる．

```
$ chalice local
Serving on 127.0.0.1:8000
scrape-yahoo - INFO - / Route: for scrape-yahoo
127.0.0.1 - - [12/Dec/2017 03:25:42] "GET / HTTP/1.1" 200 -
127.0.0.1 - - [12/Dec/2017 03:25:42] "GET /favicon.ico"
scrape-yahoo - INFO - / Route: for scrape-yahoo
```

```
127.0.0.1 - - [12/Dec/2017 03:25:45] "GET / HTTP/1.1" 200 -
127.0.0.1 - - [12/Dec/2017 03:25:45] "GET /favicon.ico"
scrape-yahoo - INFO - /player_urls Route: for scrape-yahoo
scrape-yahoo - INFO - https://sports.yahoo.com/nba/stats/
https://sports.yahoo.com/nba/players/4563/
https://sports.yahoo.com/nba/players/5185/
https://sports.yahoo.com/nba/players/3704/
https://sports.yahoo.com/nba/players/5012/
https://sports.yahoo.com/nba/players/4612/
https://sports.yahoo.com/nba/players/5015/
https://sports.yahoo.com/nba/players/4497/
https://sports.yahoo.com/nba/players/4720/
https://sports.yahoo.com/nba/players/3818/
https://sports.yahoo.com/nba/players/5432/
https://sports.yahoo.com/nba/players/5471/
https://sports.yahoo.com/nba/players/4244/
https://sports.yahoo.com/nba/players/5464/
https://sports.yahoo.com/nba/players/5294/
https://sports.yahoo.com/nba/players/5336/
https://sports.yahoo.com/nba/players/4390/
https://sports.yahoo.com/nba/players/4563/
https://sports.yahoo.com/nba/players/3704/
https://sports.yahoo.com/nba/players/5600/
https://sports.yahoo.com/nba/players/4624/
127.0.0.1 - - [12/Dec/2017 03:25:53] "GET /player_urls"
127.0.0.1 - - [12/Dec/2017 03:25:53] "GET /favicon.ico"
```

アプリケーションをデプロイするには，chalice deploy を実行する．

```
$ chalice deploy
Creating role: scrape-yahoo-dev
Creating deployment package.
Creating lambda function: scrape-yahoo-dev
Initiating first time deployment.
Deploying to API Gateway stage: api
https://bt98uzs1cc.execute-api.us-east-1.amazonaws.com/api/
```

ここで，GitHub プロジェクト "HTTPie"（https://github.com/httpie/httpie）のような，HTTP 用の CLI（https://github.com/jakubroztocil/httpie）を用いることで，AWS から HTTP 呼び出しを実行し，/api/player_urls によって得られるリンク一覧を取得できる．

```
$ http https://<Lambda のルート>.amazonaws.com/api/player_urls
HTTP/1.1 200 OK
Connection: keep-alive
Content-Length: 941
Content-Type: application/json
Date: Tue, 12 Dec 2017 11:48:41 GMT
Via: 1.1 ba90f9bd20de9ac04075a8309c165ab1.cloudfront.net (CloudFront)
X-Amz-Cf-Id: ViZswjo4UeHYwrc9e-5vMVTDhV_IcOdhVIG0BrDdtYqd5KWcAuZKKQ==
X-Amzn-Trace-Id: sampled=0;root=1-5a2fc217-07cc12d50a4d38a59a688f5c
X-Cache: Miss from cloudfront
x-amzn-RequestId: 64f24fcd-df32-11e7-a81a-2b511652b4f6

{
    "nba_player_urls": [
        "https://sports.yahoo.com/nba/players/4563/",
        "https://sports.yahoo.com/nba/players/5185/",
        "https://sports.yahoo.com/nba/players/3704/",
        "https://sports.yahoo.com/nba/players/5012/",
        "https://sports.yahoo.com/nba/players/4612/",
        "https://sports.yahoo.com/nba/players/5015/",
        "https://sports.yahoo.com/nba/players/4497/",
        "https://sports.yahoo.com/nba/players/4720/",
        "https://sports.yahoo.com/nba/players/3818/",
        "https://sports.yahoo.com/nba/players/5432/",
        "https://sports.yahoo.com/nba/players/5471/",
        "https://sports.yahoo.com/nba/players/4244/",
        "https://sports.yahoo.com/nba/players/5464/",
        "https://sports.yahoo.com/nba/players/5294/",
        "https://sports.yahoo.com/nba/players/5336/",
        "https://sports.yahoo.com/nba/players/4390/",
        "https://sports.yahoo.com/nba/players/4563/",
        "https://sports.yahoo.com/nba/players/3704/",
        "https://sports.yahoo.com/nba/players/5600/",
        "https://sports.yahoo.com/nba/players/4624/"
    ]
}
```

　Lambda 関数は, click と Python Boto ライブラリを用いて直接呼び出すこともできる. 新しいコマンドラインツールを wscli.py (web-scraping command-line interface の略) という名前で作成しよう. コードの冒頭の部分では, ログをセットアップし, ライブラリをインポートしている.

```python
#!/usr/bin/env python

import logging
import json

import boto3
import click
from pythonjsonlogger import jsonlogger

# ロギングを初期化
log = logging.getLogger(__name__)
log.setLevel(logging.INFO)
LOGHANDLER = logging.StreamHandler()
FORMMATTER = jsonlogger.JsonFormatter()
LOGHANDLER.setFormatter(FORMMATTER)
log.addHandler(LOGHANDLER)
```

　次に，三つの関数を用いて Lambda 関数に接続する．実際の接続はこのうち invoke_lambda で行う．

```python
### Lambda Boto API の呼び出し
def lambda_connection(region_name="us-east-1"):
    """ Lambda への接続作成 """

    lambda_conn = boto3.client("lambda", region_name=region_name)
    extra_msg = {"region_name": region_name, "aws_service": "lambda"}
    log.info("instantiate lambda client", extra=extra_msg)
    return lambda_conn

def parse_lambda_result(response):
    """ Boto からの JSON 形式の応答から結果を取得 """

    body = response['Payload']
    json_result = body.read()
    lambda_return_value = json.loads(json_result)
    return lambda_return_value

def invoke_lambda(func_name, lambda_conn, payload=None,
                  invocation_type="RequestResponse"):
    """ Lambda 関数を呼び出す """
```

```
extra_msg = {"function_name": func_name, "aws_service": "lambda",
        "payload":payload}
log.info("Calling lambda function", extra=extra_msg)
if not payload:
    payload = json.dumps({"payload":"None"})

response = lambda_conn.invoke(FunctionName=func_name,
            InvocationType=invocation_type,
            Payload=payload
)
log.info(response, extra=extra_msg)
lambda_return_value = parse_lambda_result(response)
return lambda_return_value
```

これらの Lambda 関数を invoke して起動するための関数を，click のコマンドラインツールフレームワークでラップする．以前にデプロイした Lambda 関数を用いるために，最初から --func オプションを指定している点に注目してほしい．

```
@click.group()
@click.version_option("1.0")
def cli():
    """Commandline Utility to Assist in Web Scraping"""

@cli.command("lambda")
@click.option("--func",
        default="scrape-yahoo-dev-return_player_urls",
        help="name of execution")
@click.option("--payload", default='{"cli":"invoke"}',
        help="name of payload")
def call_lambda(func, payload):
    """invokes lambda function

    ./wscli.py lambda
    """

    click.echo(click.style("Lambda Function invoked from cli:",
        bg='blue', fg='white'))
    conn = lambda_connection()
    lambda_return_value = invoke_lambda(func_name=func,
        lambda_conn=conn,
        payload=payload)
```

```
formatted_json = json.dumps(lambda_return_value,
    sort_keys=True, indent=4)
click.echo(click.style(
    "Lambda Return Value Below:", bg='blue', fg='white'))
click.echo(click.style(formatted_json,fg="red"))

if __name__ == "__main__":
    cli()
```

このコマンドラインツールの出力の中身自体は，HTTPインターフェイスを呼び出したときの出力と同じになる．

```
$ ./wscli.py lambda ¥
--func=scrape-yahoo-dev-birthplace_from_urls ¥
--payload '{"url":["https://sports.yahoo.com/nba/players/4624/",¥
"https://sports.yahoo.com/nba/players/5185/"]}'
Lambda Function invoked from cli:
{"message": "instantiate lambda client",
"region_name": "us-east-1", "aws_service": "lambda"}
{"message": "Calling lambda function",
"function_name": "scrape-yahoo-dev-birthplace_from_urls",
"aws_service": "lambda", "payload":
"{¥"url¥":[¥"https://sports.yahoo.com/nba/players/4624/¥",
¥"https://sports.yahoo.com/nba/players/5185/¥"]}"}
{"message": null, "ResponseMetadata":
{"RequestId": "a6049115-df59-11e7-935d-bb1de9c0649d",
"HTTPStatusCode": 200, "HTTPHeaders":
{"date": "Tue, 12 Dec 2017 16:29:43 GMT", "content-type":
"application/json", "content-length": "118", "connection":
"keep-alive", "x-amzn-requestid":
"a6049115-df59-11e7-935d-bb1de9c0649d",
"x-amzn-remapped-content-length": "0", "x-amz-executed-version":
"$LATEST", "x-amzn-trace-id":
"root=1-5a3003f2-2583679b2456022568ed0682;sampled=0"},
"RetryAttempts": 0}, "StatusCode": 200,
"ExecutedVersion": "$LATEST", "Payload":
"<botocore.response.StreamingBody object at 0x10ee37dd8>",
"function_name": "scrape-yahoo-dev-birthplace_from_urls",
"aws_service": "lambda", "payload":
"{¥"url¥":[¥"https://sports.yahoo.com/nba/players/4624/¥",
¥"https://sports.yahoo.com/nba/players/5185/¥"]}"}
```

```
Lambda Return Value Below:
{
    "https://sports.yahoo.com/nba/players/4624/": "Indianapolis",
    "https://sports.yahoo.com/nba/players/5185/": "Athens"
}
```

7・5　step functionを構築する

AWS Step Functionsのstep functionとしてまとめあげるための最後の段階は，AWSの解説ドキュメント（https://docs.aws.amazon.com/step-functions/latest/dg/tutorial-creating-activity-state-machine.html）に説明してあるとおり，Web UIを用いてJSON（JavaScript Object Notation）で記述する**ステートマシン**（イベントによって状態が遷移していくプログラム）の構築である．以下のコードでは，このパイプラインが最初のLamda関数でYahoo!からデータをスクレイピングして，S3にデータを保存し，最後に必要な内容をSlackに送信するまで進むように記述してある．

```
{
    "Comment": "Fetch Player Urls",
    "StartAt": "FetchUrls",
    "States": {
        "FetchUrls": {
            "Type": "Task",
            "Resource": ¥
                "arn:aws:lambda:us-east-1:561744971673:¥
function:scrape-yahoo-dev-return_player_urls",
            "Next": "FetchBirthplaces"
        },
        "FetchBirthplaces": {
            "Type": "Task",
            "Resource": ¥
"arn:aws:lambda:us-east-1:561744971673:¥
function:scrape-yahoo-dev-birthplace_from_urls",
            "Next": "WriteToS3"
        },
        "WriteToS3": {
            "Type": "Task",
            "Resource": "arn:aws:lambda:us-east-1:¥
561744971673:function:scrape-yahoo-dev-create_s3_file_from_json",
            "Next": "SendToSlack"
        },
```

```
        "SendToSlack": {
            "Type": "Task",
            "Resource": "arn:aws:lambda:us-east-1:561744971673:¥
function:send_message",
            "Next": "Finish"
        },

        "Finish": {
            "Type": "Pass",
            "Result": "Finished",
            "End": true
        }
    }
}
```

図 7・3 にパイプラインの最初の部分が実行されている様子を示す．同図に示すように，ステートマシンの出力の中間段階を見ることができるのが AWS Step Functions の驚異的な便利さである．加えて，ステートマシンの各部をリアルタイムで監視できるのはデバッグの大きな助けとなる．

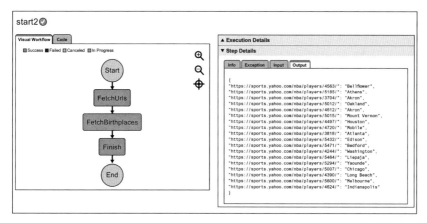

図 7・3　Slack ボットコマンドラインツールのパイプライン（左）の最初の部分が
実行される様子（右）［Based on screenshot of AWS © 2018, Amazon Web Services, Inc.］

図 7・4 は，データを S3 に書き出すステップと，必要な内容を Slack に送信するステップを加えた完全なパイプラインである．最後のステップは，このスクレイピングプログラムをどうやって実行するかであるが，定期的に実行するようにするか，何かのイベントへの応答として行うことになるだろう．

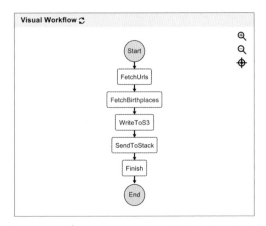

図7・4　Slackbot コマンドラインの最終的なパイプライン
〔Based on screenshot of AWS © 2018, Amazon Web Services, Inc.〕

7・6 ま と め

　本章では，AI アプリケーションを構築するための実効性のある方法を数多く使ってみた．Slack ボットと Web スクレイピングツールをそれぞれ作成し，AWS のサーバレスサービスとともに統合した．これはまだ最初の枠組みにすぎず，もっと機能を加えることができるだろう．たとえば，自然言語処理を行う Lambda 関数を加えて，Web ページを読み取って内容を要約できるようにするとか，教師なしクラスタ分析アルゴリズムを加えて，好きな属性をもとに NBA 選手をクラスタに分類するなどが考えられる．

8

GitHub Organization から
プロジェクト管理の品質を評価する

*ジウジツ[*1] は完璧だ．不完全に見えるのは人間が間違えるだけだ．*

Rickson Gracie

　本章では二つの魅力的な課題を扱う．一つはデータサイエンスを用いてソフトウェア工学に関係するプロジェクト管理を研究すること，もう一つはデータサイエンスのツールを PyPI（Python Package Index）に発行することだ．"学問"としてのデータサイエンスは急速に広まっており，どんなアルゴリズムを使うか詳細に説明した記事が多く出ている．だが，データを収集する作業，プロジェクトの構造をつくり上げる方法，作成したソフトウェアを最終的に PyPI に発行する方法について説明した記事は少ない．本章はこれらの問題をどれも実際に手を動かしながら具体的に説明する．本章のソースコードは GitHub のリポジトリ（https://github.com/noahgift/devml）を参照してほしい．

8・1　ソフトウェアプロジェクト管理で生じる問題とは

　ソフトウェア産業はすでに何十年も営まれているが，納期の遅れと低い品質の問題はいまだに残っている．さらにチーム全体と個々の開発者の仕事ぶりをどう評価するかという問題もある．ソフトウェア産業は，新技術の登場や使用技術の変化が，雇用体系に最も早く影響する産業分野であるといえよう．今のソフトウェア業界の傾向では，フリーランスを雇用したり，開発チームと契約したりすることで，ソフトウェア開発の人員を補強したり刷新を図ったりしている．とすると，会社がどうやって開発

---

*1　訳注：ジウジツとはブラジリアン柔術のことをさす．

者の才能を評価するのかが問題になってくる.

　一方，開発者側から見た場合，向上心のある人々は，他の開発者のよいところを見習おうとするが，どのようにそれを "よい" と評価すればよいのだろうか. その手がかりとなるのが，開発者たちの活動記録である. つまり，開発者がプロジェクトのリポジトリにコミットすれば，その人が活動しているという証となる.

　ただし，抜け目のない開発者がソースコードのメタデータを分析して "ちょっとシステムをいじってみてもいいだろう" と考える可能性も十分ありえる. たとえば，ある開発者の GitHub 上でのプロファイルが年に 3000 件，つまり毎日 10 件もコミットするツワモノのように見えると思ったら，実は誰かほかの人がつくった自動コミットスクリプトを使って，ただプロファイルを活発に見せていたとか，コミットといっても README ファイルに 1 行加えただけだったりするかもしれないのだ.

　数学の試験でも "ちょっとカンニングをしてやろうか" と思うのは誰にでもあることだが，ズルい手を使いさえすれば学科や試験で A ランクをもらえるというわけではないし，不正受験者が出るからその試験や問題をやめなければいけないということもない. むしろ，真のデータサイエンティストらしく考えると，そういうことがあった方が面白い研究となる. 偽のデータや紛らわしいデータを取除けば，チームや開発者の真の力量が現れてくるはずなのだ.

8・1・1　解析課題

　最初に考えるべき課題を，以下にいくつか示す.

・よいソフトウェア開発者の特徴とは？
・未熟あるいは仕事の質の低いソフトウェア開発者にありがちなこととは？
・よい開発チームの特徴とは？
・欠陥のあるソフトウェアを見抜く危険な特徴のようなものはあるか
・ソフトウェアプロジェクトの管理者は，プロジェクトに問題が発生しそうなとき，危険な特徴のようなものを受取って早急な対策に転じることができるだろうか
・オープンソースと非オープンソースとで，プロジェクトに差はあるか
・システムに "悪さ" をしている開発者がいたら，何らかの特徴で検出することができるか
・プログラミング言語によらずよい仕事をしている開発者を示す特徴は何か
・特定のプログラミング言語について，プロジェクト全体で有効な特徴は何か
・優秀な開発者は何をしているのか. どこにでもある似たようなリポジトリを比較するなかから，どうやって見いだすことができるか？　このような情報は隠れていることが多い

・社内，または GitHub のなかから，今わかっているよい開発者と似たような開発者をどうやって探し出すか

・プロジェクトに信用できないメンバーはいないだろうか．これを判断する方法の一つは，開発者がコードを毎日コミットしているかどうかである．筆者のこの数年の調査では，仕事の質の低い開発者は，コミットを中断する時期が長かったり，中断がたびたび起こるという傾向があった．よい開発者，たとえばキャリア 10～20 年の熟練者は，月曜から金曜までの 80～90 ％ の時間，頻繁にコミットしている．他のメンバーに教えたり手伝ったりしながらも，コミット回数を減らさない

・新しいプロジェクト管理者，全体の管理者または CEO が，何時間もの会議で開発者の生産性を壊してはいないだろうか

・信頼できないコードばかりをやたらに量産する，タチの悪い目立ちたがり屋はいないだろうか

8・2 データサイエンスプロジェクトの最初の枠組みを作成する

　新しいデータサイエンスのソリューションを開発するとき，あまり顧みられないのが，プロジェクトの最初の構造である．しかし仕事を始める前に，仕事の質を高め，組織の動きを合理的にするような構造をつくるのは最も大切である．プロジェクトの構造を決める方法はたくさんあると思うが，以下に推奨する方法の一例を示す．リスト 8・1 に示すように，ls コマンドの出力から実際の構造を確認できる．

　• **.circleci フォルダ**: このフォルダには CircleCI の SaaS ビルドサービスを用いてプロジェクトをビルドするのに必要な設定を置く．なお，オープンソースソフトウェアで動く他の似たようなサービスも多い．Jenkins のようなオープンソースツールも使える．

　• **.gitignore**: プロジェクトの一部ではないファイルを無視することは非常に大事であるが，このことはよく見逃される．

　• **CODE_OF_CONDUCT.md**: プロジェクトの参加者に，どのように行動してほしいかを知らせておくとよい．

　• **CONTRIBUTING.MD**: 参加者の仕事をどのように受理するか明記しておくと，よい助力者が得られ，また大切なメンバーを失望させないですむだろう．

　• **LICENSE**: MIT や BSD などのライセンスを記述しておくとよい．ライセンスの記述がないと，企業が参加できないことがある．

　• **Makefile**: Makefile はプロジェクトのビルドのためによく知られた標準的な方法で，何十年も使われてきている．テスト，デプロイ，環境構築のための優れた方法である．

- **README.md**：よい README.md は，ユーザーがもつさまざまな疑問を解消するものでなければならない．どうやってプロジェクトをビルドするか，プロジェクトは何をするためのものかなどである．加えて，プロジェクトの質を示す "バッジ" があるとよい．たとえば，"passing build"（プロジェクトが必要なテストをすべて通ったことを示す）などである．CircleCI のバッジがどのようなものかについては，https://circleci.com/gh/noahgift/devml.svg?style=svg に示すとおりである．詳しくは，https://circleci.com/gh/noahgift/devml を参照してほしい*2.

- **コマンドラインツール**：この例では，dml コマンドツールがある．CLI インターフェイスがあると，ライブラリを調べるにもテストのインターフェイスを作成するにも非常に便利である．

- **__init__.py のあるライブラリフォルダ**：プロジェクトのルートに，ライブラリフォルダを作成し，インポート可能であることを示すため，__init__.py をそこに置く．この例ではライブラリは devml という名にする．

- **ext フォルダ**：config.json または config.yml ファイルなどを置くにはこのフォルダがふさわしい．コードではないファイルを置く場合，中央で参照される場所に置く方がよりよい．テスト用の短いサンプルをローカルに置くには，さらに data という名のサブディレクトリを作成するとよい．

- **notebooks フォルダ**：Jupyter Notebook のファイルを置く特別なフォルダがあると，ノートブックに関連するコードの開発に専念できる．また，ノートブックの自動テストも簡単になる．

- **requirements.txt**：プロジェクトに必要なパッケージの一覧を書いておく．

- **setup.py**：このファイルに Python パッケージをデプロイする方法を設定する．これは PyPI にデプロイするときにも使える．

- **tests フォルダ**：ここにテストプログラムを置く．

リスト 8・1　プロジェクトの構造

```
$ ls -la
drwxr-xr-x 3 noahgift staff   96  Oct 14 15:22 .circleci
-rw-r--r-- 1 noahgift staff 1241  Oct 21 13:38 .gitignore
-rw-r--r-- 1 noahgift staff 3216  Oct 15 11:44 CODE_OF_CONDUCT.md
-rw-r--r-- 1 noahgift staff  357  Oct 15 11:44 CONTRIBUTING.md
-rw-r--r-- 1 noahgift staff 1066  Oct 14 14:10 LICENSE
```

---

*2 訳注：原著の URL を参照するには，GitHub アカウントでサインインする必要がある．誰でも見ることのできるバッチの説明は，CircleCI の公式文書 https://circleci.com/docs/2.0/status-badges/ にある．

```
-rw-r--r-- 1  noahgift staff    464 Oct 21 14:17 Makefile
-rw-r--r-- 1  noahgift staff 13015 Oct 21 19:59 README.md
-rwxr-xr-x 1  noahgift staff  9326 Oct 21 11:53 dml
drwxr-xr-x 4  noahgift staff   128 Oct 20 15:20 ext
drwxr-xr-x 7  noahgift staff   224 Oct 22 11:25 notebooks
-rw-r--r-- 1  noahgift staff   117 Oct 18 19:16 requirements.txt
-rw-r--r-- 1  noahgift staff  1197 Oct 21 14:07 setup.py
drwxr-xr-x 12 noahgift staff   384 Oct 18 10:46 tests
```

8・3 データ収集と変換

　データを収集し何か有用な形に変換する方法をどうするか．通常，これが最も厄介な問題である．この問題はいくつかに分けて考えるとよい．まず，一つのリポジトリからデータを収集して，その内容から Pandas の DataFrame を作成することを考える．そのために，devml フォルダの中にモジュール mkdata.py を作成し，Git リポジトリのメタデータを Pandas の DataFrame に変換する作業を請け負わせる．

　モジュールの中の一部を以下に示す．全文は https://github.com/noahgift/devml/blob/master/devml/mkdata.py を参照してほしい．関数 log_to_dict は単一の Git チェックアウトのパスをとり，git コマンドで得られた出力を変換する．

```python
def log_to_dict(path):
    """ Git ログを Python の辞書型に変換 """

    os.chdir(path) # git log を実行するディレクトリに移動
    repo_name = generate_repo_name()
    p = Popen(GIT_LOG_CMD, shell=True, stdout=PIPE)
    (git_log, _) = p.communicate()
    try:
        git_log = git_log.decode('utf8').¥
        strip('¥n¥x1e').split("¥x1e")
    except UnicodeDecodeError:
        log.exception("utf8 encoding is incorrect, ¥
trying ISO-8859-1")
        git_log = git_log.decode('ISO-8859-1').¥
        strip('¥n¥x1e').split("¥x1e")

    git_log = [row.strip().split("¥x1f") for row in git_log]
    git_log = [dict(list(zip(GIT_COMMIT_FIELDS, row)))
                for row in git_log]
    for dictionary in git_log:
```

```
        dictionary["repo"]=repo_name
    repo_msg = "Found %s Messages For Repo: %s" %¥
(len(git_log), repo_name)
    log.info(repo_msg)
    return git_log
```

次に，以下の二つの関数で，ディスクへのパスを用いて上の関数を呼び出す．ログはリストの要素として保存され，それから Pandas の DataFrame の作成に使われる．

```
def create_org_df(path):
    """ GitHub Organization のログを Pandas DataFrame で返す """

    original_cwd = os.getcwd()
    logs = create_org_logs(path)
    org_df = pd.DataFrame.from_dict(logs)
    # 日付を datetime 形式に変換
    datetime_converted_df = convert_datetime(org_df)
    # 日付のインデックスをつける
    converted_df = date_index(datetime_converted_df)
    new_cwd = os.getcwd()
    cd_msg = "Changing back to original cwd: %s from %s" %¥
        (original_cwd, new_cwd)
    log.info(cd_msg)
    os.chdir(original_cwd)
    return converted_df

def create_org_logs(path):
    """ 現在の作業フォルダのすべてのサブフォルダに log フォルダを
    作成するループ """

    combined_log = []
    for sdir in subdirs(path):
        repo_msg = "Processing Repo: %s" % sdir
        log.info(repo_msg)
        combined_log += log_to_dict(sdir)
    log_entry_msg = "Found a total log entries: %s" %¥
        len(combined_log)
    log.info(log_entry_msg)
    return combined_log
```

このコードを実際に用いると，DataFrame に変換する前の出力は以下のようになる．

```
In [ ]: res = create_org_logs("/Users/noahgift/src/flask")
2017-10-22 17:36:02,380 - devml.mkdata - INFO - Found repo:¥
 /Users/noahgift/src/flask/flask
In [ ]: res[0]
Out[ ]:
{'author_email': 'rgerganov@gmail.com',
 'author_name': 'Radoslav Gerganov',
 'date': 'Fri Oct 13 04:53:50 2017',
 'id': '9291ead32e2fc8b13cef825186c968944e9ff344',
 'message': 'Fix typo in logging.rst (#2492)',
 'repo': b'flask'}
```

DataFrame に変換するところまでいくと，出力は以下のようになる．

```
res = create_org_df("/Users/noahgift/src/flask")
In [ ]: res.describe()
Out[ ]:
         commits
count    9552.0
mean        1.0
std         0.0
min         1.0
25%         1.0
50%         1.0
75%         1.0
max         1.0
```

さらにこのパターンを，Git のログのような他の誰かが出力する形式のデータを直接取得する形にすることもできる．詳細については，ソースの全文を調べてほしい．

8・4 GitHub Organization のリポジトリ全体からデータを収集する

ここまで述べてきたことは，自分のディスク上にある Git リポジトリから得たログを DataFrame に変換して，同じディスクに保存するものであった．とすると当然，次は複数のリポジトリからのデータ収集に進むことになる．つまり，一つの **GitHub Organization**[*3] のすべてのリポジトリである．一つのリポジトリしか解析しなければ，不完全な側面だけがその企業の特徴とされてしまう．複数のリポジトリからデー

[*3] 訳注：GitHub Organization とは，GitHub のサービスの一つで，組織専用のアカウントを共有し，一つの組織で多数のプロジェクトにおける共有を一括管理できる機能である．詳しくは，https://docs.github.com/ja/organizations/collaborating-with-groups-in-organizations/about-organizations 参照.

タを収集するには，**GitHub API** を用いて，リポジトリからのプル操作をプログラム
で実行する．以下に主要な箇所だけを抜粋して示す．ソースの全文は https://github.
com/noahgift/devml/blob/master/devml/fetch_repo.py を参照してほしい.

```
def clone_org_repos(oath_token, org, dest, branch="master"):
    """ Organization の全リポジトリのクローンを作成し，そのデータを戻す
    """

    if not validate_checkout_root(dest):
        return False

    repo_instances = []
    repos = org_repo_names(oath_token, org)
    count = 0
    for name, url in list(repos.items()):
        count += 1
        log_msg = "Cloning Repo # %s REPO NAME: %s , URL: %s " %¥
                        (count, name, url)
        log.info(log_msg)
        try:
            repo = clone_remote_repo(name, url, dest,
                                     branch=branch)
            repo_instances.append(repo)
        except GitCommandError:
            log.exception("NO MASTER BRANCH...SKIPPING")
    return repo_instances
```

　最も難しい箇所には，**PyGithub** と **gitpython** という二つのパッケージを用いてい
る．このコードを実行すると，API を通じて個々のリポジトリを検索し，クローンを
作成する．そのあと，各リポジトリからのデータを結合して DataFrame に変換する
作業には，先に示したコードを用いる．

8・5　ドメイン固有の統計を作成する

　こうしたすべての作業は，一つの目的のために行っている．"収集データを調べて，
ドメイン固有の統計をとる"ことだ．そのために，以下のファイル stats.py を作成す
る．全文は https://github.com/noahgift/devml/blob/master/devml/stats.py を参照
してほしい．

　ここで特に注目してほしいのは，関数 author_unique_active_days である．
この関数で求めるのは，個々の開発者が活動した日数を DataFrame で表したもので

ある．これはドメイン固有の一意の統計量であり，ソースコードリポジトリの統計で扱われることはほとんどなさそうな値である．

おもな関数を以下に示す．

```
def author_unique_active_days(df, sort_by="active_days"):
    """ 各開発者の活動日数を降順に並べた DataFrame.  出力例は以下のとおり：

    author_name          unique_days
    46  Armin Ronacher 271
    260 Markus Unterwaditzer    145
    """

    author_list = []
    count_list = []
    duration_active_list = []
    ad = author_active_days(df)
    for author in ad.index:
        author_list.append(author)
        vals = ad.loc[author]
        vals.dropna(inplace=True)
        vals.drop_duplicates(inplace=True)
        vals.sort_values(axis=0,inplace=True)
        vals.reset_index(drop=True, inplace=True)
        count_list.append(vals.count())
        duration_active_list.append(vals[len(vals)-1]-vals[0])
    df_author_ud = DataFrame()
    df_author_ud["author_name"] = author_list
    df_author_ud["active_days"] = count_list
    df_author_ud["active_duration"] = duration_active_list
    df_author_ud["active_ratio"] = ¥
        round(df_author_ud["active_days"]/¥
        df_author_ud["active_duration"].dt.days, 2)
    df_author_ud = df_author_ud.iloc[1:] #first row is =
    df_author_ud = df_author_ud.sort_values(¥
        by=sort_by, ascending=False)
    return df_author_ud
```

IPython で実行すると，以下の出力が得られる．

```
In [ ]: from devml.stats import author_unique_active_days

In [ ]: active_days = author_unique_active_days(df)
```

```
In [ ]: active_days.head()
Out[ ]:
            author_name active_days active_duration active_ratio
46          Armin Ronacher         241      2490 days         0.10
260   Markus Unterwaditzer          71      1672 days         0.04
119             David Lord          58       710 days         0.08
352            Ron DuPlain          47       785 days         0.06
107       Daniel Neuhä user         19       435 days         0.04
```

　この統計から **active ratio** という比率を出すことができる．これは各開発者が自分
のプロジェクトにコードをコミットした最初の日時から最後の日時までの経過日数
と，実際にコードのコミットを行った日数との比率である．こうしたメトリックの面
白いところは，開発者がどれだけプロジェクトに関わっているかを示すものであり，
実際に優秀なオープンソース開発者にはまさにこの傾向が当てはまり，active ratio が
高ければプロジェクトに多く関わっているといえる．逆もしかりである．次節では今
回作成した主要なコンポーネントをコマンドラインツールにまとめ，二つのオープン
ソースプロジェクトについてコードを実行した結果を比較することにしよう．

8・6　データサイエンスプロジェクトを CLI にまとめ上げる

　本章ではここまで，解析の目標を達成するコンポーネントを作成した．本節では，
Click フレームワークを用いて，これを柔軟なコマンドラインツールにまとめていく．
dml というこのコマンドラインツールのソースコード全体は https://github.com/
noahgift/devml/blob/master/dml を参照してほしい．以下，主要な部分を示す．
　まず，Click フレームワークなどのライブラリをインポートする．

```
#!/usr/bin/env python
import os
import click
from devml import state
from devml import fetch_repo
from devml import __version__
from devml import mkdata
from devml import stats
from devml import org_stats
from devml import post_processing
```

　次に，これまでつくってきたコードの内容を呼び出す．これをコマンドラインツー
ルに組込むには数行ですむ．

```
@gstats.command("activity")
@click.option("--path", default=CHECKOUT_DIR, help="path to org")
@click.option("--sort", default="active_days",
    help="can sort by: active_days, active_ratio, active_duration")
def activity(path, sort):
    """ 活動日数の統計データを作成

    チェックアウト後の出力例は以下のとおり：
    python dml.py gstats activity -path¥
        /Users/noah/src/wulio/checkout
    """

    org_df = mkdata.create_org_df(path)
    activity_counts = stats.author_unique_active_days(¥
        org_df, sort_by=sort)
    click.echo(activity_counts)
```

このツールを用いるには，コマンドラインから以下のように実行する．

```
# Linux 開発者の active ratio
$ dml gstats activity --path /Users/noahgift/src/linux¥
--sort active_days
```

author_name	active_days	active_duration	active_ratio
Takashi Iwai	1677	4590 days	0.370000
Eric Dumazet	1460	4504 days	0.320000
David S. Miller	1428	4513 days	0.320000
Johannes Berg	1329	4328 days	0.310000
Linus Torvalds	1281	4565 days	0.280000
Al Viro	1249	4562 days	0.270000
Mauro Carvalho Chehab	1227	4464 days	0.270000
Mark Brown	1198	4187 days	0.290000
Dan Carpenter	1158	3972 days	0.290000
Russell King	1141	4602 days	0.250000
Axel Lin	1040	2720 days	0.380000
Alex Deucher	1036	3497 days	0.300000

```
# CPython 開発者の active ratio
```

	author_name	active_days	active_duration	active_ratio
146	Guido van Rossum	2256	9673 days	0.230000
301	Raymond Hettinger	1361	5635 days	0.240000

128	Fred Drake	1239	5335 days	0.230000
47	Benjamin Peterson	1234	3494 days	0.350000
132	Georg Brandl	1080	4091 days	0.260000
375	Victor Stinner	980	2818 days	0.350000
235	Martin v. Löwis	958	5266 days	0.180000
36	Antoine Pitrou	883	3376 days	0.260000
362	Tim Peters	869	5060 days	0.170000
164	Jack Jansen	800	4998 days	0.160000
24	Andrew M. Kuchling	743	4632 days	0.160000
330	Serhiy Storchaka	720	1759 days	0.410000
44	Barry Warsaw	696	8485 days	0.080000
52	Brett Cannon	681	5278 days	0.130000
262	Neal Norwitz	559	2573 days	0.220000

　この解析からすると，CPython プロジェクトの Guido 氏は 1 日に 23 ％の確率で仕事をしていることになる．一方，Linux プロジェクトの Linus 氏の場合は 28 ％である．この解析方法で魅力的なのは，開発者の長期にわたる活動の様子が示されることだ．CPython プロジェクトの場合，開発者の多くはフルタイムの仕事ももっているので，この結果は驚愕に値する．ほかにも面白いことには，その Organization のすべてのリポジトリについて結果を結合すれば，一つの会社における開発者の変遷を見ることができる．ある場合では，相当に年配の開発者でもフルタイムで採用されれば 85 ％近くの活動日数率でコードを生み出せるはず，という結果になった．

8・7　Jupyter Notebook で GitHub Organization を分析する
8・7・1　Pallets の GitHub プロジェクト

　一つのリポジトリだけを調べても，データの一部しか利用していないことになる．前節で作成したコードは Organization のリポジトリをクローンして分析するためのものだ．実在の GitHub Organization では，Pallets Projects（https://github.com/pallets）という Python ソフトウェアの開発者組織が有名である．このプロジェクトでは Click と Flask のように単体でも有名なプロジェクトを複数抱えている．Jupyter Notebook でこの分析を行ったものを以下に置いてあるので参照してほしい（https://github.com/noahgift/devml/blob/master/notebooks/github_data_exploration.ipynb）．

　Jupyter Notebook を開始するには，コマンドラインに "jupyter notebook" と入力する．そして，使用するライブラリをインポートする．

```
In [ ] : import sys;sys.path.append("..")
```

```
...: import pandas as pd
...: from pandas import DataFrame
...: import seaborn as sns
...: import matplotlib.pyplot as plt
...: from sklearn.cluster import KMeans
...: %matplotlib inline
...: from IPython.core.display import display, HTML
...: display(HTML("<style>.container {¥
width:100% !important; }</style>"))
```

次に，Organization のデータをダウンロードするコードを用いる．

```
In [ ]: from devml import (mkdata, stats, state, fetch_repo, ts)

In [ ]: dest, token, org = state.get_project_metadata(¥
        "../project/config.json")

In [ ]: fetch_repo.clone_org_repos(token, org,
        dest, branch="master")
Out[ ]:
[<git.Repo "/tmp/checkout/flask/.git">,
<git.Repo "/tmp/checkout/pallets-sphinx-themes/.git">,
<git.Repo "/tmp/checkout/markupsafe/.git">,
<git.Repo "/tmp/checkout/jinja/.git">,
<git.Repo "/tmp/checkout/werkzeug/.git">,
<git.Repo "/tmp/checkout/itsdangerous/.git">,
<git.Repo "/tmp/checkout/flask-website/.git">,
<git.Repo "/tmp/checkout/click/.git">,
<git.Repo "/tmp/checkout/flask-snippets/.git">,
<git.Repo "/tmp/checkout/flask-docs/.git">,
<git.Repo "/tmp/checkout/flask-ext-migrate/.git">,
<git.Repo "/tmp/checkout/pocoo-sphinx-themes/.git">,
<git.Repo "/tmp/checkout/website/.git">,
<git.Repo "/tmp/checkout/meta/.git">]
```

ディスクに保存してあるコードを用いて，データを Pandas の DataFrame に変換する．

```
In [ ]: df = mkdata.create_org_df(path="/tmp/checkout")

In [ ]: df.describe()
Out[ ]:
```

```
        commits
count   8315.0
mean       1.0
std        0.0
min        1.0
25%        1.0
50%        1.0
75%        1.0
max        1.0
```

そして活動日数を表す active_days を算出する*4.

```
In [ ]: df_author_ud = stats.author_unique_active_days(df)

In [ ]: df_author_ud.head(10)
Out[ ]:
            author_name active_days active_duration active_ratio
86          Armin Ronacher         941       3817 days         0.25
499   Markus Unterwaditzer         238       1767 days         0.13
216             David Lord          94        710 days         0.13
663             Ron DuPlain         56        854 days         0.07
297            Georg Brandl         41       1337 days         0.03
196        Daniel Neuhäuser         36        435 days         0.08
169       Christopher Grebs         27       1515 days         0.02
665      Ronny Pfannschmidt         23       2913 days         0.01
448        Keyan Pishdadian         21        882 days         0.02
712            Simon Sapin         21        793 days         0.03
```

最後にこれを Seaborn のプロットで表示してみよう．sns.barplot を用いる．図 8・
1 は Organization の活動的な参加者上位 10 名について，プロジェクトで活動してい
る日数を棒グラフで示したものである．具体的には，コードにチェックインした日数
である．多くのプロジェクトで開発の主力になっている一人の開発者が，他の参加者
に比べてほぼ 3 倍の活躍ぶりを示しているのは驚くべきことである．

　営利企業の非オープンソースプロジェクトでも，その会社のリポジトリ全体にわ
たって分析すれば，同じような様相を呈するだろう．活動した日数は開発者のプロ
ジェクトの関わりを示す有用なメトリックとなり，チームやプロジェクトの仕事の効
率を推し量るメトリックの一つに加えてよいと思われる．

---

*4 訳注: 開発者たちの実際の活動記録を読み取っているため，出力はその都度異なる．その
ため本書の掲載内容と一致しないはずである．

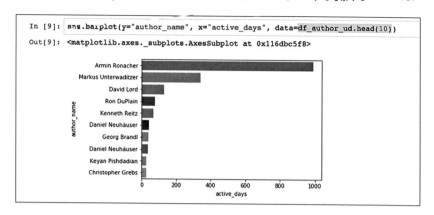

```
In [9]: sns.barplot(y="author_name", x="active_days", data=df_author_ud.head(10))
Out[9]: <matplotlib.axes._subplots.AxesSubplot at 0x116dbc5f8>
```

図 8・1　活動日数を Seaborn でプロットしたところ

8・8　CPython プロジェクトのデータファイルのメタデータを考察する

　次に作成する Jupyter Notebook では，ここで得られた CPython プロジェクト
に関するメタデータを調べる（https://github.com/noahgift/devml/blob/master/
notebooks/repo_file_exploration.ipynb）．CPython プロジェクトは https://github.
com/python/cpython で見ることができる．これは，Python 言語の開発リポジトリ
である．

　ここで作成するメトリックの一つを "相対修正量（**relative churn**）" とよぼうと
思う．このメトリックについては Microsoft の調査報告を参照してほしい（https://
www.microsoft.com/en-us/research/wp-content/uploads/2016/02/icse05churn.pdf）．
ここでは "相対的なコードの修正量の増大は，そのシステムに欠陥の割合が増してい
ることを示す" と説明されている．つまりは，"ファイルに変更が多すぎる場合，プ
ロジェクトに欠陥が予測される" という意味である．

　作成する新しいノートブックでは，解析に必要なモジュールを再びインポートす
る．

```
In [ ]: import sys;sys.path.append("..")
   ...: import pandas as pd
   ...: from pandas import DataFrame
   ...: import seaborn as sns
   ...: import matplotlib.pyplot as plt
   ...: from sklearn.cluster import KMeans
   ...: %matplotlib inline
```

```
    ...: from IPython.core.display import display, HTML
    ...: display(HTML("<style>.container {¥
width:100% !important; }</style>"))
```

次に，churn のメトリックを作成する.

```
In [ ]: from devml.post_processing import (
        git_churn_df, file_len, git_populate_file_metadata)

In [ ]: df = git_churn_df(path="/Users/noahgift/src/cpython")
2017-10-23 06:51:00,256 - devml.post_processing - INFO –
Running churn cmd: [git log --name-only
--pretty=format:] at path [/Users/noahgift/src/cpython]

In [ ]: df.head()
Out[ ]:
                                              files churn_count
0                    b'Lib/test/test_struct.py'          178
1                 b'Lib/test/test_zipimport.py'           78
2                        b'Misc/NEWS.d/next/Core'          351
3                                        b'and'          351
4 b'Builtins/2017-10-13-20-01-47.bpo-31781.cXE9S...            1
```

Pandas のフィルタをいくつか使うと，拡張子 ".py" がついているファイルの中で修正の多かったものを抽出できる．その出力を図 8・2 に示す．

```
In [ ]: metadata_df = git_populate_file_metadata(df)

In [ ]: python_files_df =¥
 metadata_df[metadata_df.extension == ".py"]
   ...: line_python =¥
python_files_df[python_files_df.line_count> 40]
   ...: line_python.sort_values(
by="relative_churn", ascending=False).head(15)
   ...:
```

このクエリからわかるのは，テストプログラムに修正が多いということである．この結果をより深く調べて，テスト方法そのものに欠陥があるのかを検討できるだろう．また，修正が極端に多いファイルは Python モジュールにもいくつかみられる．string.py モジュール（https://github.com/python/cpython/blob/master/Lib/string.py）はその一つだ．このファイルのソースコードを見ると，サイズが大きく内容は

```
In [22]: python_files_df = metadata_df[metadata_df.extension == ".py"]
         line_python = python_files_df[python_files_df.line_count> 40]
         line_python.sort_values(by="relative_churn", ascending=False).head(15)
```

Out[22]:

	files	churn_count	line_count	extension	relative_churn
15	b'Lib/test/regrtest.py'	627	50.0	.py	12.54
196	b'Lib/test/test_datetime.py'	165	57.0	.py	2.89
197	b'Lib/io.py'	165	99.0	.py	1.67
430	b'Lib/test/test_sundry.py'	91	56.0	.py	1.62
269	b'Lib/test/test___all__.py'	128	109.0	.py	1.17
1120	b'Lib/test/test_userstring.py'	40	44.0	.py	0.91
827	b'Lib/email/__init__.py'	52	62.0	.py	0.84
85	b'Lib/test/test_support.py'	262	461.0	.py	0.57
1006	b'Lib/test/test_select.py'	44	82.0	.py	0.54
1474	b'Lib/lib2to3/fixes/fix_itertools_imports.py'	30	57.0	.py	0.53
346	b'Doc/conf.py'	106	206.0	.py	0.51
222	b'Lib/string.py'	151	305.0	.py	0.50
804	b'Lib/test/test_normalization.py'	53	108.0	.py	0.49
592	b'Lib/test/test_fcntl.py'	68	152.0	.py	0.45
602	b'Lib/test/test_winsound.py'	67	148.0	.py	0.45

図8・2　CPython プロジェクトの中で修正の多い .py ファイルの一覧

非常に複雑で,“メタクラス”を抱えている. 複雑なコードはバグを含みやすい. こ
のモジュールもさらにデータサイエンスとして研究する価値がある.

次に, いくつか記述統計量で表せるものを考えよう. プロジェクト全体について中
央値を比べる. このプロジェクトでは数十年間に 10 万件以上のコミットがなされて
いるが, 中央値に相当するファイルではコード量は 146 行, 修正回数は 5 回, 相対修
正量は 10 % であった. このことから望ましいファイルは小さく, 何年か経ってもそ
の間の修正回数は数回程度であるべきとわかる.

```
In [ ]: metadata_df.median()
Out[ ]:
churn_count      5.0
line_count     146.0
relative_churn   0.1
dtype: float64
```

相対修正量を Seaborn プロットで表すと, 傾向がより明らかになる.

```
In [ ]: import matplotlib.pyplot as plt
   ...: plt.figure(figsize=(10,10))
   ...: python_files_df =¥
 metadata_df[metadata_df.extension == ".py"]
   ...: line_python =¥
```

```
python_files_df[python_files_df.line_count> 40]
   ...: line_python_sorted =¥
line_python.sort_values(by="relative_churn",
       ascending=False).head(15)
   ...: sns.barplot(
y="files", x="relative_churn",data=line_python_sorted)
   ...: plt.title('Top 15 CPython Absolute and Relative Churn')
   ...: plt.show()
```

図 8・3 に示すように，regrtest.py が最も修正量の大きいファイルとして群を抜いている．そして，この理由も明らかである．小さなファイルだが，"regression test（退行テスト）"というのは往々にして複雑になりやすい．また，修正されている箇所は最もよく参照されるコードでもあるため，常に顧みられているのかもしれない（https://github.com/python/cpython/blob/master/Lib/test/regrtest.py）.

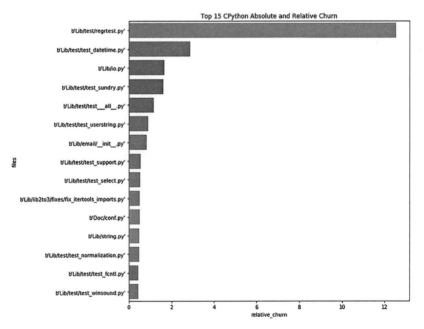

図8・3　CPython プロジェクトの中で修正の多い .py ファイルの Seaborn によるグラフ表示

8・9　CPython プロジェクトで削除されたファイルを考察する

プロジェクトの履歴の中で削除されたファイルを調べてみよう．ファイルの削除に

対する考え方はさまざまだと思う. たとえば, 修正の多すぎるファイルは将来削
除される可能性が高いだろう. 削除されたファイルを調べるには, まず新しい関
数を post-processing モジュールに加える (https://github.com/noahgift/devml/blob/
master/devml/post_processing.py).

```
FILES_DELETED_CMD=¥
    'git log --diff-filter=D --summary | grep delete'

def files_deleted_match(output):
    """ サブプロセスからの出力を検索して, 削除されたファイル名を取得

    たとえば
    wcase/templates/hello.html¥n delete mode 100644
    では, ファイルパス以外のすべてが破棄されている
    """

    files = []
    integers_match_pattern = '^[-+]?[0-9]+$'
    for line in output.split():
        if line == b"delete":
            continue
        elif line == b"mode":
            continue
        elif re.match(integers_match_pattern,
                      line.decode("utf-8")):
            continue
        else:
            files.append(line)
    return files
```

　この関数は Git ログの中で delete のメッセージを検索する. それにはパターンマッ
チングを用いる. そしてファイル名をリストにし, そこから Pandas の DataFrame を
作成できるようにする. 次に, これを Jupyter Notebook で使っていく.

```
In [ ]: from devml.post_processing import git_deleted_files
   ...: deletion_counts = git_deleted_files(
                      "/Users/noahgift/src/cpython")
```

　削除されたファイルの中から最新の記録をいくつか抽出するには以下のようにす
る.

```
In [ ]: deletion_counts.tail()
Out[ ]:
                              files         ext
8812    b'Mac/mwerks/mwerksglue.c'          .c
8813            b'Modules/version.c'        .c
8814         b'Modules/Setup.irix5'    .irix5
8815         b'Modules/Setup.guido'    .guido
8816         b'Modules/Setup.minix'    .minix
```

次に，削除されたファイルと保持されているファイルとを比較して，何かパターンがあるか調べてみよう．それには削除されたファイルの DataFrame を結合する．

```
In [ ]: all_files = metadata_df['files']
   ...: deleted_files = deletion_counts['files']
   ...: membership = all_files.isin(deleted_files)
   ...:

In [ ]: metadata_df["deleted_files"] = membership

In [ ]: metadata_df.loc[metadata_df["deleted_files"] == True].¥
median()
Out[]:
churn_count      4.000
line_count      91.500
relative_churn   0.145
deleted_files    1.000
dtype: float64

In [ ]: metadata_df.loc[metadata_df["deleted_files"] == False].¥
median()
Out[ ]:
churn_count      9.0
line_count     149.0
relative_churn   0.1
deleted_files    0.0
dtype: float64
```

削除されたファイルと保持されているファイルのそれぞれ中央値をとって比較すると，違いがいくつかあり，削除されたファイルのおもなものでは，それまでの修正回数が多いことが認められた．ということは問題の多いファイルなので削除されたのだろうか？ これだけでは決められない．そこで，この DataFrame について Seaborn

の相関ヒートマップを作成してみる.

```
In [ ]: sns.heatmap(metadata_df.corr(), annot=True)
```

結果を図 8・4 に示す. 相対修正回数と削除されたファイルには非常にわずかなが
ら正の相関がみられる. これは ML モデルでファイルが削除された場合の尤度の予
測に使えるかもしれない.

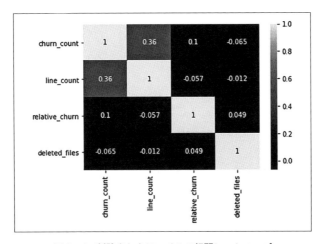

図8・4 削除されたファイルの相関ヒートマップ

最後に, 散布図を一つつくって, 削除されたファイルと保持されているファイルと
の違いを調べてみよう.

```
In [ ]: sns.lmplot(x="churn_count", y="line_count",
 hue="deleted_files", data=metadata_df)
```

図 8・5 は, 行数, 修正回数, 削除されたか保持されているかの分類を 3 次元で示
している.

8・10 プロジェクトを PyPI にデプロイする

これまでに作成してきたライブラリとコマンドラインの苦労の成果を, 人々と分か
ち合ってもよいのではないだろうか. プロジェクトを PyPI に登録してみよう.

PyPI に登録するための作業は, 以下のようにほんの少しだ.

ステップ 1. https://pypi.python.org/pypi でアカウントを作成する

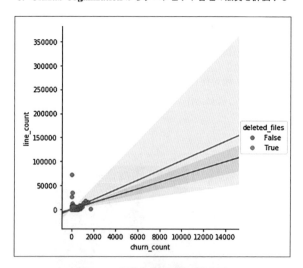

図 8・5　行数と修正回数の散布図

ステップ 2. **twine** をインストールする．コマンドは `pip install twine`
ステップ 3. setup.py ファイルを作成する
ステップ 4. Makefile にデプロイの工程を追加する

ここでは，ステップ 3 から説明しよう．setup.py ファイルの内容を以下に示す．最も重要な指定箇所は二つある．一つはパッケージの指定で，必要なライブラリが確実にインストールされるようにする．もう一つはスクリプトの指定で，本章をとおして用いた dml スクリプトを入れる．全文は（https://github.com/noahgift/devml/blob/master/setup.py）を参照してほしい．

```python
import sys
if sys.version_info < (3,6):
    sys.exit('Sorry, Python < 3.6 is not supported')
import os

from setuptools import setup

from devml import __version__

if os.path.exists('README.md'):
    LONG = open('README.md').read()
else:
```

```
    LONG = ''

setup(
    name='devml',
    version=__version__,
    url='https://github.com/noahgift/devml',
    license='MIT',
    author='Noah Gift',
    author_email='consulting@noahgift.com',
    description="""Machine Learning, Statistics and Utilities ¥
around Developer Productivity,
        Company Productivity and Project Productivity""",
    long_description=LONG,
    packages=['devml'],
    include_package_data=True,
    zip_safe=False,
    platforms='any',
    install_requires=[
        'pandas',
        'click',
        'PyGithub',
        'gitpython',
        'sensible',
        'scipy',
        'numpy',
    ],
    classifiers=[
        'Development Status :: 4 - Beta',
        'Intended Audience :: Developers',
        'License :: OSI Approved :: MIT License',
        'Programming Language :: Python',
        'Programming Language :: Python :: 3.6',
        'Topic :: Software Development :: Libraries :: ¥
Python Modules'
    ],
    scripts=["dml"],
)
```

　ユーザーがこのモジュールを pip コマンドでインストールすると，スクリプトの
ディレクティブが dml ツールを各自の該当場所にインストールする．
　最後に，Makefile の修正である．次のように記述する．

```
deploy-pypi:
    pandoc --from=markdown --to=rst README.md -o README.rst
    python setup.py check --restructuredtext --strict --metadata
    rm -rf dist
    python setup.py sdist
    twine upload dist/*
    rm -f README.rst
```

Makefile の全文は GitHub (https://github.com/noahgift/devml/blob/master/Makefile) を参照してほしい.

こうしてデプロイすると，経過の出力は以下のようになる.

```
$ make deploy-pypi
pandoc --from=markdown --to=rst README.md -o README.rst
python setup.py check --restructuredtext --strict --metadata
running check
rm -rf dist
python setup.py sdist
running sdist
running egg_info
writing devml.egg-info/PKG-INFO
writing dependency_links to devml.egg-info/dependency_links.txt
....
running check
creating devml-0.5.1
creating devml-0.5.1/devml
creating devml-0.5.1/devml.egg-info
copying files to devml-0.5.1...
....
Writing devml-0.5.1/setup.cfg
creating dist
Creating tar archive
removing 'devml-0.5.1' (and everything under it)
twine upload dist/*
Uploading distributions to https://upload.pypi.org/legacy/
Enter your username:
```

8・11 ま と め

本章では，まずデータサイエンスの基本的な枠組みを作成し，各構成部分を説明した．次に，GitHub の CPython プロジェクトの詳細な分析を行った．これには

Jupyter Notebook を使用した．そして，このデータサイエンスのコマンドラインツールプロジェクト DEVML をパッケージ化して，PyPI にデプロイした．本章は，データサイエンス開発者が自分の扱う問題を Python ライブラリとコマンドラインツールを用いて解決するための基本的な構成要素になるはずだ．

　本書の他の章と同様，本章も AI 製品や，企業の内部での AI ツールのつくり方のほんの初歩にすぎない．本書の他章で紹介したような，Flask や Chalice による API や，データパイプラインを通じて，本章のコードを製品として仕立てることになるだろう．

9

AWSのEC2インスタンスを
動的に最適化する

*ジウジツは競争と同じで，自分より優れた相手に対して
ミスを犯したら，二度と追いつけない.*

Luis "Limao" Heredia

　ML のプログラムを製品になるようにまとめあげようとするなら，ジョブの管理が
問題になる．たとえば Web サイトの内容をスクレイピングして，得た内容から記述
統計量を作成し，巨大な CSV ファイルにして，それを読み込んで教師あり ML モデ
ルをアップデートするなどの作業をプログラムで自動化する．このようなジョブの管
理はコンピュータサイエンスで最も複雑な問題の一つであり，たくさんの方法があ
る．加えて，ジョブの実行にはすぐに費用がかさんでくる．本章では，いくつかの
AWS 技術とその使用例を紹介する.

9・1 AWS でジョブを実行する
9・1・1 スポットインスタンス

　機械学習システムを作成するにも実験するにも，**スポットインスタンス**の理解は欠
かせない[*1]．スポットインスタンスについては AWS 公式のチュートリアルビデオ

---

*1 訳注：EC2 インスタンスの種類は，おもに "オンデマンド"，"リザーブド"，"スポット"
の 3 種類がある．それぞれ，"使用時間に関する課金（標準価格に相当する）"，"事前に長期的に
予約することで割引されるもの"，"現在の需要と供給によって決まる入札制で利用権を得るも
の" であり，この順で料金が安い．費用対効果の高いスポットインスタンスの種類を探すのが本
章の話題である．なおスポットインスタンスは入札制であるため，自身が支払うと決めた上限使
用料金よりも高い使用料金をほかの AWS 利用者が提示すると，実行中のインスタンスが一時停
止させられる（その入札者に奪われる）可能性もある.

(http：//aws.amazon.com/ec2/spot/spot-tutorials/）が有用であり，本書の内容を理解するのにも役立つだろう．以下に，スポットインスタンスの背景を手短に紹介する．

- 多くの場合，リザーブドインスタンスよりも 50〜60 % ほど安価になる
- さまざまな産業とユースケースで有用である
  - ・理科学研究
  - ・金融サービス
  - ・動画/画像処理産業
  - ・Web クローリング/データ処理
  - ・関数のテスト，負荷テスト
  - ・ディープラーニング，機械学習
- 共通の構造が四つある
  - ・Hadoop/Elastic Map Reduce（EMR）
  - ・チェックポイント作成（処理の結果をディスクの外に書き出す）
  - ・グリッド〔たとえば StarCluster（http：//star.mit.edu/cluster/docs/latest/index.html)〕
  - ・キューベース

a. スポットインスタンスの仕組みと料金の変遷　　適切な料金のスポットインスタンスを選ぶのは直感的にはいかず，少し寄り道して学習しなければならない．最初にぶつかるのは，自分の作業にどの種類のインスタンスを選ぶかである．こんなことすら，大きな問題となる．なぜなら，スポットの構造の種類によってボトルネックが異なるのだ．あるものはネットワーク，あるものはディスク I/O（入出力速度），またあるものは CPU などがボトルネックになる．加えて，ジョブフレームワークの場合はコードの構造そのものが関わってくる．

製品環境における並列処理の限界は，図 9・1 に示す**アムダールの法則**（Amdahl's Law)で最もよく説明できる．この法則では，処理速度はプログラム中のいくつかの箇所によって制約を受けるとしている．たとえば，ジョブの中で逐次処理の部分がオーバーヘッドの原因の一部となる．わかりやすい例をあげると，100 秒かかるジョブに，開発者がうっかり 5 秒分の time.sleep() を混入させていたとする．このようなジョブが分散処理されるとすれば，速度の改善は最大でも 20 倍にしかならない計算になる．CPU やディスクの性能が上がってもこのスリープを改善する作業は何も行われないからだ．このような隠れたスリープのようなことは実際起こるのである．

アムダールの法則の式は以下のように表すことができる．

$$S_{\text{latency}}(s) = \frac{1}{(1-p)+\dfrac{p}{s}}$$

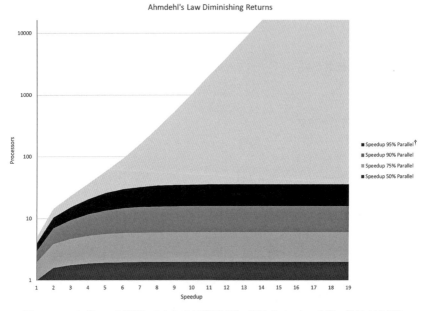

図 9・1　アムダールの法則にみられる収穫逓減[*2]　縦軸はプロセッサ数, 横軸は速度比
(倍数) を示す. †: 並列化できた処理の割合 (上から 95%, 90%, 75%, 50%).

- $S_{latency}(s)$ は全体の速度改善率
- s は並列化 (プロセッサ数の増加) による速度改善率
- p は全体の処理時間のうち, 並列化で改善できる部分が最初に占めていた割合

　ジョブの中の逐次処理がたとえばファイルの展開であれば, CPU とディスク入出
力の速度を上げればよい. このような理論があるとはいえ, ジョブの分散は難しく,
スポットインスタンスの種類と構造を選ぶには, 経験と実測を必要とする. ジョブを
実行し, ノードごとのメトリックをみて, かかった時間を検討する. それから他の構
造や設定で実行してみる. たとえば EFS がよいのか, ストライプ式の EBS (Elastic
Block Storage) のボリュームを NFS (Network File System) で共有する構造がよい
のかなどを比較するのである.

　筆者は映画産業で長年仕事をしてきたが, 映画は最初の "ビッグデータ" 産業だっ
たと考える. 映画の作成はジョブフレームワークを分散処理で実行するもので, これ
はジョブフレームワークの中で Hadoop, ビッグデータ, ML, AI などが語られるよ

---

*2 訳注: 収穫逓減 (diminishing returns) は経済用語で, 労働力や資金の投入が増えても収
穫が上がらず, その利益が逆に減っていくことをいう.

うになるより何年も前から行っていたことである．筆者がこの仕事で経験したことから思うことは，分散システムでは常に何かがうまくいかないというのがビッグデータだということだ．おもな教訓として得られたのは，効果的な計測を持続すること，ジョブが長くなるのを可能な限り抑えるための方法をもつことだ．

　このようなことを踏まえ，改めてスポットインスタンスの料金を考えると，分散ジョブの処理性能がどうなれば最適か，方法はたくさんあることを知っていて損はない．安くて性能のよいインスタンスというのにとかく手を出したくはなるが，製品になるものを長きにわたって順調に開発し続けていくためには，他の設定も検討したほうがよいし，またどうやってテストするかも大切だ．

　スポットインスタンスの料金とオンデマンドインスタンスの料金を比較し，マシンの仕様も検討するためのよい資料が https://www.ec2instances.info/ である．この Web アプリのソースコードは GitHub（https://github.com/powdahound/ec2instances.info）で参照できる．このアプリでは，AWS のサイトをスクレイピングして，スポットインスタンスの料金とリザーブドインスタンスの料金を一つの Web ページにまとめて表示している．データは整形されたうえ，CSV ファイルとして保存されているので，Jupyter Notebook で容易にインポートできる．

b. ML ベースのスポットインスタンス料金ツールと Jupyter Notebook のノートブックを作成する　　本書の主要な視点は，製品になるような ML ソリューションの作成にある．Unix の思想は，一つの仕事を確実にこなす小さなツールの組合わせである．生産システムもただ一つのシステムではなく，そのシステムを動かすための小さなツールを複数開発して協働させるものだ．そこでその思想に従い，あるリージョンのスポットインスタンスの料金を検索し，推奨されるスポットインスタンスのクラスタを ML で選択するツールをつくることにする．まず，新しい Jupyter Notebook のノートブックに，共通かつ定型の初期化処理を書くことから始める．

```
In [ ]: import pandas as pd
   ...: import seaborn as sns
   ...: import matplotlib.pyplot as plt
   ...: from sklearn.cluster import KMeans
   ...: %matplotlib inline
   ...: from IPython.core.display import display, HTML
   ...: display(HTML("<style>.container ¥
{ width:100% !important; }</style>"))
   ...: import boto3
```

　次に，CSV ファイルを読み込む．このファイルは https://www.ec2instances.info/ から収集した情報を Excel で少し修正し，CSV 形式で保存したものである．

```
In [ ]: pricing_df = pd.read_csv("../data/ec2-prices.csv")
   ...: pricing_df['price_per_ecu_on_demand'] =¥
        pricing_df['linux_on_demand_cost_hourly']/¥
        pricing_df['compute_units_ecu']
   ...: pricing_df.head()
Out[ ]:
                   Name InstanceType memory_gb compute_units_ecu ¥
R3   High-Memory Large    r3.large     15.25              6.5
M4               Large    m4.large      8.00              6.5
R4   High-Memory Large    r4.large     15.25              7.0
C4      High-CPU Large    c4.large      3.75              8.0
GPU       Extra Large    p2.xlarge     61.00             12.0

vcpu gpus fpga enhanced_networking  linux_on_demand_cost_hourly ¥
   2    0    0                 Yes                          0.17
   2    0    0                 Yes                          0.10
   2    0    0                 Yes                          0.13
   2    0    0                 Yes                          0.10
   4    1    0                 Yes                          0.90

     price_per_ecu_on_demand
0               0.026154
1               0.015385
2               0.018571
3               0.012500
```

このデータセットのインスタンス名を Boto3 API に渡して, スポットインスタンス
の料金履歴を取得する.

```
In [ ]: names = pricing_df["InstanceType"].to_dict()
In [ ]: client = boto3.client('ec2')
   ...: response =client.describe_spot_price_history(¥
        InstanceTypes = list(names.values()),
   ...: ProductDescriptions = ["Linux/UNIX"])
In [ ]: spot_price_history = response['SpotPriceHistory']
   ...: spot_history_df = pd.DataFrame(spot_price_history)
   ...: spot_history_df.SpotPrice =¥
        spot_history_df.SpotPrice.astype(float)
```

API から得られた応答の中で最も有用なのは, SpotPrice の値である. これに基
づいて, 推奨される類似のインスタンスをまとめ, **ECU** (Elastic Compute Unit,
EC2 における処理能力の単位) ごとの料金, メモリごとの料金のそれぞれ最適値を

得る．JSON 形式で戻ってくる応答は Pandas の DataFrame に変換する．SpotPrice
列の値は小数値に変換して，数値として処理できるようにする．

```
In [ ]: spot_history_df.head()
Out[ ]:
  AvailabilityZone InstanceType ProductDescription SpotPrice ¥
0        us-west-2c    r4.8xlarge        Linux/UNIX    0.9000
1        us-west-2c     p2.xlarge        Linux/UNIX    0.2763
2        us-west-2c    m3.2xlarge        Linux/UNIX    0.0948
3        us-west-2c     c4.xlarge        Linux/UNIX    0.0573
4        us-west-2a     m3.xlarge        Linux/UNIX    0.0447

                 Timestamp
0 2017-09-11 15:22:59+00:00
1 2017-09-11 15:22:39+00:00
2 2017-09-11 15:22:39+00:00
3 2017-09-11 15:22:38+00:00
4 2017-09-11 15:22:38+00:00
```

　二つの DataFrame をマージし，SpotPrice をメモリと ECU ごとに換算した値を
それぞれ新しい列として作成する．三つの列について Pandas の describe() を行
うと，新しい DataFrame の特徴が示される．

```
In [ ]: df = spot_history_df.merge(¥
        pricing_df, how="inner", on="InstanceType")
   ...: df['price_memory_spot'] =¥
        df['SpotPrice']/df['memory_gb']
   ...: df['price_ecu_spot'] =¥
        df['SpotPrice']/df['compute_units_ecu']
   ...: df[["price_ecu_spot", "SpotPrice",¥
        "price_memory_spot"]].describe()
Out[ ]:
       price_ecu_spot    SpotPrice  price_memory_spot
count    1000.000000  1000.000000        1000.000000
mean        0.007443     0.693629           0.005041
std         0.029698     6.369657           0.006676
min         0.002259     0.009300           0.000683
25%         0.003471     0.097900           0.002690
50%         0.004250     0.243800           0.003230
75%         0.006440     0.556300           0.006264
max         0.765957   133.380000           0.147541
```

　データを視覚化すると，結果がより明らかになるだろう．AWS の InstanceType

列に対してグループ化すると，InstanceType ごとに中央値をとることができる．

```
In [ ]: df_median = df.groupby("InstanceType").median()
   ...: df_median["InstanceType"] = df_median.index
   ...: df_median["price_ecu_spot"] =¥
        df_median.price_ecu_spot.round(3)
   ...: df_median["divide_SpotPrice"] = df_median.SpotPrice/100
   ...: df_median.sort_values("price_ecu_spot", inplace=True)
```

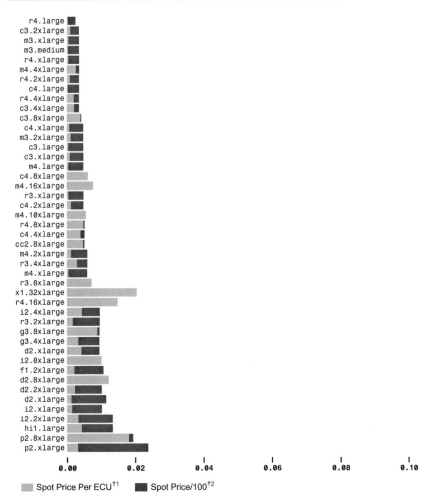

図 9・2　演算ユニットごとの AWS スポット料金　†1: ECU ごとのスポット料金，
†2: スポット料金を 100 で割った値.

Seaborn で棒グラフを作成する．二つのプロットを，両者の上端をそろえて重ねる．これは二つの関連するプロットを対照させるよい方法である．こうして，ECU 当たりのスポット料金 price_ecu_sport を，SpotPrice の元の値と比較する．この結果を図 9・2 に示す．DataFrame をソートすると様相がはっきりと現れる．効率よい分散コンピューティングを行いたいユーザーに大変役に立つだろう．us-west-2 リージョンにおいては，r4.large という種類のインスタンスが，ECU で見ても，スポット料金で見ても，もしくはスポット料金と ECU の比で見ても，最もよい選択となる．なお，見やすくするためにスポット料金は 100 で割っている．

```
    ...: plt.subplots(figsize=(20,15))
    ...: ax = plt.axes()
    ...: sns.set_color_codes("muted")
    ...: sns.barplot(x="price_ecu_spot",¥
 y="InstanceType", data=df_median,
    ...:             label="Spot Price Per ECU", color="b")
    ...: sns.set_color_codes("pastel")
    ...: sns.barplot(x="divide_SpotPrice",¥
 y="InstanceType", data=df_median,
    ...:             label="Spot Price/100", color="b")
    ...:
    ...: # 凡例と，軸ラベルによる説明を付加
    ...: ax.legend(ncol=2, loc="lower right", frameon=True)
    ...: ax.set(xlim=(0, .1), ylabel="",
    ...:        xlabel="AWS Spot Pricing by Compute Units (ECU)")
    ...: sns.despine(left=True, bottom=True)
<matplotlib.figure.Figure at 0x11383ef98>
```

これで情報が得られたので，次にコマンドラインツールを作成し，どの種類のスポットインスタンスのプロビジョニングを受けるか判断を下せるようにしよう．新しいコマンドラインツールを作成するには，新しいモジュールを paws フォルダの中に作成し，これまでのコードを関数にまとめる．

```
def cluster(combined_spot_history_df, sort_by="price_ecu_spot"):
    """ スポットインスタンスをクラスタに分類する """

    df_median = combined_spot_history_df.¥
groupby("InstanceType").median()
    df_median["InstanceType"] = df_median.index
    df_median["price_ecu_spot"] = df_median.price_ecu_spot.¥
```

```
round(3)
    df_median.sort_values(sort_by, inplace=True)
    numerical_df = df_median.loc[:,¥
["price_ecu_spot", "price_memory_spot", "SpotPrice"]]
    scaler = MinMaxScaler()
    scaler.fit(numerical_df)
    scaler.transform(numerical_df)
    k_means = KMeans(n_clusters=3)
    kmeans = k_means.fit(scaler.transform(numerical_df))
    df_median["cluster"]=kmeans.labels_
    return df_median

def recommend_cluster(df_cluster, instance_type):
    """ 入力したインスタンスの種類に対し，類似のインスタンスを提示

    vals = df_cluster.loc[df_cluster['InstanceType'] ==¥
instance_type]
    cluster_res = vals['cluster'].to_dict()
    cluster_num = cluster_res[instance_type]
    cluster_members = df_cluster.loc[df_cluster["cluster"] ==¥
cluster_num]
    return cluster_members
```

　上記の関数 cluster はデータを整形し，price_ecu_spot, price_memory_spot, SpotPrice の三つの値をとって三つのクラスタを作成する．関数 recommend_cluster は，"同じクラスタのインスタンスは似たようなもので，置き換え可能" という仮定のもとで動作する．Jupyter 上でちょっと見ただけでも，三つの顕著なクラスタがわかる．クラスタ 1 はメモリが非現実的なほど大きく，スポット料金もそれに応じて高価である．このクラスタにはインスタンスは一つしかない．クラスタ 2 はメモリ最小の選択で，11 インスタンスが含まれる．クラスタ 0 はインスタンスが 33 で最も多い．料金は高い方だが，平均してクラスタ 2 の 2 倍のメモリをもっている．これらの仮定をコマンドラインツールにすれば使いやすくなり，ユーザーはスポットインスタンスのメモリ容量が小さいか，中くらいか，大きいかを選び，それでどの程度の出費になるかを知ることができるようになる．

```
In [ ]: df_median[["price_ecu_spot", "SpotPrice",¥
 "price_memory_spot", "memory_gb","cluster"]].¥
groupby("cluster").median()
```

```
Out[ ]:
        price_ecu_spot   SpotPrice   price_memory_spot   memory_gb
cluster
    0         0.005        0.2430           0.002817         61.0
    1         0.766       72.0000           0.147541        488.0
    2         0.004        0.1741           0.007147         30.0

In [ ]: df_median[["price_ecu_spot", "SpotPrice",¥
        "price_memory_spot", "memory_gb","cluster"]].¥
        groupby("cluster").count()
Out[ ]:
        price_ecu_spot   SpotPrice   price_memory_spot   memory_gb
cluster
    0           33           33                33               33
    1            1            1                 1                1
    2           11           11                11               11
```

　最終的にコマンドラインツールを作成する方法は，これまで行ってきたことと同様である．ライブラリをインポートし，Click フレームワークを用いてコマンドオプションを扱い，click.echo を用いて結果を返す．recommend コマンドは--instance フラグをとり，そのクラスタのすべてのメンバーについて応答を返す．

```
@cli.command("recommend")
@click.option('--instance', help='Instance Type')
def recommend(instance):
    """ kNN 法によるクラスタリングで，類似のスポットインスタンスを提示

    使用例：

    ./spot-price-ml.py recommend --instance c3.8xlarge

    """
    pd.set_option('display.float_format', lambda x: '%.3f' % x)
    pricing_df = setup_spot_data("data/ec2-prices.csv")
    names = pricing_df["InstanceType"].to_dict()
    spot_history_df = get_spot_pricing_history(names,
        product_description="Linux/UNIX")
    df = combined_spot_df(spot_history_df, pricing_df)
    df_cluster = cluster(df, sort_by="price_ecu_spot")
    df_cluster_members = recommend_cluster(df_cluster, instance)
    click.echo(df_cluster_members[["SpotPrice",¥
```

```
"price_ecu_spot", "cluster", "price_memory_spot"]])
```

実際に実行すると，出力は以下のようになる.

```
$ ./spot-price-ml.py recommend --instance c3.8xlarge
                SpotPrice price_ecu_spot cluster price_memory_spot
InstanceType
c3.2xlarge          0.098         0.003       0              0.007
c3.4xlarge          0.176         0.003       0              0.006
c3.8xlarge          0.370         0.003       0              0.006
c4.4xlarge          0.265         0.004       0              0.009
cc2.8xlarge         0.356         0.004       0              0.006
c3.large            0.027         0.004       0              0.007
c3.xlarge           0.053         0.004       0              0.007
c4.2xlarge          0.125         0.004       0              0.008
c4.8xlarge          0.557         0.004       0              0.009
c4.xlarge           0.060         0.004       0              0.008
hi1.4xlarge         0.370         0.011       0              0.006
```

c. スポットインスタンスのランチャーを書く　　スポットインスタンスの扱い方
は，簡単なものから高度なものまでさまざまである．ここでは，容易な例から始め
て，そこから程度を上げていこう．スポットインスタンスは AWS の ML にとって命
を保つ血にも等しく，適切な使い方を心得ているかどうかで，会社，プロジェクトあ
るいは趣味を，生かしも死なせもする．最良の実践練習として勧めたいのは，1 時間
以内に自己を終了・無効化するスポットインスタンスの作成だ．これはスポットイン
スタンス起動プログラムの初歩である．初歩とはいえないかもしれないが，最初の作
成物として適切である．

はじめに Click, Boto3, Base64 のライブラリをインポートする．ユーザーデータ
を AWS に送るときは Base64 エンコードが必要で，その方法は後半のスニペットで
示す. boto3.set_stream_logger を含む行のコメント記号を外すと，ログのメッ
セージが非常に詳細になる（オプションのテストをするとき役に立つだろう）.

```
#!/usr/bin/env python
""" テストのスポットインスタンスを起動する """

import click
import boto3
import base64
```

```
from sensible.loginit import logger
log = logger(__name__)

# Boto3 でデバッグ情報の記録を有効にする
#boto3.set_stream_logger(name='botocore')
```

次に，以下の部分でコマンドラインツールをセットアップし，ユーザーデータのオプションを自動終了機能の設定に用いる．これは基本的には Eric Hammond（https://www.linkedin.com/in/ehammond/）が発案したすばらしいトリックで，マシンの起動時に at コマンドの機能を用いてインスタンスを終了させるジョブを設定する．このコマンドラインツールでは彼のトリックを拡張して，ユーザーが初期設定の 55 分だけでなく，終了までの時間を設定できるようにする．

```
@click.group()
def cli():
    """ スポットランチャー """


def user_data_cmds(duration):
    """ 起動コマンド作成．終了コマンド実行までの時間を指定する """

    cmds = """
        #cloud-config
        runcmd:
        - echo "halt" | at now + {duration} min
    """.format(duration=duration)
    return cmds
```

以下のオプションでは，すべてを初期設定どおりにし，ユーザーは起動コマンドだけを打てばよいようにしている．これらのオプションは，Boto3 クライアントが呼び出す**スポットリクエスト API** に渡される．

```
@cli.command("launch")
@click.option('--instance', default="r4.large",
              help='Instance Type')
@click.option('--duration', default="55", help='Duration')
@click.option('--keyname', default="pragai", help='Key Name')
@click.option('--profile', default="arn:aws:iam::561744971673:¥
instance-profile/admin", help='IamInstanceProfile')
@click.option('--securitygroup', default="sg-61706e07",
              help='Key Name')
```

```python
@click.option('--ami', default="ami-6df1e514", help='Key Name')
def request_spot_instance(duration, instance, keyname,
                          profile, securitygroup, ami):
    """ スポットインスタンス起動のリクエスト """

    user_data = user_data_cmds(duration)
    LaunchSpecifications = {
            "ImageId": ami,
            "InstanceType": instance,
            "KeyName": keyname,
            "IamInstanceProfile": {
                "Arn": profile
            },
            "UserData": base64.b64encode(user_data.\
encode("ascii")). decode('ascii'),
            "BlockDeviceMappings": [
                {
                    "DeviceName": "/dev/xvda",
                    "Ebs": {
                        "DeleteOnTermination": True,
                        "VolumeType": "gp2",
                        "VolumeSize": 8,
                    }
                }
            ],
            "SecurityGroupIds": [securitygroup]
    }

    run_args = {
            'SpotPrice'            : "0.8",
            'Type'                 : "one-time",
            'InstanceCount'        : 1,
            'LaunchSpecification'  : LaunchSpecifications
    }

    msg_user_data = "SPOT REQUEST DATA: %s" % run_args
    log.info(msg_user_data)

    client = boto3.client('ec2', "us-west-2")
    reservation = client.request_spot_instances(**run_args)
    return reservation
```

```
if __name__ == '__main__':
    cli()
```

　コマンドラインツールをヘルプ付きで起動すると，変更可能なオプションの一覧が
出力される．ここでは料金のオプションを用意していない．その理由はスポットイン
スタンスの料金は変動するからだ．そこでリクエストにはいつも最低料金を用いるよ
うにした．料金をオプションに入れたくなったら，同じ方法で追加すればよい．

```
$ ./spot_launcher.py launch --help
Usage: spot_launcher.py launch [OPTIONS]

  Request spot instance

Options:
  --instance TEXT       Instance Type
  --duration TEXT       Duration
  --keyname TEXT        Key Name
  --profile TEXT        IamInstanceProfile
  --securitygroup TEXT  Key Name
  --ami TEXT            Key Name
  --help                Show this message and exit.
```

　スポットインスタンス終了までの時間を変更するとしよう．たとえば，1 時間 55
分にする．この場合は，オプション --duration を用いる．

```
$ ./spot_launcher.py launch --duration 115
2017-09-20 06:46:53,046 - __main__ - INFO -
SPOT REQUEST DATA: {'SpotPrice': '0.8', 'Type':
'one-time', 'InstanceCount': 1, 'LaunchSpecification':
{'ImageId': 'ami-6df1e514', 'InstanceType':
'r4.large', 'KeyName': 'pragai', 'IamInstanceProfile':
{'Arn': 'arn:aws:iam::561744971673:instance-profile/admin'},
......
```

　インスタンスが起動すると，その地域の EC2 ダッシュボードに表示される．これ
を見るには自分の AWS コンソールで https://us-west-2.console.aws.amazon.com/ec2/
v2/home?region=us-west-2#Instances:sort=ipv6Ips を開く．図 9・3 にその様子を示す．
図 9・3 には **SSH** でこのマシンへ接続する方法が示されている．
　この情報を用いて，ssh でスポットインスタンスに接続する．

Connect To Your Instance   **X**

I would like to connect with   ◉ A standalone SSH client
                                    ○ A Java SSH Client directly from my browser (Java required)

To access your instance:

1. Open an SSH client. (find out how to connect using PuTTY)

2. Locate your private key file (pragai.pem). The wizard automatically detects the key you used to launch the instance.

3. Your key must not be publicly viewable for SSH to work. Use this command if needed:

    chmod 400 pragai.pem

4. Connect to your instance using its Public DNS:

    ec2-52-26-11-129.us-west-2.compute.amazonaws.com

Example:

    ssh -i "pragai.pme" ec2-user@ec2-52-26-11-129.us-west-2.compute.amzazonaws.com

    Please note that in most cases the username above will be correct, however please ensure that you read your AMI usage instructions to ensure that the AMI owner has not changed the default AMI username.

If you need any assistance connecting to your instance, please see our connection documentation.

                                                                    Close

図 9・3 AWS スポットインスタンスと接続方法

```
$ ssh -i "~/.ssh/pragai.pem" ec2-user@52.26.11.129
The authenticity of host '52.26.11.129 (52.26.11.129)'
ECDSA key fingerprint is SHA256:1TaVeVvOL7GE...
Are you sure you want to continue connecting (yes/no)? yes
Warning: Permanently added '52.26.11.129'
```

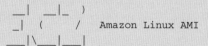

```
       __|  __|_  )
       _|  (     /   Amazon Linux AMI
      ___|\___|___|
```

```
https://aws.amazon.com/amazon-linux-ami/2017.03-release-notes/
9 package(s) needed for security, out of 13 available
Run "sudo yum update" to apply all updates.
[ec2-user@ip-172-31-8-237 ~]$
```

Amazon Linux のシェルで uptime コマンドを入力すると，インスタンスが起動し

てからの経過時間を知ることができる. 以下の例では, インスタンスが起動してから
1 時間 31 分と示されている. 終了まであと 20 分ほどあることになる.

```
[ec2-user@ip-172-31-8-237 ~]$ uptime
 15:18:52 up 1:31, 1 user, load average: 0.00, 0.00, 0.00
```

root ユーザーに切り替えて, このマシンを停止させるジョブが予定に入っているか
どうかを確認する.

```
[ec2-user@ip-172-31-8-237 ~]$ sudo su -
[root@ip-172-31-8-237 ~]# at -l
1       2017-09-20 15:42 a root
```

次に, 実行される予定の実際のコマンドを調べる.

```
#!/bin/sh
# atrun uid=0 gid=0
# mail root 0
umask 22
PATH=/sbin:/usr/sbin:/bin:/usr/bin; export PATH
RUNLEVEL=3; export RUNLEVEL
runlevel=3; export runlevel
PWD=/; export PWD
LANGSH_SOURCED=1; export LANGSH_SOURCED
LANG=en_US.UTF-8; export LANG
PREVLEVEL=N; export PREVLEVEL
previous=N; export previous
CONSOLETYPE=serial; export CONSOLETYPE
SHLVL=4; export SHLVL
UPSTART_INSTANCE=; export UPSTART_INSTANCE
UPSTART_EVENTS=runlevel; export UPSTART_EVENTS
UPSTART_JOB=rc; export UPSTART_JOB
cd / || {
    echo 'Execution directory inaccessible' >&2
    exit 1
}
${SHELL:-/bin/sh} << 'marcinDELIMITER6382915b'
halt
```

　最近の Amazon のサービス形態の変更で, このような研究と手法の開発がますま
す必要になったといってよい. 2017 年 10 月 3 日から Amazon は 1 分を最小単位とし
て, そこから秒ごとに課金するという方式に変わった. これでスポットインスタンス
が劇的に利用しやすくなった. たとえば, スポットインスタンスを特定の目的の関数

の実行に用い，終わったら終了してしまえば使用時間は 30 秒くらいですむ，という
使い方ができるようになったのだ.

このようにして，簡単だがさまざまな製品プロダクトに使えるスポットランチャー
を作成できた．次は，起動したインスタンスにソフトウェア製品をデプロイできるよ
うにする．これにはさまざまな方法がある.

- インスタンス起動時に，シェルスクリプトをインスタンスに渡す．前述したとお
  りの方法である．AWS の公式ドキュメント（https://docs.aws.amazon.com/ja_
  jp/AWSEC2/latest/UserGuide/user-data.html）に，より高度な例が掲載されてい
  る.

- AMI そのものを修正しておいて，インスタンス起動時にその**スナップショット**
  を用いる．これにはまたいくつかの方法がある．たとえば，インスタンスを起動
  し，設定変更して保存する．ほかに AMI Builder Packer（https://www.packer.
  io/docs/builders/amazon-ebs.html）を用いる方法もある．このようにすれば，
  インスタンスが起動したとき，すでにマシンに必要なソフトウェアが含まれるよ
  うになる．この方法はほかの目的にも使える．たとえば完成前の AMI にカスタ
  ムのシェルスクリプトを組込むなどである.

- 起動時に **EFS** を用いてデータとソフトウェアを保存し，バイナリデータとスク
  リプトとを環境にリンクさせておく．これは Solaris や他の Unix システムで
  NFS を用いていた頃からよく知られている方法である．スポットインスタンス
  の環境をカスタマイズするにも優れた方法である．EFS ボリュームは rsync や
  copy を用いてビルドサーバからアップデートできる.

- Docker コンテナを用い，AWS Batch で管理する方法をとることもできるだろう.

d. スポットインスタンスランチャーの改良　　スポットインスタンスランチャー
を改良して，システムにソフトウェアをインストールしたり，リポジトリからソース
コードをプルしてそれを実行したり，実行結果を S3 に送るなどの機能をもたせよう.
そのためにいくつかの部分を変更する．まず，ソースコードを S3 にコピーするため
に buildspec.yml ファイルを変更する．--delete のついた sync コマンドに注目し
てほしい．同期元で変更されたファイルは変更を反映し，削除されたファイルは削除
するという機能的な同期ができる.

```
post_build:
  commands:
    - echo "COPY Code TO S3"
    - rm -rf ~/.aws
    - aws s3 sync $CODEBUILD_SRC_DIR ¥
```

```
s3://pragai-aws/master --delete
```

筆者は通常，このようなビルドコマンドについてはローカルで実行し，どのように
なるかを確認することにしている．次に，マシンが起動するときに Python と
virtualenv による仮想環境が一つインストールされるようにする．そのためには起動
時にインスタンスに渡される runcmd を編集する．以下に示す修正部分の先頭のほ
うで Python をダウンロードしインストールする．このとき，Python が必要とする
パッケージもインストールする．--with-ensurepip は，Makefile を実行できるよ
うにするため必要である．

```
cmds = """
        #cloud-config
        runcmd:
          - echo "halt" | at now + {duration} min
          - wget https://www.python.org/ftp/¥
              python/3.6.2/Python-3.6.2.tgz
          - tar zxvf Python-3.6.2.tgz
          - yum install -y gcc readline-devel¥
              sqlite-devel zlib-devel openssl-devel
          - cd Python-3.6.2
          - ./configure --with-ensurepip=install && make install
```

次に，S3 に送って同期したソースコードをプルしてローカルにダウンロードする．
これはコードをインスタンスにデプロイするときの便利な方法である．これはとても
手軽であり，Git の SSH キーを用いる．スポットインスタンスが S3 とデータの送受
信を行うロール権限をもつため，パスワードは必要ない．S3 のデータがローカルに
コピーされたら，virtualenv 環境のアクティベートスクリプトを反映してその場所を
知らせ，ML でスポット料金分析を行うツールを実行し，結果を S3 に送る．

```
        - cd ..
        - aws s3 cp s3://pragai-aws/master master¥
            --recursive && cd master
        - make setup
        - source ~/.pragia-aws/bin/activate && make install
        - ~/.pragia-aws/bin/python spot-price-ml.py¥
            describe > prices.txt
        - aws s3 cp prices.txt s3://spot-jobs-output
    """.format(duration=duration)
    return cmds
```

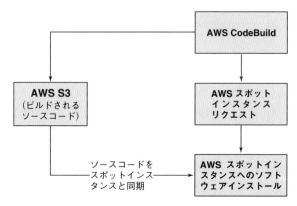

図 9・4　AWS スポット用アプリケーションの改良ジョブのライフサイクル

次に進むとしたら，値をハードコーディングしているこのプログラムをプロトタイプとして活用し，モジュール化して任意の ML による処理をスクリプトとして実行できるようにすることだろう．図 9・4 に，このプロセスを実際に行うパイプラインの概要を示す．

9・2　ま　と　め

本章では，AWS でジョブを動かす方法に注目した．これは ML の詳細で取上げられることの少ない事項である．またスポットインスタンスに関わる重要な問題として，適切なインスタンスの容量の選択，経済的な使用法の発見，インスタンスへのソフトウェアのインストール，そしてこれらを行うアプリケーションコードのデプロイに取組んだ．

AWS は 2017 年 10 月から課金システムを変更し，秒単位の課金ができるようになった．また，AWS Batch のサービスも始まった．これらはクラウド業界での大きな競争力となるだろう．秒単位課金とスポットインスタンスの組合わせはかつてなかったものである．製品としての ML システムを AWS のインフラの上に作成するのは手堅い選択で，研究開発の費用調整が実に容易になる．

本章の AI ソリューションをより実用的にするとしたら，たとえばジョブの開始のトリガーを設けることだ．これにはジョブを AWS Batch で実行するとよいだろう．料金変更のシグナルを受け，線形計画法とクラスタリングを組合わせ，最適な動作時間やインスタンスの種類を動的に選択できるようにする．もっと高度にするなら，HashiCorp の Nomad の技術（https://www.nomadproject.io/）と組合わせ，Docker イメージの形ですべてのクラウド上で動的にジョブを実行する手もある．

10

不 動 産 デ ー タ の 解 析

コートに立ったら，観客の反応は関係ない．最高のプレイをして，
チームの役に立つことは何でもするということだけだ．

LeBron James

　筆者が講義やワークショップに立つとき，最もよく受ける質問の一つが“研究する
のに格好のデータセットはないだろうか”である．筆者のお決まりの答えは **Zillow**
の不動産データセット（https://www.zillow.com/research/data/）である．全米の不
動産市場は米国住民なら誰でも関わりをもつもので，得られるデータは ML につい
て議論するときのよい話題となる．

10・1　全米の不動産データを研究
　サンフランシスコ湾岸地域に住んでいると，住宅の価格について考えることは多
く，また時間も費やす．それには理由がある．この地域の売家の価格の中央値は恐ろ
しい勢いで上昇しているのだ．2010 年〜2017 年の間に，サンフランシスコにおける
一世帯住宅の価格の中央値は 77 万 5 千ドルから 150 万ドルにまでなった．このデー
タを Jupyter Notebook で調べてみよう．プロジェクト全体とそのデータは，https://
github.com/noahgift/real_estate_ml からチェックアウトできる．
　ノートブックの先頭で，ライブラリをいくつかインポートして，Pandas における
統計処理の結果を小数値で表示するように設定する．

```
In [ ]: import pandas as pd
   ...: pd.set_option('display.float_format', lambda x: '%.3f' % x)
   ...: import numpy as np
   ...: import statsmodels.api as sm
```

```
...: import statsmodels.formula.api as smf
...: import matplotlib.pyplot as plt
...: import seaborn as sns
...: import seaborn as sns; sns.set(color_codes=True)
...: from sklearn.cluster import KMeans
...: color = sns.color_palette()
...: from IPython.core.display import display, HTML
...: display(HTML("<style>.container ¥
{ width:100% !important; }</style>"))
...: %matplotlib inline
```

次に，Zillow の一世帯住宅のデータ（https://www.zillow.com/research/data/）を
インポートして，内容を表示する．

```
In [ ]  : df.head()
In [ ]  : df.describe()
Out[ ]  :
        RegionID   RegionName   SizeRank      1996-04        1996-05
count   15282.000  15282.000    15282.000     10843.000      10974.000
mean    80125.483  46295.286    7641.500      123036.189     122971.396
std     30816.445  28934.030    4411.678      78308.265      77822.431
min     58196.000  1001.000     1.000         24400.000      23900.000
25%     66785.250  21087.750    3821.250      75700.000      75900.000
50%     77175.000  44306.500    7641.500      104300.000     104450.000
75%     88700.500  70399.500    11461.750     147100.000     147200.000
max     738092.000 99901.000    15282.000     1769000.000    1768100.000
```

次にデータを整備する．列名を変更し，列の値の型を変換する．

```
In [ ]  : df.rename(columns={"RegionName":"ZipCode"},
                  inplace=True)
    ...: df["ZipCode"]=df["ZipCode"].map(lambda x:¥
"{:.0f}".format(x))
    ...: df["RegionID"]=df["RegionID"].map(lambda x:¥
"{:.0f}".format(x))
    ...: df.head()
Out[ ]  :
RegionID  ZipCode      City   State     Metro   CountyName  SizeRank
  84654    60657    Chicago    IL     Chicago      Cook      1.000
  84616    60614    Chicago    IL     Chicago      Cook      2.000
  93144    79936    El Paso    TX     El Paso    El Paso     3.000
  84640    60640    Chicago    IL     Chicago      Cook      4.000
  61807    10467    New York   NY     New York     Bronx     5.000
```

全米のデータについて中央値をとると，このノートブック上でさまざまな解析をし
ていくのに役立つだろう．以下の例では，同じ地域や都市に関する複数の値を集約
し，そこから中央値を算出する．df_comparison という名前をつけた新しい
DataFrame を作成し，Plotly ライブラリを用いて処理していく．

```
In [ ] : median_prices = df.median()


In [ ] : median_prices.tail()
Out[ ] :
2017-05 180600.000
2017-06 181300.000
2017-07 182000.000
2017-08 182500.000
2017-09 183100.000
dtype: float64


In [ ] : marin_df = df[df["CountyName"] == "Marin"].median()
    ...: sf_df = df[df["City"] == "San Francisco"].median()
    ...: palo_alto = df[df["City"] == "Palo Alto"].median()
    ...: df_comparison = pd.concat([marin_df, sf_df,
            palo_alto, median_prices], axis=1)
    ...: df_comparison.columns = ["Marin County",
            "San Francisco", "Palo Alto", "Median USA"]
```

10・2　Python によるインタラクティブデータの可視化

　Python には，ユーザーが操作しながらデータを視覚化できるよく知られたライブ
ラリがある．**Plotly**（https：//github.com/plotly/plotly.py）や **Bokeh**（https：//docs.
bokeh.org/en/latest/）などである．本章では Plotly を用いることにするが，Bokeh
でも同じようなプロットができるだろう．Plotly は同名の営利企業が提供しており，
オフラインでも同社の Web サイトにエクスポートする形でも使える．Plotly はまた
Dash という名のオープンソースの Python フレームワークを提供しており，解析的
な Web アプリケーションの作成に使える（https：//plotly.com/dash/）．本書の多くの
プロットは http：//plot.ly/~ngift でも確認できる．
　この例では **Cufflinks**（https：//plot.ly/ipython-notebooks/cufflinks/）というライブ
ラリを用いることで，Pandas の DataFrame から直接 Plotly へのプロットを簡単にし
ている．Cufflinks は "Pandas 用の生産性向上ツール" という位置づけでつくられて
いる．このライブラリの強みの一つは，まるで Pandas の固有の仕様であるかのよう
にプロットできることである．

```
In [ ] : import cufflinks as cf
    ...: cf.go_offline()
    ...: df_comparison.iplot(title="Bay Area Median¥
Single Family Home Prices 1996-2017",
    ...: xTitle="Year",
    ...: yTitle="Sales Price",
    ...: #bestfit=True, bestfit_colors=["pink"],
    ...: #subplots=True,
    ...: shape=(4,1),
    ...: #subplot_titles=True,
    ...: fill=True,)
```

図 10・1 に表示されたプロット例を示す．パロアルトは買い手として住宅市場に参加するには恐ろしい場所であるとわかる．

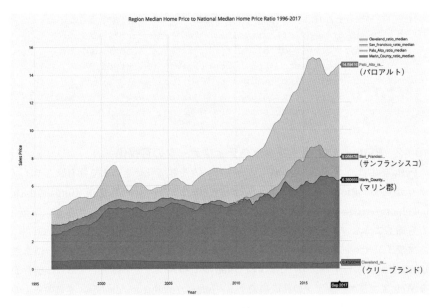

図 10・1 パロアルトの売家価格上昇は永遠なのだろうか 各地域の家屋価格の中央値/全米の家屋価格の中央値の比率（1996〜2017 年における推移）．

図 10・2 では 2009 年 12 月のデータにマウスポインタを置いて，前回の住宅不況が最悪だったときの点を示している．そのときの売家価格の中央値はパロアルトで 120 万ドル，サンフランシスコで 75 万ドル，全米では 17 万ドルである．

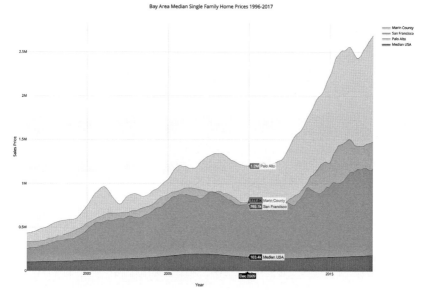

図10・2　2009年に一時的に下落した住宅市場の価格※　湾岸地域の家屋価格の中央値
（1996〜2017年における推移）．縦軸は販売価格（単位：ドル）を示す．

　グラフをスクロールすると，2017年の12月には，パロアルトにおける売家価格は
270万で，8年の間に2倍以上に上昇しているのがわかる．一方，全米の他の地域で
は上昇率はせいぜい5％である[*1]．この結果は調べてみる価値があるだろう．

10・3　家の広さと価格でクラスタ解析する

　このデータが表している事象や動向を調べるために，**k 平均法**によるクラスタ解析
を3Dで視覚化してみる．これには sklearn と Plotly を用いる．まず，**MinMaxScaler**
を用いてデータを整形し，クラスタが歪曲しないようにする．

```
In [ ] : from sklearn.preprocessing import MinMaxScaler

In [ ] : columns_to_drop = ['RegionID', 'ZipCode',
        'City', 'State', 'Metro', 'CountyName']
    ...: df_numerical = df.dropna()
```

※　訳注：図10・2，図10・3は，本書用 GitHub プロジェクト https://github.com/noahgift/
real_estate_ml にてカラーの図を見ることができる．
*1　訳注：サンフランシスコのように，5％より多い地域もあるが，筆者はパロアルトの特異
性を強調するためにこのように述べていると考えられる．

```
...: df_numerical = df_numerical.drop(columns_to_drop, axis=1)
...:
```

ここまでの結果を手早く表示してみる.

```
In [ ] : df_numerical.describe()
Out[ ] :
        SizeRank     1996-04      1996-05      1996-06      1996-07
count 10015.000   10015.000    10015.000    10015.000    10015.000
mean   6901.275  124233.839   124346.890   124445.791   124517.993
std    4300.338   78083.175    77917.627    77830.951    77776.606
min       1.000   24500.000    24500.000    24800.000    24800.000
25%    3166.500   77200.000    77300.000    77300.000    77300.000
50%    6578.000  105700.000   106100.000   106400.000   106400.000
75%   10462.000  148000.000   148200.000   148500.000   148700.000
max   15281.000 1769000.000  1768100.000  1766900.000  1764200.000
```

値の欠落しているデータを削除してから, クラスタ作成を行うと, 約 10,000 行に
なる.

```
In [ ] : scaler = MinMaxScaler()
    ...: scaled_df = scaler.fit_transform(df_numerical)
    ...: kmeans = KMeans(n_clusters=3, random_state=0).¥
fit(scaled_df)
    ...: print(len(kmeans.labels_))
    ...:
10015
```

価格上昇率の列を追加して, 視覚化の前にデータを再整備しておく.

```
cluster_df = df.copy(deep=True)
cluster_df.dropna(inplace=True)
cluster_df.describe()
cluster_df['cluster'] = kmeans.labels_
cluster_df['appreciation_ratio'] =¥
    round(cluster_df["2017-09"]/cluster_df["1996-04"],2)
cluster_df['CityZipCodeAppRatio'] =¥
    cluster_df['City'].map(str) + "-" + cluster_df['ZipCode'] + ¥
"-" + cluster_df["appreciation_ratio"].map(str)
cluster_df.head()
```

次に, Plotly をオフラインモードで用いる (Plotly サーバにデータを送らない). グ

ラフは三軸にする．x 軸が価格上昇率，y 軸が 1996 年の価格，z 軸が 2017 年の価格である．クラスタは色分けする．図 10・3 ではすでにパターンが現れている．ジャージーシティでは 30 年の間[*2] に最も価格上昇率が大きく，最低の 14 万 3 千ドルから最高の 134 万 4 千ドルまで，9 倍の上昇率を呈している．

　ほかにもパロアルト内のいくつかの地域が目につく．やはり価格上昇率が 6 倍近くにおよび，もともとの価格が高いことを考えるとより驚愕に値する．最近 10 年ではパロアルトに Facebook などのベンチャー企業が興り，価格が異常に上昇している．湾岸地域全体の価格の上昇は，実はパロアルトだけの上昇であるとさえいえる．

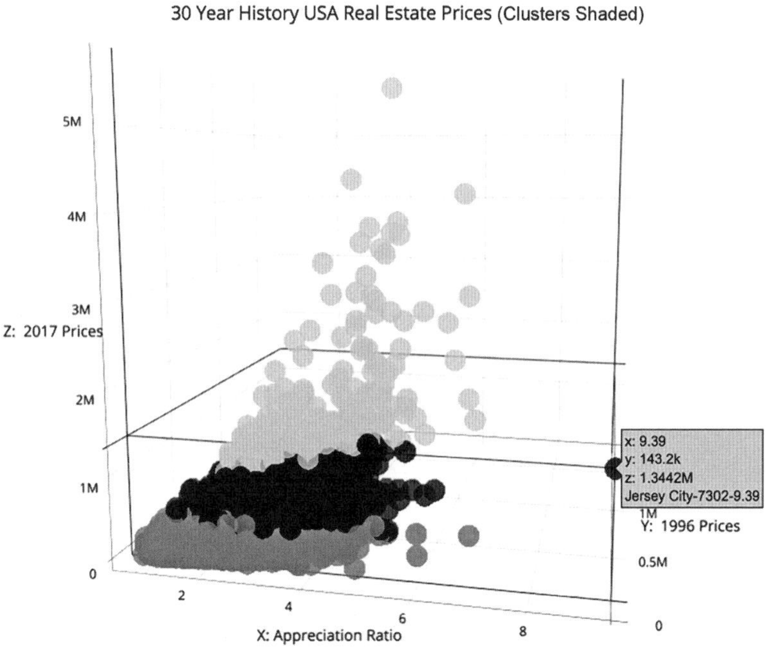

図 10・3　ジャージーシティの価格上昇の原因は何なのか※　全米の不動産価格の 30 年の推移（クラスタを色で示す）．

　ほかに視覚化してみたいのは，パロアルトの価格上昇率についてみられたような傾向が他の地域についてもみられるかどうかである．このためのコードは図 10・3 の描画を行うためのコードと同様である．

[*2] 訳注：図 10・3 は 1996〜2017 年までの 22 年と数えられるが，筆者が 30 年としている理由は不明．

```
In [ ] : from sklearn.neighbors import KNeighborsRegressor
    ...: neigh = KNeighborsRegressor(n_neighbors=2)
    ...:
In [ ] : #df_comparison.columns = ["Marin County",
            "San Francisco", "Palo Alto", "Median USA"]
    ...: cleveland = df[df["City"] == "Cleveland"].median()
    ...: df_median_compare = pd.DataFrame()
    ...: df_median_compare["Cleveland_ratio_median"] =¥
            cleveland/df_comparison["Median USA"]
    ...: df_median_compare["San_Francisco_ratio_median"] =¥
            df_comparison["San Francisco"]/¥
            df_comparison["Median USA"]
    ...: df_median_compare["Palo_Alto_ratio_median"] =¥
            df_comparison["Palo Alto"]/¥
            df_comparison["Median USA"]
    ...: df_median_compare["Marin_County_ratio_median"] =¥
            df_comparison["Marin County"]/¥
            df_comparison["Median USA"]
    ...:

In [ ] : import cufflinks as cf
    ...: cf.go_offline()
    ...: df_median_compare.iplot(title="Region Median Home Price ¥
to National Median Home Price Ratio 1996-2017",
    ...:     xTitle="Year",
    ...:     yTitle="Ratio to National Median",
    ...:     #bestfit=True, bestfit_colors=["pink"],
    ...:     #subplots=True,
    ...:     shape=(4,1),
    ...:     #subplot_titles=True,
    ...:     fill=True,)
    ...:
```

　図 10・4 ではパロアルトの価格上昇率の中央値が 2008 年の住宅不況以来，指数関数的に増大しているようにみえる．しかしサンフランシスコ湾岸地域のほかの地域に，それほど急激な変化はない．この理由として考えられるのは，湾岸地域の内部だけにバブルがあり，それもパロアルトに集中し，しかし長くは続かなかったということが考えられる．この指数関数的増大は最終的に止まっている．

　次に，家賃の指数に注目してみよう．何か面白そうなパターンが得られないだろうか．まずインポートしたデータを整備し，列名 Metro は City に変更する．

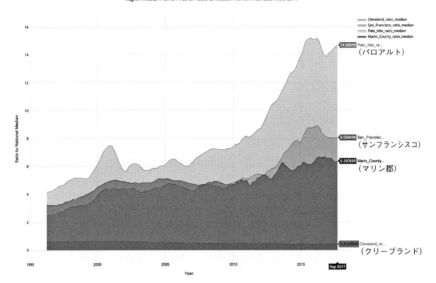

図 10・4　パロアルトの売家価格は中央値で比較して全米の 5 倍，また 10 年前と比べて
15 倍　各地域の家屋価格の中央値/全米の家屋価格の中央値の比率（1996〜2017 年に
おける推移）．

```
In [ ] : df_rent = pd.read_csv(
            "../data/City_MedianRentalPrice_Sfr.csv")
    ...: df_rent.head()
    ...: median_prices_rent = df_rent.median()
    ...: df_rent[df_rent["CountyName"] == "Marin"].median()
    ...: df_rent.columns
    ...:
Out[ ] :
Index(['RegionName', 'State', 'Metro',
'CountyName', 'SizeRank', '2010-01',

In [ ] : df_rent.rename(columns={"Metro":"City"}, inplace=True)
    ...: df_rent.head()
    ...:
Out[ ] :
      RegionName   State                           City   CountyName
0      New York      NY                       New York      Queens
1   Los Angeles      CA  Los Angeles-Long Beach-Anaheim  Los Angeles
```

2	Chicago	IL	Chicago	Cook
3	Houston	TX	Houston	Harris
4	Philadelphia	PA	Philadelphia	Philadelphia

次に，中央値をとって新しい DataFrame にする．

```
In [ ] : median_prices_rent = df_rent.median()
    ...: marin_df = df_rent[df_rent["CountyName"] ==¥
         "Marin"].median()
    ...: sf_df = df_rent[df_rent["City"] == "San Francisco"].¥
median()
    ...: cleveland = df_rent[df_rent["City"] == "Cleveland"].¥
median()
    ...: palo_alto = df_rent[df_rent["City"] == "Palo Alto"].¥
median()
    ...: df_comparison_rent = pd.concat([marin_df,
         sf_df, palo_alto, cleveland, median_prices_rent],¥
axis=1)
    ...: df_comparison_rent.columns = ["Marin County",
         "San Francisco", "Palo Alto", "Cleveland", "Median USA"]
```

最後に，再び Cufflinks を用いて家賃の中央値をプロットする．

```
In [ ] : import cufflinks as cf
    ...: cf.go_offline()
    ...: df_comparison_rent.iplot(
         title="Median Monthly Rents Single Family Homes",
    ...: xTitle="Year",
    ...: yTitle="Monthly",
    ...: #bestfit=True, bestfit_colors=["pink"],
    ...: #subplots=True,
    ...: shape=(4,1),
    ...: #subplot_titles=True,
    ...: fill=True,)
```

図 10・5 において，家賃の傾向はそれほど劇的ではない．一つには，データの取得期間が短いこともあろうが，それだけではない．パロアルトはデータセットにはないが，サンフランシスコ湾岸地域の他の都市はパロアルトの中央値に非常に近く，一方クリーブランドやオハイオは全米の中央値の半分程度である．

最後の解析として，今調べた各都市の家賃を，全米の値と比較した指数の形で調べてみよう．このコードでは，家賃指数で新しい空の DataFrame を作成し，これを改めて Plotly に挿入する．

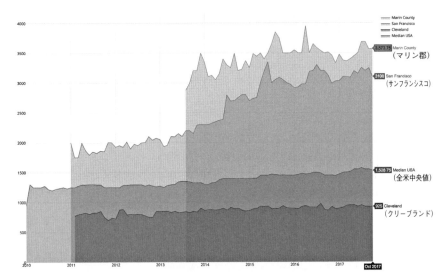

図 10・5　サンフランシスコの湾岸地域の家賃は 2011 年以来ほぼ 2 倍に上昇しているが，全米の他の地域では大きな上昇はない　縦軸は家賃（単位：ドル）.

```
In [ ] : df_median_rents_ratio = pd.DataFrame()
    ...: df_median_rents_ratio["Cleveland_ratio_median"] =¥
          df_comparison_rent["Cleveland"]/¥
          df_comparison_rent["Median USA"]
    ...: df_median_rents_ratio["San_Francisco_ratio_median"] =¥
          df_comparison_rent["San Francisco"]/¥
          df_comparison_rent["Median USA"]
    ...: df_median_rents_ratio["Palo_Alto_ratio_median"] =¥
          df_comparison_rent["Palo Alto"]/¥
          df_comparison_rent["Median USA"]
    ...: df_median_rents_ratio["Marin_County_ratio_median"] =¥
          df_comparison_rent["Marin County"]/¥
          df_comparison_rent["Median USA"]
    ...:

In [ ] : import cufflinks as cf
    ...: cf.go_offline()
    ...: df_median_rents_ratio.iplot(title="Median Monthly Rents ¥
Ratios Single Family Homes vs National Median",
    ...:          xTitle="Year",
```

```
    ...:          yTitle="Rent vs Median Rent USA",
    ...:          #bestfit=True, bestfit_colors=["pink"],
    ...:          #subplots=True,
    ...:          shape=(4,1),
    ...:          #subplot_titles=True,
    ...:          fill=True,)
    ...:
```

　図 10・6 は，価格上昇率とはまた異なった様相を示す．サンフランシスコでは，家賃の中央値は全米の中央値（グラフの縦軸の値 1 に相当）に対して 2 倍ではあるが，それ自体が 8 倍に跳ね上がるようなことはない．パロアルト界隈で 2018 年に家を買うとしたら熟慮が必要だが，家を借りるなら，安いとは言わずとも，より手堅い方法といえる．

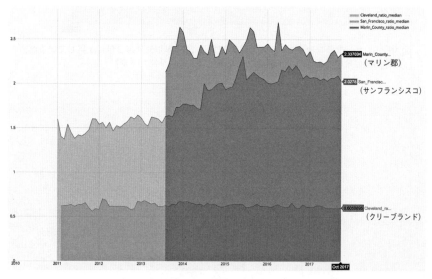

図 10・6　サンフランシスコ湾岸地域の月額家賃は全米の中央値に対して相当高い
縦軸は全米の家賃の中央値との比率．

10・4　ま　と　め

　本章では，公開されている Zillow データセットに対して解析を行った．Ploty ライブラリを用いて，ユーザーが操作しながらプロットを視覚化できる Python プログラムを作成した．k 平均法によるクラスタリングと 3D の視覚化を用い，比較的単純な

データセットからより多くの情報を引き出そうと試みた．すると，サンフランシスコ
湾岸地域，特にパロアルトに，2017 年ごろ住宅バブルが起こった様子がみえてきた．
このデータセットから分類モデルを作成して全米の地域ごとにいつ売り，また買うか
を予測できるようにしてみる価値はあるだろう．

　ほかに発展させるとすれば，このサンプルプロジェクトをより高度に抽象化して
API にすることが考えられる．たとえば House Canary（https：//api-docs.housecanary.
com/#getting-started）が出しているようなものだ．そうすれば，自分たちで作成し
た予測モデルに基づいて，ほかの AI や ML の技術をその上に置いた AI アプリケー
ションを構築できるだろう．あるいは AWS SageMaker を用いてディープラーニング
による予測モデルを作成し，モデルを社内でデプロイし自分たちのビジネスの意思決
定に用いるというのもあるだろう．

11

ユーザー生成コンテンツを 扱う実用的 AI

努力がつらいからこそ続けようとする者が勝つ.

Roger Bannister

インターネット荒らし,Facebook,米大統領選などが ML とどう関係あるのだろうか.レコメンデーションエンジンは,ソーシャルネットワークとユーザー生成コンテンツ UGC(user-generated content)のフィードバックループの心臓部である.ユーザーはネットワークに参加し,注目に値する他のユーザーやコンテンツのレコメンデーションを得られる.しかし人々の思考を増幅する効果もあるレコメンデーションエンジンは,細工される懸念もある.2016 年の米大統領選では,レコメンデーションエンジンの動く仕組みと,その限界,またその及ぼす影響を理解しておくことが,いかに重要かが示された.

AI ベースのシステムはよいものだけを生み出す福の神ではなく,さまざまなことが起こりうる.ショッピングサイトで適切な商品を紹介されれば非常に有用であるが,紹介された商品を買ったら偽物だったということなら逆に有害である.

本章ではレコメンデーションエンジンと自然言語処理(natural-language processing: NLP)について説明する.いずれも,既製のサービスを利用する方法と,自分でプログラムを書く方法をともに行ってみよう.レコメンデーションエンジンのための Python フレームワーク Surprise を使うとともに,自分自身のレコメンデーションエンジンもつくってみる.そのほかに,Netflix Prize の逸話,SVD(singular-value decomposition,特異値分解),類似度に基づいたレコメンデーションの作成,レコメンデーションエンジンと NLP を用いた現実問題のソリューション,クラウド API を

用いた感情分析などを話題に取上げる.

11・1　Netflix Prize が実際には用いられなかった話

　"データサイエンス"という言葉が広まる前, また, Kaggle がほとんど知られていなかったころ, Netflix Prize が世界中の話題をさらったことがあった. Netflix Prize は, 新しい映画の**レコメンデーションエンジン**を改良するコンテストであった. コンテストに寄せられたアイディアは, 後日, 他の会社や製品へのヒントにもなった. 2006 年に 100 万ドルの賞金をかけて出されたデータサイエンスの問題は開発者の間に興奮をよび, 今の AI 時代への予兆ともいうことができるものだった. 奇しくも, 2006 年といえば, Amazon EC2 の立ち上げによるクラウドコンピューティング時代の始まりでもあった.

　クラウドと AI の普及は相互に関連している. Netflix は AWS パブリッククラウドの大口利用者の一つでもある. ところが, こうした面白い歴史的経緯があるにもかかわらず, Netflix Prize で受賞したアルゴリズムはついぞ製品化されることはなかった. 2009 年の優勝者は "BellKor's Pragmatic Chaos" というチームだったが, 性能評価基準である, テストデータの平均二乗誤差が 0.8567 で, 10 % 以上の改善を達成した (https://netflixprize.com/leaderboard.html). このチームの論文 (https://www.netflixprize.com/assets/ProgressPrize2008_BellKor.pdf) によると, ソリューションは 100 件の結果の線形ブレンディングで得られている. なお, 論文の中に "今回得られた教訓は, たくさんのモデルを用いるのは, コンテストで賞を取るために結果を少しでもよくする場合には有用だが, 現実問題としては, 厳選されたいくつかのモデルだけで優秀な結果が得られるということだ" と書かれているのは, とりわけ本章の内容にとって関連深いといえるだろう.

　Netflix のコンテストで受賞した手法は, 同社の実運用に採用されることはなかった. 成果に比べて, 手法の複雑さが深刻すぎたのである. レコメンデーション作成の中核となるアルゴリズムは **SVD** だが, "Fast SVD for Large-Scale Matrices (大規模行列のための高速 SVD)"(http://sysrun.haifa.il.ibm.com/hrl/bigml/files/Holmes.pdf)[*1] に記されているように "小規模のデータセットやオフライン処理では実利もあるだろうが, 最近の多くのアプリケーションではリアルタイム学習や, 次元や数の大きなデータを扱わなければならない"のである. これが, 実運用する ML が受ける大きな挑戦の一つである. 結果を得るためには膨大な計算リソースと時間を必要とするのだ.

　筆者も, いくつかの企業でレコメンデーションエンジンを構築中に同じような経験

---

*1 訳注: 2021 年 5 月現在, このページは閲覧できない.

をしている. アルゴリズムをバッチ処理で行えるなら, またアルゴリズムが簡単なと
きは, 有用なレコメンデーションを出すことができる. しかし手法が複雑になり, ま
たバッチ式ではなくリアルタイムでの実行が必要となると, これを製品化し, また維
持管理する複雑さは手がつけられなくなる. だから簡単であるに越したことはない.
つまり, リアルタイムよりはバッチ実行を選ぶ. 複数の手法のアンサンブルよりは,
一つの簡単なモデルを選ぶ. また, なるべくなら既製のレコメンデーションエンジン
の API を呼び出すようにして, 無理して自分でつくろうとはしない.

11・2　レコメンデーションシステムのおもな考え方

　図 11・1 にソーシャルネットワークのレコメンデーションのためのフィードバック
ループを示す. システムにユーザーが多くなれば, 作成されるコンテンツも多くな
る. とするとレコメンデーションに選ばれる新しいコンテンツも多くなる. この
フィードバックループがユーザーとコンテンツを増やしていく. 本章の最初に述べた
ように, この効果はプラットフォームにとって毒にも薬にもなる.

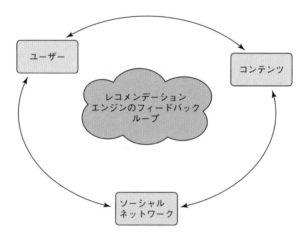

図 11・1　ソーシャルネットワークのレコメンデーションのための
　　　フィードバックループ

11・3　Python の Surprise フレームワーク

　レコメンデーションエンジンの背後にある考え方を調べる方法の一つとして,
Surprise フレームワークを使ってみよう (http://surpriselib.com/). フレームワーク
が便利な理由には, ビルトインのデータセットを使えるという点もある. Surprise フ
レームワークには **MovieLens** (https://grouplens.org/datasets/movielens/) と **Jester**

がある．フレームワークは SVD のほか，**類似度計測**などよく知られたアルゴリズム
を含んでいる．また，レコメンデーション性能を評価するツールも備わっており，二
乗平均平方根誤差（RMSE）や**平均絶対誤差（MAE）**の算出，モデルの学習に要し
た時間の計測などができる．

　以下に，このフレームワークの使い方を，実際の運用を模した状態で例示する．付
属のサンプルに少し手を加えたものだ．

　まず，必要なライブラリをインポートする．

```
In [ ] : import io
    ...: from surprise import KNNBaseline
    ...: from surprise import Dataset
    ...: from surprise import get_dataset_dir
    ...: import pandas as pd
```

ID を映画名に変換するためのヘルパー関数を作成する．

```
In [ ] : def read_item_names():
    ...:         """ MovieLens の 10 万件のデータセットから u.item ファイルを
                  読み出して，raw id と映画名を相互に参照するための二つの
                  マッピングを戻す
    ...:         """
    ...:         file_name = get_dataset_dir() + ¥
'/ml-100k/ml-100k/u.item'
    ...:         rid_to_name = {}
    ...:         name_to_rid = {}
    ...:         with io.open(file_name, 'r', ¥
encoding='ISO-8859-1') as f:
    ...:             for line in f:
    ...:                 line = line.split('|')
    ...:                 rid_to_name[line[0]] = line[1]
    ...:                 name_to_rid[line[1]] = line[0]
    ...:
    ...:         return rid_to_name, name_to_rid
```

各データの類似度を比較する．

```
In [ ] : # まずアルゴリズムに学習をさせて
          # 項目同士の類似度を計算できるようにする
    ...: data = Dataset.load_builtin('ml-100k')
    ...: trainset = data.build_full_trainset()
    ...: sim_options = {'name': 'pearson_baseline',
```

```
                'user_based': False}
    ...: algo = KNNBaseline(sim_options=sim_options)
    ...: algo.fit(trainset)
    ...:
    ...:
Estimating biases using als...
Computing the pearson_baseline similarity matrix...
Done computing similarity matrix.
Out[ ] : <surprise.prediction_algorithms.knns.KNNBaseline>
```

最後に，"10 件のレコメンデーション"を作成する．この方法は，本章の他の例で
も用いる*2．

```
In [ ] : # raw id と映画名のマッピングを読み出す
    ...: rid_to_name, name_to_rid = read_item_names()
    ...:
    ...: # 映画 "Toy Story" の inner id を取得
    ...: toy_story_raw_id = name_to_rid['Toy Story (1995)']
    ...: toy_story_inner_id = algo.trainset.to_inner_iid(toy_¥
story_raw_id)
    ...:
    ...: # Toy Story の最も近傍にある映画の
    ...: # inner id を取得
    ...: toy_story_neighbors = algo.get_neighbors(toy_story_¥
inner_id, k=10)
    ...:
    ...: # 近傍にある映画の inner id を映画名に変換
    ...: toy_story_neighbors = (algo.trainset.to_raw_iid(inner_id)¥
for inner_id in toy_story_neighbors)
    ...: toy_story_neighbors = (rid_to_name[rid] ¥
for rid in toy_story_neighbors)
    ...:
    ...: print('The 10 nearest neighbors of Toy Story are:')
    ...: for movie in toy_story_neighbors:
    ...:     print(movie)
    ...:
The 10 nearest neighbors of Toy Story are:
Beauty and the Beast (1991)
Raiders of the Lost Ark (1981)
```

────────────

*2 訳注： raw id と inner id はともに Surprise で用いる ID の種類（https://surprise.readthedocs.
io/en/stable/FAQ.html#what-are-raw-and-inner-ids 参照）．

```
That Thing You Do! (1996)
Lion King, The (1994)
Craft, The (1996)
Liar Liar (1997)
Aladdin (1992)
Cool Hand Luke (1967)
Winnie the Pooh and the Blustery Day (1968)
Indiana Jones and the Last Crusade (1989)
```

このコード例をよく調べるにあたっては，製品として実装するときの現実問題を考えるとよい．以下は，API の提供を想定した擬似コードの関数で，実際には組織の誰かがつくることになるだろう．

```
def recommendations(movies, rec_count):
    """ 各自レコメンデーションを返す内容を書くこと """

movies = ["Beauty and the Beast (1991)", "Cool Hand Luke ¥
(1967)",.. ]

print(recommendations(movies=movies, rec_count=10))
```

実装に際しては"レコメンデーションを算出して選ぶのと，適当にデータを取出すのと比較して，長所・短所は何か"，"このアルゴリズムはもっと大きなデータセットでも適切に動作するか"などの問題を，正しい答えはないにしても，検討しなければならない．

11・4 レコメンデーションシステムのクラウドソリューション

Google Cloud Platform には，自社の Compute Engine 上で ML を用いて，商品のレコメンデーションを作成するサンプルがある（https://cloud.google.com/solutions/recommendations-using-machine-learning-on-compute-engine）．これは調べてみる価値がある．このコード例では，**PyShark** と **ALS** アルゴリズムを，商用の **Cloud SQL** とともに用いている．Amazon にも，同社のプラットフォームとして Spark と **EMR**（Elastic Map Reduce）を用いてレコメンデーションエンジンを作成するサンプルがある（https://aws.amazon.com/blogs/big-data/building-a-recommendation-engine-with-spark-ml-on-amazon-emr-using-zeppelin/）[3].

いずれの場合も，Spark が複数マシンで構成されるクラスタにわたって計算を分割することで，アルゴリズムの動作性能を上げている．AWS は SageMaker（https://

---

[3] 訳注：2021 年 5 月現在，このブログの記事は，AWS のサイトにはない．

docs.aws.amazon.com/sagemaker/latest/dg/whatis.html）が Spark の分散ジョブを直接制御するか，または EMR クラスタ上の Spark を間接的に制御して行わせることができるとして，使用を強く推奨している．

11・5　レコメンデーションシステムの現実世界における実稼働問題

レコメンデーションシステムを解説する本や記事は，純粋に技術的視点からのものが多い．しかし本書は実践を信条としているので，レコメンデーションシステムの現実問題についてもふれなければなるまい．本節では，処理速度，ETL，**ユーザーエクスペリエンス（UX）**，およびサクラやボットという問題を取上げる．

アルゴリズムで最もよく議論される一つが O（サンプル数の二乗と特徴量の数との積），または二次式である．これは要するに "モデルにリアルタイムで学習させて最適値を得るのは非常に難しい" ということを意味している[*4]．そこでレコメンデーションシステムの学習はほとんどの場合バッチジョブで行われ，貪欲法による最適化のような裏技を使ったり，活発なユーザーや人気商品に絞った部分的なデータセットをつくったりはしないものだ．

筆者はあるソーシャルネットワークで，フォローのレコメンデーションシステムをゼロから作成したことがある．このとき，あちこちでこのような問題に遭遇した．モデルの学習には数時間を要するので，現実策として夜中に行わなければならなかった．その後，学習データのコピーをメモリ上に作成し，アルゴリズムが外部記憶装置への入出力の影響を受けず，CPU のみに依存するようにした．

実稼働用のレコメンデーションシステムの作成においては，動作性能は短期間でも長期間でも大きな問題となる．初期にとっていた方法が，ユーザーと商品が増大していくと適応できなくなるかもしれない．最初は Jupyter Notebook 上で Pandas と scikit-learn で 1 万人規模のユーザーを扱えたかもしれないが，それではスケーラビリティのないことにやがて気づくだろう．

代わりに PySpark ベースのサポートベクターマシンを学習アルゴリズム（http://spark.apache.org/docs/2.1.0/api/python/pyspark.mllib.html）にすれば，動作は劇的に速くなり，維持に要する時間は少なくなる．さらに，すでに述べたように ML 専用の TPU や NVIDIA Volta などのハードウェアに切り替える必要が出てくるかもしれない．このように初期の問題に取組んでいるときからすでに拡張性を考慮に入れておくというのは，実稼働を前提とした実用的な AI ソリューションの成否を分ける手法といえる．

[*4] 訳注: O（ランダウの記号）や二次式で表される計算量をさし，リアルタイムで学習のために大量の計算をするのは困難であることを意味していると思われる．

11・5・1　現実的なレコメンデーションシステムの問題：

実製品の API と統合する

スタートアップ企業がレコメンデーションシステムを構築するときに直面する実用上の問題は，筆者も数多く見てきた．こうした問題について ML の学習書では，さほど強調されていない．そうした問題の一つが"コールドスタート問題"である．Surprise フレームワークを用いた前述のサンプルでは，すでに"正解"をもった豊富なデータベースが与えられていたが，現実問題ではユーザーも商品も少ないので，モデルの学習ができない．これをどうすればよいだろうか．

適切な方法としては，レコメンデーションシステムの成長過程を三つの段階に分けることだ．第一段階では最も人気のあるユーザーや内容，商品を選択してレコメンデーションにする．そこで UGC が増えてきたら第二段階に入り，類似度スコアリングを用いる（モデルの学習は行わない）．そのために，筆者が以前，さまざまな場所で実際に用いてきた，手作りのコードを以下に示す．まず，Tanimoto 係数や **Jaccard 係数**とよばれる数値を算出する．

```
"" データサイエンスのアルゴリズム """
def tanimoto(list1, list2):
    """ Tanimoto 係数

    In [2]: list2=['39229', '31995', '32015']
    In [3]: list1=['31936', '35989', '27489',
        '39229', '15468', '31993', '26478']
    In [4]: tanimoto(list1,list2)
    Out[4]: 0.1111111111111111

    二つの集合の共通部分を用いて類似度スコアを作成

    """

    intersection = set(list1).intersection(set(list2))
    return float(len(intersection))/(len(list1)) +¥
        len(list2) - len(intersection)
```

次が厄介な箇所である．フォロワーの関係をダウンロードして，Pandas の DataFrame に変換する．

```
import os
import pandas as pd
```

```
from .algorithms import tanimoto

def follows_dataframe(path=None):
    """ フォロワーの DataFrame を作成 """

    if not path:
        path = os.path.join(os.getenv('PYTHONPATH'),
                            'ext', 'follows.csv')

    df = pd.read_csv(path)
    return df

def follower_statistics(df):
    """ フォロワーのフォロー数を戻す

    In [ ]: follow_counts.head()
        Out[ ]:
        followerId
        581bea20-962c-11e5-8c10-0242528e2f1b    1558
        74d96701-e82b-11e4-b88d-068394965ab2      94
        d3ea2a10-e81a-11e4-9090-0242528e2f1b      93
        0ed9aef0-f029-11e4-82f0-0aa89fecadc2      88
        55d31000-1b74-11e5-b730-0680a328ea36      64
        Name: followingId, dtype: int64

    """

    follow_counts = df.groupby(['followerId'])['followingId'].¥
        count().sort_values(ascending=False)
    return follow_counts

def follow_metadata_statistics(df):
    """ フォロワーのフォロー数に関するメタデータを作成

    In [ ]: df_metadata.describe()
    Out[ ]:
    count    2145.000000
    mean        3.276923
    std        33.961413
    min         1.000000
    25%         1.000000
    50%         1.000000
```

```
    75%          3.000000
    max       1558.000000
    Name: followingId, dtype: float64


    """

    dfs = follower_statistics(df)
    df_metadata = dfs.describe()
    return df_metadata

def follow_relations_df(df):
    """ フォロワーの全関係を収めた DataFrame を戻す """

    df = df.groupby('followerId').followingId.apply(list)
    dfr = df.to_frame("follow_relations")
    dfr.reset_index(level=0, inplace=True)
    return dfr

def simple_score(column, followers):
    """ DataFrame に apply する際に用いられる関数 """

    return tanimoto(column,followers)

def get_followers_by_id(dfr, followerId):
    """ フォロワーのリストをフォロワー ID で戻す """

    followers = dfr.loc[dfr['followerId'] == followerId]
    fr = followers['follow_relations']
    return fr.tolist()[0]

def generate_similarity_scores(dfr, followerId, limit=10,
                                  threshold=.1):
    """ 指定のフォロワー ID に対して，レコメンデーションのリストを作成 """

    followers = get_followers_by_id(dfr, followerId)
    recs = dfr['follow_relations'].¥
        apply(simple_score, args=(followers,)).¥
            where(dfr>threshold).dropna().sort_values()[-limit:]
    filters_recs = recs.where(recs>threshold)
    return filters_recs

def return_similarity_scores_with_ids(dfr, scores):
```

```
""" 類似度スコアとフォロワー ID を戻す """

dfs = pd.DataFrame(dfr, index=scores.index.tolist())
dfs['scores'] = scores[dfs.index]
dfs['following_count'] = dfs['follow_relations'].apply(len)
return dfs
```

この API は，以下の手続きに従って使用していく．

```
In [ ] : follows import *

In [ ] : df = follows_dataframe()

In [ ] : dfr = follow_relations_df(df)

In [ ] : dfr.head()

In [ ] : scores = generate_similarity_scores(dfr,
          "00480160-0e6a-11e6-b5a1-06f8ea4c790f")

In [ ] : scores
Out[ ] :
2144    0.000000
713     0.000000
714     0.000000
715     0.000000
716     0.000000
717     0.000000
712     0.000000
980     0.333333
2057    0.333333
3       1.000000
Name: follow_relations, dtype: float64

In [ ] : dfs = return_similarity_scores_with_ids(dfr, scores)

In [ ] : dfs
Out[ ] :
                          followerId     ¥
980     76cce300-0e6a-11e6-83e2-0242528e2f1b
2057    f5ccbf50-0e69-11e6-b5a1-06f8ea4c790f
3       00480160-0e6a-11e6-b5a1-06f8ea4c790f
```

```
                                    follow_relations    scores ¥
980     [f5ccbf50-0e69-11e6-b5a1-06f8ea4c790f, 0048016... 0.333333
2057    [76cce300-0e6a-11e6-83e2-0242528e2f1b, 0048016... 0.333333
3       [f5ccbf50-0e69-11e6-b5a1-06f8ea4c790f, 76cce30...        1

        following_count
980                   2
2057                  2
3                     2
```

　上記の第二段階における類似度スコアに基づいたレコメンデーションの作成は，バッチ **API** として実行されるべきである．加えて規模が大きくなると，Pandas の動作に問題が生じてくるため，ある時点で，PySpark か **Pandas on Ray**（https：//rise.cs.berkeley.edu/blog/pandas-on-ray/）に乗り換えるのがよい．

　第三段階では，いよいよ大物の手法を用いる．Surprise や PySpark で SVD ベースのモデルを作成し，正解率を算出するのである．しかし，稼働した最初のうちは，正面から ML モデルに学習させる意味がなさそうならそこまでやることもない．

　実運用における API の他の問題として，レコメンデーションが拒否された場合の扱いがある．ユーザーにとって，好みでないもの，またすでにもっているものを繰返して勧められるのは不快きわまりないだろう．そこで，この厄介な問題も避けて通るわけにはいくまい．ユーザー側でレコメンデーションリストのうち"表示しない"という選択ができるようにするのが理想的だ．でなければ，そのレコメンデーションエンジンはすぐにゴミになってしまうだろう．加えて，それはユーザーからの反応なのだから，採用してレコメンデーションエンジンのモデルにフィードバックしないのはもったいない．

11・6　クラウド NLP と感情分析

　クラウド三大プロバイダとして数えられる AWS，GCP，Azure では **NLP エンジン**が確立しており，API で呼び出せる．本節では，これら三者の NLP を用いたコード例を検討する．加えて，AWS のサーバレステクノロジを用いて，NLP パイプラインから現実的な AI パイプライン製品を構築する．

11・6・1　Azure における NLP

　Microsoft の **Azure Cognitive Services** には **Text Analytics API** があり，言語検出，キーフレーズ抽出，および感情分析ができる．図 11・2 はエンドポイントを作成

し，API 呼び出しができるようにしたところである．このコード例では，Cornell
Computer Science Data Set on Movie Reviews（http：//www.cs.cornell.edu/people/
pabo/movie-review-data/）から映画の否定的な感想を集めたデータセットを得て，上
記の API を使ってみる．

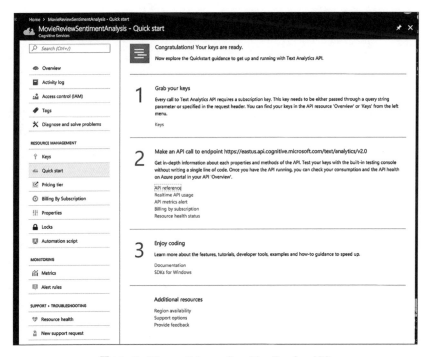

図 11・2　**Microsoft Azure Cognitive Service API**

Jupyter Notebook の最初のセルで以下のインポートを実行する．

```
In [ ] : import requests
    ...: import os
    ...: import pandas as pd
    ...: import seaborn as sns
    ...: import matplotlib as plt
```

次に API キーの環境変数を記述する．この API キーは図 11・2 のコンソールにお
いて，キーに関する設定表示欄から取得するものだが，プログラム中には書き込ま
ず，環境変数としてエクスポートしておく．また，テキスト分析 API の URL をあと
で使うので，これを変数に保持しておく．

```
In [ ] : subscription_key=os.environ.get("AZURE_API_KEY")
In [ ] : text_analytics_base_url =¥
"https://eastus.api.cognitive.microsoft.com/text/analytics/v2.0/"
```

次に，感想のなかから 1 件を取り，API に合わせた形に整形する．

```
In [ ] : documents = {"documents":[]}
    ...: path = "../data/review_polarity/¥
txt_sentoken/neg/cv000_29416.txt"
    ...: doc1 = open(path, "r")
    ...: output = doc1.readlines()
    ...: count = 0
    ...: for line in output:
    ...:     count +=1
    ...:     record = {"id": count, "language": "en", "text": line}
    ...:     documents["documents"].append(record)
    ...:
    ...: #print it out
    ...: documents
```

すると，以下に示すようなデータ構造が作成される．

```
Out [ ]:
{'documents': [{'id': 1,
   'language': 'en',
   'text': 'plot : two teen couples go to a church party , drink
and then drive . ¥n'},
  {'id': 2, 'language': 'en',
   'text': 'they get into an accident . ¥n'},
  {'id': 3,
   'language': 'en',
   'text': 'one of the guys dies , but his girlfriend continues
to see him in her life, and has nightmares . ¥n'},
  {'id': 4, 'language': 'en', 'text': "what's the deal ? ¥n"},
  {'id': 5,
   'language': 'en',
```

最後に，**感情分析 API** を用いて，個々の文書にスコアをつける．

```
{'documents': [{'id': '1', 'score': 0.5},
  {'id': '2', 'score': 0.13049307465553284},
  {'id': '3', 'score': 0.09667149186134338},
  {'id': '4', 'score': 0.8442018032073975},
  {'id': '5', 'score': 0.808459997177124},
```

これで戻ってきたスコアを Pandas の DataFrame に変換して，**EDA 分析**を行う．
感情スコアの 0 が完全な否定，1 が完全な肯定であるので，否定的な感想に対して感
情の中央値が 0.23 になるのは期待された結果といえる．

```
In [ ] : df = pd.DataFrame(sentiments['documents'])

In [ ] : df.describe()
Out[ ] :
              score
count    35.000000
mean      0.439081
std       0.316936
min       0.037574
25%       0.159229
50%       0.233703
75%       0.803651
max       0.948562
```

これをさらに密度のプロットで表現してみよう．図 11・3 から，かなり否定的な感
情が多数を占めていることがわかる．

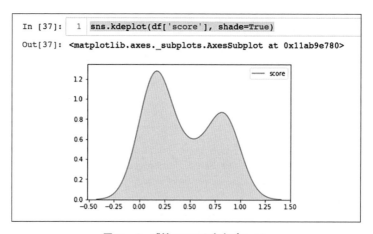

図 11・3 感情スコアの密度プロット

11・6・2 GCP における NLP

Google Cloud Natural Language API（https://cloud.google.com/natural-language/
docs/how-to）が好ましい理由はたくさんある．API については，分析させる内容を

文字列として送信するか，Google Cloud Storage から読み出すかの 2 通りから選べる
便利さがある．また，Google Cloud Platform には非常に有能なコマンドラインツー
ルがあり，API を調べるのに役立つ．そして，AI API にも感情分析，エンティティ
分析，文法解析，エンティティ感情分析，コメント分類など魅力的な方法が揃ってい
る．本章ではそのいくつかを紹介したい．

11・6・3　Entity API を使ってみる

　コマンドラインの **gcloud API** は，さまざまな API が何をしているのか調べるた
めの非常に便利な方法である．以下の例では，LeBron James 選手と Cleveland
Cavaliers に関する句をコマンドラインで送信する．

```
$ gcloud ml language analyze-entities --content=¥
"LeBron James plays for the Cleveland Cavaliers."
{
  "entities": [
    {
      "mentions": [
        {
          "text": {
            "beginOffset": 0,
            "content": "LeBron James"
        },
        "type": "PROPER"
        }
    ],
    "metadata": {
      "mid": "/m/01jz6d",
      "wikipedia_url": "https://en.wikipedia.org/wiki/LeBron_Jam
es"
    },
    "name": "LeBron James",
    "salience": 0.8991045,
    "type": "PERSON"
  },
  {
    "mentions": [
      {
        "text": {
          "beginOffset": 27,
          "content": "Cleveland Cavaliers"
```

```
      },
      "type": "PROPER"
      }
    ],
    "metadata": {
      "mid": "/m/0jm7n",
      "wikipedia_url": "https://en.wikipedia.org/wiki/Cleveland_
      Cavaliers"
    },
      "name": "Cleveland Cavaliers",
      "salience": 0.100895494,
      "type": "ORGANIZATION"
    }
  ],
  "language": "en"
}
```

API を調べるには，Python を用いる方法もある．API キーを取得して認証を受けるには以下の URL に従って作業してほしい（https://cloud.google.com/docs/authentication/getting-started）．それから，GOOGLE_APPLICATION_CREDENTIALS 環境変数をエクスポートしたそのシェルで，Jupyter Notebook を起動する．

```
$ export GOOGLE_APPLICATION_CREDENTIALS=¥
    /Users/noahgift/cloudai-65b4e3299be1.json
$ jupyter notebook
```

この認証手続きを終えたら，あとはそのまま進める．まず Python の **language API** をインポートする（もしインストールされていなければ，pip install --upgrade google-coud-language というコマンドでインストールできる）．

```
In [ ] : # Google Cloud クライアントライブラリをインポート
    ...: from google.cloud import language
    ...: from google.cloud.language import enums
    ...: from google.cloud.language import types
```

次に，語句を API に送り，分析されたエンティティのメタデータを応答として得る．

```
In [ ] : text = "LeBron James plays for the Cleveland ¥
Cavaliers."
    ...: client = language.LanguageServiceClient()
```

```
...: document = types.Document(
...: content=text,
...: type=enums.Document.Type.PLAIN_TEXT)
...: entities = client.analyze_entities(document).entities
...:
```

出力は前述のコマンドラインで行った結果と似た感じのものになるが，データ型は Python のリストである．

```
[name: "LeBron James"
type: PERSON
metadata {
  key: "mid"
  value: "/m/01jz6d"
}
metadata {
  key: "wikipedia_url"
  value: "https://en.wikipedia.org/wiki/LeBron_James"
}
salience: 0.8991044759750366
mentions {
  text {
    content: "LeBron James"
    begin_offset: -1
  }
  type: PROPER
}
, name: "Cleveland Cavaliers"
type: ORGANIZATION
metadata {
  key: "mid"
  value: "/m/0jm7n"
}
metadata {
  key: "wikipedia_url"
  value: "https://en.wikipedia.org/wiki/Cleveland_Cavaliers"
}
salience: 0.10089549422264099
mentions {
  text {
    content: "Cleveland Cavaliers"
    begin_offset: -1
```

```
  }
  type: PROPER
}
]
```

　上記のコード例からわかるのは，この API を第 6 章で解説した他の解析に容易に
マージできるであろうということである．これらの NLP API を起点に，ソーシャル
メディアで影響のある発言の詳しい情報も取入れる AI アプリケーションを作成する
方法は想像にかたくないだろう．ほかには，**GCP Cognitive API** によってコマンド
ラインが使用できるのは大きな力となることもわかる．

11・6・4　AWS の NLP を用いてサーバレスの商用 AI パイプラインを作成する

　AWS がおそらく他の二者から抜きん出てよいところは，商用になるアプリケーショ
ンが容易に作成できるということだ．これはプログラムを書くのも管理するのも容易
という意味である．これを実現する決定的な武器が AWS Lambda であるといえよう．
Lambda でパイプラインを統合・調整することも，Chalice の場合と同様に HTTP エ
ンドポイントでサービスを行うこともできる．図 11・4 は NLP パイプラインの作成
を実稼働する製品のパイプラインで表している．

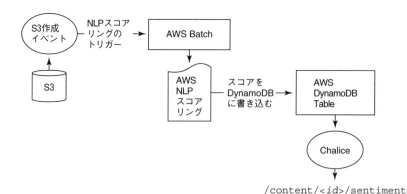

図 11・4　AWS での実稼働サーバレス NLP パイプライン

　AWS での感情分析を始めるには，まず必要なライブラリをインポートする．

```
In [ ] : import pandas as pd
   ...: import boto3
   ...: import json
```

次に，簡単なテストをつくっておく.

```
In [ ] : comprehend = boto3.client(service_name='comprehend')
    ...: text = "It is raining today in Seattle"
    ...: print('Calling DetectSentiment')
    ...: print(json.dumps(comprehend.detect_sentiment(¥
Text=text, LanguageCode='en'), sort_keys=True, indent=4))
    ...:
    ...: print('End of DetectSentiment\n')
    ...:
```

出力として，SentimentScore が得られる.

```
Calling DetectSentiment
{
    "ResponseMetadata": {
        "HTTPHeaders": {
            "connection": "keep-alive",
            "content-length": "164",
            "content-type": "application/x-amz-json-1.1",
            "date": "Mon, 05 Mar 2018 05:38:53 GMT",
            "x-amzn-requestid":"7d532149-2037-11e8-b422-3534e4f7
cfa2"
        },
        "HTTPStatusCode": 200,
        "RequestId": "7d532149-2037-11e8-b422-3534e4f7cfa2",
        "RetryAttempts": 0
    },
    "Sentiment": "NEUTRAL",
    "SentimentScore": {
        "Mixed": 0.002063251566141844,
        "Negative": 0.013271247036755085,
        "Neutral": 0.9274052977561951,
        "Positive": 0.057260122150182724
    }
}
End of DetectSentiment
```

これで，より現実的な例において前述の Azure で行った"否定的な感想の文書"の解析が行える.　まず文書を読み込む.

```
In [ ] : path = "/Users/noahgift/Desktop/review_polarity/¥
txt_sentoken/neg/cv000_29416.txt"
```

```
    ...: doc1 = open(path, "r")
    ...: output = doc1.readlines()
    ...:
```

次に，文書の一つ（NLP API によって，一行が一文書になっている）のスコアを
取ってみる.

```
In [ ] : print(json.dumps(comprehend.detect_sentiment(¥
Text=output[2], LanguageCode='en'), sort_keys=True, indent=4))
```

```
{
    "ResponseMetadata": {
        "HTTPHeaders": {
            "connection": "keep-alive",
            "content-length": "158",
            "content-type": "application/x-amz-json-1.1",
            "date": "Mon, 05 Mar 2018 05:43:25 GMT",
            "x-amzn-requestid":"1fa0f6e8-2038-11e8-ae6f-9f137b5a6
1cb"
        },
        "HTTPStatusCode": 200,
        "RequestId": "1fa0f6e8-2038-11e8-ae6f-9f137b5a61cb",
        "RetryAttempts": 0
    },
    "Sentiment": "NEUTRAL",
    "SentimentScore": {
        "Mixed": 0.1490383893251419,
        "Negative": 0.3341641128063202,
        "Neutral": 0.468740850687027,
        "Positive": 0.04805663228034973
    }
}
```

前にスコアを取ったときと同様，こちらの方法でも否定的な感情を示すスコアが出
るのは当然といえる. この API では，中の文書をすべて採点して一つの大きなスコ
アにもできるのも面白い. 基本的には感情スコアの中央値になる. 以下がその様子で
ある.

```
In [ ]: whole_doc = ', '.join(map(str, output))

In [ ]: print(json.dumps(¥
```

```
comprehend.detect_sentiment(¥
Text=whole_doc, LanguageCode='en'), sort_keys=True, indent=4))
{
    "ResponseMetadata": {
        "HTTPHeaders": {
            "connection": "keep-alive",
            "content-length": "158",
            "content-type": "application/x-amz-json-1.1",
            "date": "Mon, 05 Mar 2018 05:46:12 GMT",
            "x-amzn-requestid":"8296fa1a-2038-11e8-a5b9-b5b3e257e
796"
        },
    "Sentiment": "MIXED",
    "SentimentScore": {
        "Mixed": 0.48351600766181946,
        "Negative": 0.2868672013282776,
        "Neutral": 0.12633098661899567,
        "Positive": 0.1032857820391655
    }
}='en'), sort_keys=True, indent=4))
```

上に示すように，AWS API には隠し技があり，これが Azure API にないのは残念である．前の Azure の例では Seaborn によるプロットを行ったが，そのとき明らかに分布が 2 系統に分かれており，その映画を好む少数派と好まない多数派がいることがわかった．AWS ではこの結果を合わせた値が **mixed** という結果として含まれている.

最後の作業は，単一の Chalice アプリケーションの作成である．これは，スコアをつけた入力を **DynamoDB** に書き込んでから，その内容を出力する．コードは以下のとおりである.

```
from uuid import uuid4
import logging
import time

from chalice import Chalice
import boto3
from boto3.dynamodb.conditions import Key
from pythonjsonlogger import jsonlogger

# アプリケーションの環境変数
REGION = "us-east-1"
```

```python
APP = "nlp-api"
NLP_TABLE = "nlp-table"

# ログ機能を初期化
log = logging.getLogger("nlp-api")
LOGHANDLER = logging.StreamHandler()
FORMMATTER = jsonlogger.JsonFormatter()
LOGHANDLER.setFormatter(FORMMATTER)
log.addHandler(LOGHANDLER)
log.setLevel(logging.INFO)

app = Chalice(app_name='nlp-api')
app.debug = True

def dynamodb_client():
    """ DynamoDB クライアントを作成 """

    extra_msg = {"region_name": REGION, "aws_service": "dynamodb"}
    client = boto3.client('dynamodb', region_name=REGION)
    log.info("dynamodb CLIENT connection initiated", ¥
        extra=extra_msg)
    return client

def dynamodb_resource():
    """ DynamoDB リソースを作成 """

    extra_msg = {"region_name": REGION, "aws_service": "dynamodb"}
    resource = boto3.resource('dynamodb', region_name=REGION)
    log.info("dynamodb RESOURCE connection initiated", ¥
        extra=extra_msg)
    return resource

def create_nlp_record(score):
    """ NLP のテーブルにレコードを作成

    """

    db = dynamodb_resource()
    pd_table = db.Table(NLP_TABLE)
    guid = str(uuid4())
    res = pd_table.put_item(
        Item={
```

```python
            'guid': guid,
            'UpdateTime' : time.asctime(),
            'nlp-score': score
        }
    )
    extra_msg = {"region_name": REGION, "aws_service": "dynamodb"}
    log.info(f"Created NLP Record with result{res}", ¥
        extra=extra_msg)
    return guid


def query_nlp_record():
    """ NLP のテーブルから全レコードを取得 """

    db = dynamodb_resource()
    extra_msg = {"region_name": REGION, "aws_service": "dynamodb",
        "nlp_table":NLP_TABLE}
    log.info(f"Table Scan of NLPtable", extra=extra_msg)
    pd_table = db.Table(NLP_TABLE)
    res = pd_table.scan()
    records = res['Items']
    return records


@app.route('/')
def index():
    """ デフォルトルート """

    return {'hello': 'world'}


@app.route("/nlp/list")
def nlp_list():
    """ NLP のスコアをリストにして返す """

    extra_msg = {"region_name": REGION,
        "aws_service": "dynamodb",
        "route":"/nlp/list"}
    log.info(f"List NLP Records via route", extra=extra_msg)
    res = query_nlp_record()
    return res
```

11・7　ま　と　め

データが油だとしたら，UGC はオイルサンドに染み込んだままのタールかピッチ

のようなものだ．これら粗悪な状態の油は製油パイプラインに送るのは難しいと考えられていたが，エネルギーの価格が上昇し，また技術開発が進んだことで，そんなものでも採掘の採算がとれるようになった．同様に，三大クラウドプロバイダから現れた AI API は，砂の混ざったデータをふるい出すための新しい技術的な活路を開いた．ストレージと計算にかかる費用は常に低減できており，UGC を価値の引出せる資産に変換するための採算がとれるようになってきている．AI の計算を加速するハードウェアも UGC の処理コスト抑制に貢献のある技術である．TPU, GPU などの ASIC チップや FPGA（field-programmable graphic array）による並列処理の大幅な性能改良は，これまで述べてきたようなスケーリング上の問題を解消していくだろう．

　本章ではタールやピッチのようなデータから価値を引出すコード例を数多く示してきたが，製油の場合と同じように，UGC を扱うにはトレードオフもあり危険もある．UGC を AI フィードバックループで処理するとき，データが広い地域から送られるようになると，トリックをかけられることも悪用されることもありうる．もっと実用的なレベルでは，システムがリアルタイムになるときのトレードオフを考えることになる．クラウドと AI API でソリューションを作成するのは簡単だが，現実問題としてUX, 動作性能，実装されたソリューションをビジネスにどう反映するかなどのトレードオフをごまかすわけにはいかない．

付録 A
AI アクセラレータ

　AI アクセラレータは比較的新しいながらも，技術として急速に発達しつつある．AI アクセラレータの研究分野はいくつかに分かれている．新しい，もしくは既存の構造を改良した製品，GPU ベース，AI 専用コプロセッサ，そのほか調査研究中のハードウェアがある．新しい製品のなかでは TPU が最大の話題だろう．TensorFlow を用いたソフトウェア開発を容易にするからだ．

　現在のところ，GPU ベースの製品が AI アクセラレーションに最もよく用いられている．GPU についてはカーネギーメロン大学の Ian Lane 教授が "GPU では録音データやマルチメディアのスピーチをテキストに起こすのが非常に速く，私たちは CPU の 33 倍の処理速度での音声認識を達成している" と言及している．

　FPGA（field-programmable gate array）*の分野で注目すべき企業の一つが reconfigure.io（https://reconfigure.io/）である．同社のサービスでは開発者が FPGA でソリューションを容易に高速化できる．これに AI も含まれるわけである．同社のサービスでは簡単なツールを用いて，能力の高いクラウドでビルドやデプロイができるようになっている．これまでハードウェア設計者にしかできなかった速度やレイテンシ，処理能力などを開発者が操作できる．Go ベースのインターフェイスがあって，Go でコードを書き，コンパイル・最適化して，AWS によるクラウドベースの FPGA にデプロイする．ネットワークや低電力を必要とする環境で AI を用いるのに FPGA はとりわけ有用なので，大手クラウドプロバイダの間で非常によく使われている．

　GPU でも FPGA でも CPU に著しく勝る動作が得られるが，TPU などアプリケーション固有の集積回路である ASIC（application specific integrated circuit）は，さらに前二者の 10 倍の能力をもつ．これらのうち親しみやすいのは FPGA である．Go 言語などのツールを使ってアプリケーションを迅速に開発できるからである．

　AI アクセラレータで考えなければならない問題は，たとえば以下のようなものである．

　　1. 予測を行うアプリケーションで，アクセラレータを実装して用いるかどうか決定するため，アプリケーションに要求される動作性能やデータセンターのコスト構造の上限を考慮する．

　＊ 訳注：プログラミングにより，使用分野（フィールド）に合わせて演算処理の動作を変更できる集積回路．

   2. データセンターに接続して予測を行うアプリケーションを高速化するとして，その適切な用途を見いだす．

最先端の AI をビジネスにするなら，AI アクセラレータの動向からは目が離せない．理由は動作性能である．GPU と FPGA は CPU より 30 倍改良されており，AI に特化した ASIC は前二者の最大性能のさらに 10 倍以上の性能を実現している．こうした進歩がもたらす変化はとても無視できない．これまでに想像もできなかった AI 開発の方法が開けるかもしれないのである．

付録 B
クラスタサイズの決定

　本書では k 平均法によるクラスタ解析の例を多く示した．ここで問題になるのはクラスタの数だろう．クラスタはラベルを生み出す処理であるから，正解というものはない．専門家でも分野が違えば答えも違うはずだ．

　図 B・1 は，本書に関連して，NBA の 2013〜2014 年における各シーズンの統計値でクラスタを作成したものである．筆者は自分が利用したい観点で八つのクラスタにラベルをつけたが，ほかに NBA の専門家がいたら，クラスタの数をもっと増やしたり減らしたりするだろう．

　しかし，クラスタの数については手がかりもある．scikit-learn の解説書にはクラスタ解析の動作性能を評価するよい例がいくつか与えられている（http://scikit-learn.org/stable/modules/clustering.html#clustering-performance-evaluation）．また，"エルボープロット"〔https://en.wikipedia.org/wiki/Elbow_method_(clustering)〕と"シルエットプロット"〔https://en.wikipedia.org/wiki/Silhouette_(clustering)〕の 2 種類はよく知られている手法であり，クラスタ作成を行った結果がどうも思わしくないとき，これらの方法から始めて深く掘り下げていけばよいはずだ．

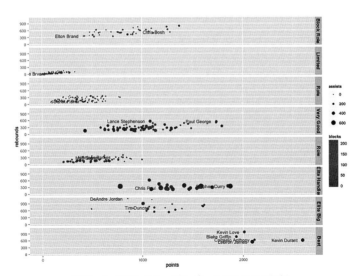

図 B・1　NBA のシーズンデータのクラスタ解析

索　引

清水 美樹

初心者向けのプログラミングとソフトウェアに関する解説，および技術書の英文和訳を得意とするフリーライター．1963 年 東京都生まれ．東北大学大学院工学研究科博士後期課程修了(資源工学専攻，工学博士)．著書に『たった 1 日で基本が身に付く！Go 言語 超入門』(技術評論社)，『大人のための Scratch』(工学社)ほか，著訳書多数．

大澤 文孝

テクニカルライター．プログラマー．情報セキュリティスペシャリスト，ネットワークスペシャリスト．1973 年 神奈川県生まれ．東邦大学理学部情報科学科中退．専門は Web システムの設計・開発．著書に『Amazon Web Services ネットワーク入門』(インプレス)，『東京大学のデータサイエンティスト育成講座』(共著，マイナビ出版)ほか，著訳書多数．

第 1 版 第 1 刷　2021 年 7 月 29 日　発行

Python・クラウドを用いた
実践 AI 開発

訳　　者	清　水　美　樹
	大　澤　文　孝
発 行 者	住　田　六　連

発　　行　株式会社 東京化学同人

東京都文京区千石 3 丁目 36-7(〒112-0011)
電話 03-3946-5311・FAX 03-3946-5317
URL: http://www.tkd-pbl.com/

印　刷　中央印刷株式会社
製　本　株式会社 松岳社

ISBN978-4-8079-0999-5
Printed in Japan

Python を完全習得したい人 必携の本

ダイテル
Python プログラミング
基礎からデータ分析・機械学習まで

P. Deitel, H. Deitel 著

史 蕭逸・米岡大輔・本田志温 訳

B5 判 576 ページ 定価 5280 円

世界的に評価の高いダイテルシリーズの
Python 教科書の日本語版

記述はシンプルで明快！ 独習にも最適な一冊！

多くの分野から集められた豊富な例が含まれ，実世界のデータセットを使ってPythonプログラミングを本格的に学べる．全16章から構成され，1～5章でPythonプログラミングに必要な基礎を学んだのち，6～9章でPythonのデータ構造，文字列，ファイルについて学ぶ．10章ではより高度なトピックを扱い，11～16章でAI，クラウド，ビッグデータでの事例を紹介する．

DIGITAL FOREST

定価は 10 % 税込，2021 年 7 月現在

13歳からの
Python 入門
新時代のヒーロー養成塾

J. R. Payne 著
竹内　薫 監訳／柳田拓人 訳

B5 判　260 ページ　定価 2420 円

Python でのプログラミングに興味のある
ビギナー対象の入門書

♦ Python でのプログラミングを学びたい，
♦ 初心者としてプログラミング自体を学びたい，
♦ スキルとして Python を身につけたい，という方に有用！

クリエイティブなプログラマーこそが社会で活躍するヒーローになる
時代．教養として必須の Python の基本文法からゲーム制作までを初
心者が楽しく独習できる．教育・研修用のテキストとしてもお薦め．

主要目次

DIGITAL FOREST

定価は 10 ％税込，2021 年 7 月現在

情報科学分野の好評書籍

Python, Rで学ぶ
データサイエンス

C. D. Larose, D. T. Larose 著／阿部真人・西村晃治 訳
A5判　264ページ　定価2640円

データサイエンスを実践的に学べる教科書・実用書．実社会における分析課題を解決する技量を養う．

ロス・キニー 論 理 回 路

C. H. Roth, Jr. ほか著
佐藤 証・三輪 忍・吉永 努 訳
B5判　250ページ　定価2970円

論理回路の基礎を豊富な図表とともに学べる教科書．理論と応用のバランスがとれたわかりやすい一冊．

ビッグデータ超入門

D. E. Holmes 著／岩崎 学 訳
A5判　128ページ　定価1540円

今さら聞けないビッグデータの基本知識，実社会への影響について数式なしでコンパクトにまとめた入門書．

進化するオートメーション
AI・ビッグデータ・IoT
そしてオートノマスが拓く未来

T. E. Carone 著／松元明弘・田中克昌 監訳
A5判　232ページ　定価2420円

オートノマス（自律システム）の進歩が各方面のビジネスモデルや私たちの生活に及ぼす影響を解説．

定価は10％税込，2021年7月現在